中文普通图书 CNMARC 格式实用图例

修订版

沈阳市图书馆 编

国家圖書館出版社
National Library of China Publishing House

图书在版编目（CIP）数据

中文普通图书 CNMARC 格式实用图例/沈阳市图书馆编. --修订本. --北京:国家图书馆出版社,2016.5

ISBN 978 - 7 - 5013 - 5793 - 2

Ⅰ.①中…　Ⅱ.①沈…　Ⅲ.①中文图书—机器可读目录—记录格式
Ⅳ.①G254.364

中国版本图书馆 CIP 数据核字(2016)第 053766 号

书　　名　中文普通图书 CNMARC 格式实用图例（修订版）
著　　者　沈阳市图书馆　编
责任编辑　金丽萍　唐　澈
出　　版　国家图书馆出版社(100034　北京市西城区文津街 7 号)
　　　　　(原书目文献出版社　北京图书馆出版社)
发　　行　010 - 66114536　66126153　66151313　66175620
　　　　　66121706(传真),66126156(门市部)
E-mail　nlcpress@ nlc. cn(邮购)
Website　www. nlcpress. com ──→投稿中心
经　　销　新华书店
印　　装　北京鲁汇荣彩印刷有限公司
版　　次　2016 年 5 月第 1 版　2016 年 5 月第 1 次印刷
开　　本　787 毫米×1092 毫米　1/16
印　　张　25.5
字　　数　300 千字
书　　号　ISBN 978 - 7 - 5013 - 5793 - 2
定　　价　120.00 元

本书编委会

策　划：海镇淮　陈　晶　赵萍萍
　　　　　高倪兵　杜　娟
主　编：海镇淮　赵萍萍
副主编：张　华　邱　轶
编著者（按姓氏笔画排序）：
　　　　　王　丽　王　璨　吕　文
　　　　　邱　轶　张　华　苑秀娟
　　　　　赵萍萍　赵　楠　海镇淮
　　　　　徐晓东　韩　梅

前　言

　　机读目录(MARC)从 20 世纪 60 年代产生到现在已走过 50 多年的发展历程。我国从 20 世纪 80 年代初开始对 MARC 进行研究。国家图书馆根据《国际机读目录格式》(UNIMARC)制定了《中国机读目录通讯格式》(ChinaMARC,简称 CNMARC),该书于 1991 年 2 月正式出版。从 1990 年起,国家图书馆正式对外发行中国国家书目机读目录数据,开创了中国中文文献编目的新纪元,为开发中文书目数据库奠定了基础。随着 CNMARC 格式从理论走向实践,其内容的描述越来越准确和完整。1995 年 6 月,国家图书馆编写了《中国机读目录格式使用手册》,该书成为针对文献编目工作有实用价值、格式标准的使用工具书。2004 年 3 月,国家图书馆编写的《新版中国机读目录格式使用手册》出版。

　　2000 年 8 月,国家图书馆编写了《中文图书机读目录格式使用手册》,成为业内人士编制机读目录的操作指南。2013 年 8 月,全国图书馆联合编目中心编写了《中文书目数据制作》,成为目前指导编目人员实际工作的手册。

　　沈阳市图书馆于 1991 年开始使用国家图书馆以软盘及光盘形式发行的机读目录数据。2003 年 6 月,沈阳市图书馆自动化系统升级为网络版,开始与国家图书馆联网进行书目数据的编制工作。沈阳市图书馆采编部于 2004 年 3 月获得了地方版文献联合采编协作网的上载数据资格,同年 10 月获得了全国图书馆联合编目中心的上载数据资格,又于 2005 年 3 月获得了上海市文献联合编目中心的上载数据资格。

　　经过全体工作人员的不懈努力,沈阳市图书馆采编部上载的书目数据受到全国图书馆联合编目中心、上海市文献联合编目中心、地方版文献联合采编协作网的好评。2006 年至 2014 年,沈阳市图书馆编目工作人员凭借扎实的业务功底和严谨的工作作风,在多年的联机编目工作中取得了较好的成绩,先后获得了"全国图书馆联合编目中心上传数据质量奖""上海市文献联合编目中心书目数据上传质量奖""全国图书馆联合编目中心数据质量监督奖"等 21 个奖项,为全国图书馆联合编目工作贡献了力量,也为沈阳市图书馆业务工作的规范化、标准化奠定了坚实的基础。

　　通过多年的实践,我们感到,在编目实践工作中经常会遇到各种各样的疑难问题及新观点,但在《中文图书机读目录格式使用手册》中,很难查找到与其相对应的细致详尽的解决办法和编目实例。因此我们于 2008 年编写了《中文普通图书 CNMARC 格式实用图例》一书,旨在解决实际工作中遇到的各种各样的具体问题,以指导编目人员的实际操作。该书是由沈阳市图书馆采编部的业务骨干在多年编目经验积累的基础上,经过总结和筛选集合而成。其中列举了大量工作实例,以图文并茂的形式,直观、清晰地记录了编目过程中遇到的种种疑难问题及解决方法,对中文普通图书的 CNMARC 格式编目工作有较强的指导意义,对规范书目数据库和网上资源共享、实现联合编目产生了积极的影响。该书出版后,因其实用性强而成为很多图书馆编目工作人员手边的指导书,该书曾荣获"2007—2009 年度辽宁省图书馆应用科研成果三等奖"。

　　从 2008 年该书出版至今,编目细则经过七年的完善和发展,在很多方面发生了变化,原来的《中文普通图书 CNMARC 格式实用图例》已有很多地方需要修订和增减。因此,我们在原书的基础上进行了修订，根据近年来经常出现的问题增加了编目实例，对针对性不强的图例进行了删减。按照目前全国图书馆联合编目中心的要求改动了相应的说明，补充、增加字段十余个。修订过程中我们注重稳定性原则，在原书的体例上只做细化，没有做较大的改动，重点对近年来全国图书馆联合编目中心规则有变化的字段进行了修订，增加了图例和说明文字，修订后的《中文普通图书 CNMARC 格式实用图例》体例上更加完善，实用性和可操作性更强，对编目工作具有更大的作用。

本书修订分工如下：

邱　轶：总论、001、005、094、101、105、106、215、附录、参考文献

王　璨：010、011、225、4 字段（421—423、451—456、461—463）

徐晓东：015、016、017、020、035、091、092、100、102、210

王　丽：200、205、500、510

苑秀娟：300、304、333、334、711、712

赵　楠：305—308、310、312、314、320、324、325、327、328、330、345、393

吕　文：512—518、540、541、545、801、830、856、886、905

张　华：600、601、605、606、607、610、690、696

韩　梅：701、702、730

本书由邱轶负责统稿，张华、邱轶、王丽负责审定，赵萍萍负责终审。

由于水平所限，不足之处在所难免，敬请专家及各位同行批评指正。

本书修订版编委会

2016 年 1 月

目　录

总　论

1. 目的

本手册是沈阳市图书馆根据国际、国内机读目录格式标准以及全国图书馆联合编目中心使用手册——《中文书目数据制作》（国家图书馆出版社，2013）编写的。目的在于解决中文图书机读目录编制过程中遇到的各种各样的具体问题，以指导编目人员的实际操作，为书目数据处理提供参考。

2. 机读书目记录的结构

机读书目记录遵照 ISO 2709 和 GB/T 2901 标准，每个记录必须由记录头标区、地址目次区、数据字段区、记录结束符四部分组成。

记录结构

记录头标区	地址目次区	数据字段区	记录结束符

记录头标区：24 个字符长，由定长数据元素构成，包含记录处理所需数据。

地址目次区：由若干个目次项和一个字段分隔符组成。每个目次项由三个数字的字段号、四个数字的字段长度和五个数字的起始字符位置构成。

目次项 1			目次项 2		
字段号	字段长度	起始字符位置	……	……	字段分隔符

数据字段区：由若干固定长和可变长字段构成。除 001 和 005 字段无指示符和子字段标识符外，其余字段都具有如下结构：

指示符		第一个子字段		其他子字段	
指示符 1	指示符 2	@ *	数据	……	字段分隔符

3. 机读书目记录的功能块

机读书目记录分为若干个功能块。字段标识符的第一个数字（最左位）表示字段所属的功能块。

0--标识块：记录一些标识该记录或书上所刊的文献标识号。

1--编码信息块：包含一些描述记录或数据各个方面的固定长编码数据。

2--著录信息块：记录 ISBD 所规定的著录项目（除附注项和标准号项外）。

3--附注块：包含一些自由行文的附注项，以补充说明著录、检索点以及其他内容。

4--连接款目块：包含一些揭示该记录与其他书目记录之间的关系的字段。这些关系包括层次关系、平行关系和时间关系等。

5--相关题名块:包含一些编目图书正题名以外的并通常出现在图书上的其他题名。

6--主题分析块:包含由词语或符号构成的不同体系的主题数据。

7--知识责任块:记录对所编图书著作负有某种知识责任的个人和团体名称。

8--国际使用块:包含一些不宜记入前面各块(0--至 7--)由国际统一使用的字段。

9--国家使用块:这块保留给以 UNIMARC 为基础的国家格式用以自定义字段,为本国使用。因此,国家格式可自行定义的字段范围有 9--字段、-9-字段、--9 字段,以及子字段@9 和指示符 9。国际交换的书目记录不应包含本块的字段以及子字段@9 和指示符 9。

4. 书目记录的必备字段

中文图书机读书目记录除头标区、目次区外,还必须提供以下字段:

001	记录标识号
100	通用处理数据
101	文献语种
200	题名与责任说明项(其中@a 正题名为必备子字段)
801	记录来源

5. 检索点的汉语拼音

按照 UNIMARC 格式的规定,汉语拼音属于交替文字形式,应采用重复字段的方法,用@6 子字段来连接,用@7 子字段指明其文字形式(即 ba = 拉丁文字)。但由于目前我国已习惯使用@A 子字段来标识汉语拼音,因此暂仍使用原方法,但改用@9 子字段来标识。若进行国际交换,则必须改为重复字段的方法处理汉语拼音。

为便于人工操作和计算机处理,对中文图书机读书目记录中检索点的汉语拼音做如下统一规定:

(1)对个人名称(@a)、团体会议名称(@a 和@b)、题名(@a),应给出单个汉字的汉语拼音,一律放在@9 子字段里。原定义的@A 子字段停用。

(2)按单个汉字拼音,单个汉字拼音之间以空格分隔,并一律采用小写、单字节表示。汉语拼音中不使用任何标点符号。

(3)在汉语拼音子字段中,数字、外文字母照录,外文字母一律采用大写,外文字母和数字里的标点符号照录不省略。

这种使用@9 子字段处理汉语拼音的办法,只限于在国内使用。若要国际交换,应按 UNIMARC 标准,使用重复字段连接的方法,重新处理记录,方可发行。

HEA　记录头标

定义

根据 ISO 2709(文献目录信息交换用磁带格式)和与之对应的国家标准 GB/T 2901 的规定,固定为 24 个字符长,由定长数据元素构成,包含记录处理所需的一般信息。

出现情况

它出现在每条记录之首,是必备和不可重复的。

字段号、指示符和子字段

记录头标没有字段号、指示符和子字标识符。

定长数据元素

记录头标包括以下数据元素:

数据元素名称	字符数	字符位置
记录长度	5	0—4
记录状态	1	5
执行代码	4	6—9
指示符长度	1	10
子字段标识符长度	1	11
数据基地址	5	12—16
其他记录定义	3	17—19
目次项结构	4	20—23

头标区内容说明

(1)记录长度:字符位置 0—4

五个十进制数字,右对齐,不足五个数字时前置 0 补齐。表示整个记录的字符总数,包括记录头标区、地址目次区和数据字段区以及记录分隔符。记录长度由计算机自动生成。

(2)记录状态:字符位置为 5

用一个字符的代码表示记录的处理状态。

    c = 修改的记录

        对原已发行且记录状态为 n、o、p 的记录,经过修改更新后的记录,其记录状态应置 c 重新发行,以替换原记录。

    d = 删除的记录

        表示原发行的记录不再有效,应予删除,删的记录需保留原来的数据字段,且应增加一个 300 字段,说明该记录删除的原因。

    n = 新记录

        表示新发行的记录。若图书属多层次出版物且做有总记录时,最高层以下的记录其记录状态置 o,不置 n。

o = 已发行较高层次记录

低于最高层的新记录。

p = 曾为不完整的预编记录

根据正式出版的图书编制的记录,用以替换以前的预编记录。

(3)执行代码:字符位置6—9

字符位置6:记录类型,中文图书机读记录使用以下代码

a = 印刷的文字资料

b = 手写的文字资料

c = 印刷的乐谱

d = 手写的乐谱

字符位置7:书目级别,使用以下代码

a = 分析性资料

包含在另一图书中的书目资料。

m = 专著

以一册或以若干分卷册出全的出版物。如单册专著、多卷书、多卷书的单卷册、丛书里的单书、计划分若干单书出全的丛书等。

s = 连续出版物

以连续的分卷册并计划无限期连续出版的出版物。如报纸、丛刊等。

c = 合集

人为汇集的书目资料。

字符位置8:层次级别代码

该代码表示该记录以层次关系与其他记录连接,并揭示该记录在层次中的相对位置,以便于系统将同一文件内该多层次出版物的各层次记录连接在一起。

0 = 无层次的记录

1 = 最高层次的记录

2 = 低于最高层次的记录

即所有低层次的记录。它与记录状态相呼应,如记录状态为 O,则其层次级别代码应为2。

字符位置9:未定义

填空,用#表示。

(4)指示符长度:字符位置10

表示指示符长度的一个十进制数字,本格式固定取值为2。

(5)子字段标识符长度:字符位置11

表示子字段标识符长度的一个十进制数字,本格式固定取值为2。

(6)数据基地址:字符位置为12—16

五个十进制数字,右对齐,不足五个数字时前置零(0)补齐。表示第一个数据字段相对于记录开始的起始字符位置。由于记录的第一个字符从 0 算起,因此数据基地址的值等于头标区和目次区的总字符数,该数值由计算机自动生成。

（7）其他记录定义:字符位置17—19

字符位置17:编目等级

表示记录的完整程度以及建记录时是否查阅过原图书。

> ＃＝完全级
>
> > 记录完整且查阅过原图书。
>
> 1＝次级1
>
> > 建记录时未查阅过原图书。
>
> 2＝次级2
>
> > 预编记录。
>
> 3＝次级3
>
> > 记录不完整。

字符位置18:著录编目格式

表示记录的200—225字段是否遵循ISBD的规定。

> ＃＝完全遵循ISBD的规定
>
> n＝未遵循ISBD的规定,记录内的数据不符合ISBD的规定
>
> i＝部分遵循ISBD的规定,但未完全遵循ISBD的规定

字符位置19:未定义

填空,用＃表示。

（8）目次项结构:字符位置20—23

字符位置20:"数据字段长度"部分的长度

一个十进制数,表示目次项"数据字段长度"部分所占的字符数,本格式固定取值为4。

字符位置21:"起始字符位置"部分的长度

一个十进制数,表示目次项"起始字符位置"部分所占的字符数,本格式固定取值为5。

字符位置22:"实现定义部分"的长度

一个十进制数,表示目次项"实现定义部分"所占的字符数,本格式不含此部分,固定取值为0。

字符位置23:未定义

填空,用＃表示。

著录规定

　　记录头标区的著录,一律使用单字节,字母代码用小写,注意缺省值的修改。其他字符位置由计算机自动生成。

著录实例

（1）新记录,无层次级别的记录

例:

机读目录格式:

HEA　　＃＃00926nam0＃2200301＃＃＃450＃

说明:此例为新记录,记录状态为"n",无层次的记录,字符位置8为"0"。

（2）最高层次的记录

例：

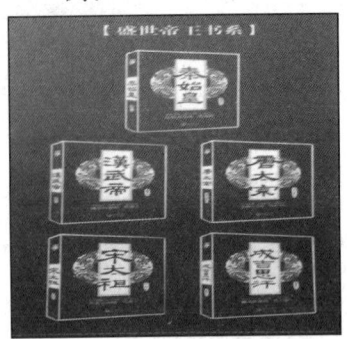

机读目录格式：

HEA　##00158nam1#2200073###450#

２００　1#@a 盛世帝王书系@b 专著

２１５　##@a 5 册@d 25cm

说明：上例以丛书名做正题名，丛书整套著录，是最高层次级别的新记录，故记录状态为"n"，层次级别为"1"。

（3）新记录，低于最高层次的记录

例：

机读目录格式：

HEA　##00944oam2#2200313###450#

２００　1#@a 起重安全@b 专著@f 孙桂林, 孙淼
　　　主编

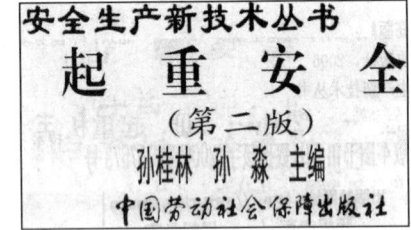

２２５　2#@a 安全生产新技术丛书

说明：此记录是最高层次以下的新记录，故记录状态为"o"，层次级别为"2"。

（4）丛刊的著录

例1：

机读目录格式：

HEA　##00167nas0##2200265###450#

２００　1#@a 美术史论丛刊@h 第二辑@b 专著@f 中
　　　国艺术研究院美术研究所《美术史论》丛刊
　　　编辑部编

例2：

机读目录格式：

HEA　##00911nas0#2200277###450#

２００　1#@a 公司法评论@h 2006 年第 1 辑(总
　　　第 5 辑)@b 专著@f 赵旭东主编

说明：以上两例为丛刊，为连续出版物的一种，书目级别为"s"，层次级别为"0"（无层次）。

（5）图书内容为印刷的乐谱

例：

机读目录格式：

HEA　##00894ocm2#2200301###450#

２００　1#@a 巴赫十二平均律@h Ⅱ@b 专著

２２５　2#@a 未来钢琴家系列

说明：此记录为多层次级别的新记录，著录时以较低层次级别做记录，记录状态应为"o"，因为此记录内容为印刷的乐谱，记录类型应为"c"，层次级别应为"2"。

（6）分析记录

例：

机读目录格式：

HEA　##01209naa0#2200337###450#

２００　1#@a 富兰克林自传@b 专著

　　　　@f（美）本杰明·富兰克林著

４２３　#0@a 12001#@a 林肯传

说明：书目级别 a = 分析性资料，表明该记录所描述的书目实体在物理上包含在另一书目实体中。即《富兰克林自传》包含在《林肯传》这一书目实体中。

题名页

（7）修改过的记录

例（图略）：

机读目录格式：

HEA　##00595cam1#2200241###450#

说明：①修改过的记录，最高层次的记录。

②记录状态 c = 修改的记录，对原已发行且记录状态为 n、o、p 的记录，经过修改更新后的记录，其记录状态应置 c 重新发行，以替换原记录。

0--　标识块

使用字段

001	记录标识号
005	记录处理时间标识
010	国际标准书号(ISBN)
011	国际标准连续出版物号(ISSN)
015	国际标准技术报告号(ISRN)
016	国际标准音像编码(ISRC)
017	其他标准号
020	国家书目号
035	其他系统控制号
091	统一书刊号
092	书刊订购号
094	标准号

001　记录标识号

字段定义

本字段是唯一能标识本系统某一条记录的控制号,由编制、使用或发行记录的机构设置,由计算机系统自动生成。

出现情况

必备,不可重复。

指示符

本字段无指示符。

子字段

本字段无子字段。

定长数据元素:

数据元素名称	字符位数	字符位置
数据库代码	2	0—1
编目年	4	2—5
编目流水号	6	6—11

字段内容说明

本字段数据由计算机系统自动生成。

数据库代码:01 = 中文图书

编目年:记录 4 位数字的编目年。

    2000 年以前,编目年为 2 位数字。

编目流水号:固定长为 6 位,右对齐,不足位补数字 0。

相关字段

   035   其他系统控制号

       当记录是通过交换、套录等手段获得,将原制作或修改发行单位赋予的记录控制号(001 字段)复制在本字段。

示例

例 1:

机读目录格式:

001   0199000056

01 = 中文图书;99 = 编目年;000056 = 编目流水号。

例 2:

机读目录格式:

001   012014008617

01 = 中文图书;2014 = 编目年;008617 = 编目流水号。

005   记录处理时间标识

字段定义

    本字段包含记录的最后处理日期和时间。

出现情况

    选择使用,不可重复。

指示符

    本字段无指示符。

子字段

    本字段无子字段。

字段内容说明

    本字段数据由计算机系统自动生成。日期以 GB/T 7408(ISO 8601)标准形式著录:YYYYMMDD。其中 YYYY 表示年,MM 表示月份,DD 表示日;时间形式是:HHMMSS. T,其中 HH 表示时,MM 表示分,SS 表示秒,T 表示十分之一秒。整个字段固定为 16 个字符长。

相关字段

   100   通用处理数据(字符位置0—7)记录生成日期。

       这是原始记录的生成日期。记录修改后该日期也不改变。

   801   记录来源字段的@c 子字段。

       这仅是记录修改、转换或发行的年、月、日。

示例

例：

机读目录格式：

005 20140522142536.6

说明：表示该记录最近一次的处理时间为：2014 年 5 月 22 日 14 时 25 分 36.6 秒。

010 国际标准书号（ISBN）

字段定义

本字段记录著录条例规定的标准书号和获得方式项的内容，包括 ISBN 号、获得方式、限定词语和价格等。

出现情况

选择使用，有多个有效的 ISBN 号时，本字段可重复。

指示符

指示符 1：空

指示符 2：空

子字段

@a ISBN 号

各国指定机构分配的、正确的 ISBN 号。不可重复。

@b 限定词语

对 ISBN 号的限定词语，通常为装帧形式等。不可重复。

@d 获得方式/价格

记录图书的价格或获得方式的简要说明。不可重复。

@z 错误的 ISBN 号

记录经校验有错或无效的 ISBN 号。可重复。

字段内容说明

（1）ISBN 号是按 ISO 2108 规定分配给图书的唯一号码。由四部分组成，每部分之间用一短横分隔。这四部分是：

组标识：由国际 ISBN 机构分配给各国、国家组或语言组的标识。国际组织也分配有组标识。

出版者标识：由国家或地区 ISBN 机构分配给出版者的标识。

种次标识：由出版者分配给每种图书（或版本和装帧）的种次标识。

校验位：据 ISBN 号其余 9 位计算得出的数（X 表示 10）。

（2）ISBN 号的校验方法：ISBN 号的 10 个数字分别与其"权"（10,9……1）的乘积之和，可被 11 整除，则为正确。由计算机校验。

如:

ISBN	7	8	0	1	8	8	6	3	2	1	
"权"	10	9	8	7	6	5	4	3	2	1	
乘积	70	72	0	7	48	40	24	9	4	1	合计275

275/11 = 25 可整除,表示该 ISBN 号正确。

《中国标准书号》(ISBN)2007 年 1 月 1 日起由 10 位升至 13 位,即在原有的 10 位数字的基础上增加了"978"(EAN·UGG 前缀),"978"是由国际 EAN·UGG 物品编码系统提供的。

(3)简单地说,一条完整的 010 字段应由以下四部分构成:

@a 应记录完整的 ISBN 号(含短横),@b 记录其限定词语,@d 记录其价格,前置人民币代码 CNY,并保留小数两位,其他货币前置货币代码:如 USD(美元)、GBP(英镑)、JPY(日元)等。

(4)错误的 ISBN 号,放在本字段最后。

著录实例

(1)较常见的 010 字段。

例:010　　##@a 7-80188-632-1@d CNY10.00

(2)从 2007 年起,由于 ISBN 号码从 10 位升至 13 位,2007 年以后出版的图书 ISBN 号均以 978 开头,著录时照录。

例:010　　##@a 978-7-5113-4500-4@d CNY32.80

(3)同一种图书有相同的 ISBN 号,但有不同的装帧形式和不同价格,既有精装价格,又有简装价格,在这样的情况下,根据图书的客观情况著录。如果到馆图书本身是简装图书,著录时只著录简装价格;如果精装、简装图书同时到馆,两个价格将同时著录在 010 字段。

例:010　　##@a 978-7-81100-690-2@d CNY48.00,CNY90.00(精装)

(4)在图书著录过程中,关于其限定词语的使用,如经折装、活页、线装、精装、塑装、软精装等。

例 1:经折装

机读目录格式:

010　　##@a 978-7-205-06595-9@b 经折装@d CNY380.00

例 2:活页(图略)

机读目录格式:

010　　##@a 7-81036-999-7@b 活页@d CNY38.00

例 3：线装

机读目录格式：

010　　##@a 978-7-5325-4632-9@b 线装@d CNY78.00

（5）错误的 ISBN 的著录。

例 1：

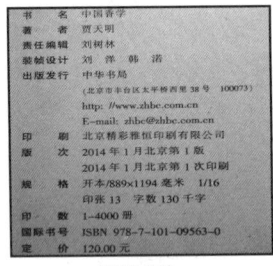

版权页

封底

机读目录格式：

010　　##@a 978-7-101-09563-0@d CNY120.00@z 978-7101-09563-0

说明：一般情况下，一书具有两个 ISBN 号时，应以版权页所题为准，并将错误的 ISBN 号记录在 010 字段@z 子字段。

例 2：

机读目录格式：

010　　##@a 978-7-5381-4447-5@b 精装@d CNY128.00

　　　　@z 978-5381-4447-5

说明：ISBN 位数升至 13 位，此书版权页及封底所题 ISBN 号明显少一位，由于本书的出版社为辽宁科学技术出版社，隶属中国，前置数字 7 是固定不变的，所以应先著录正确的 ISBN，然后再著录错误的 ISBN。

（6）两个 ISBN 同时出现在版权页的著录。

例：

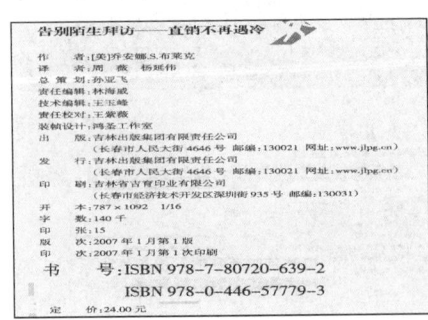

版权页

机读目录格式:

010　　##@a 978-7-80720-639-2@d CNY24.00

010　　##@a 978-0-446-57779-3

200　　1#@a 告别陌生拜访—直销不再遇冷@b 专著@f(美) 乔安娜·S. 布莱克著@g 周薇，杨延伟译

说明:图书的版权页同时出现两个 ISBN 号,在每一个 ISBN 号都是有效、正确的情况下,重复著录010 字段。

(7)多卷书价格的著录。

例1:

机读目录格式:

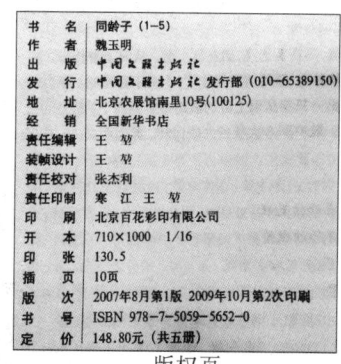

版权页

010　　##@a 978-7-5059-5652-0@d CNY148.80

200　　1#@a 同龄子@b 专著@f 魏玉明著

215　　##@a 5 册@d 21cm

说明:①多卷书整套著录时,应按整套价格著录。215 字段著录为 5 册,010 字段价格后不再重复著录全套册数。

②错误的著录方式:

010　　##@a 978-7-5059-5652-0@d CNY148.80(全 5 册)

200　　1#@a 同龄子@b 专著@f 魏玉明著

215　　##@a 5 册@d 21cm

例2:

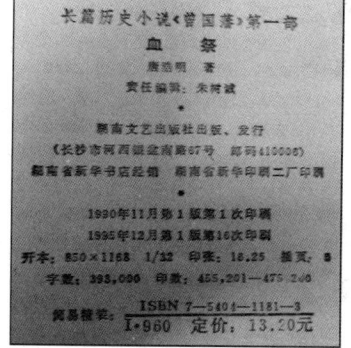
版权页

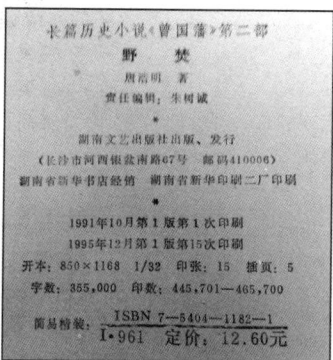
版权页

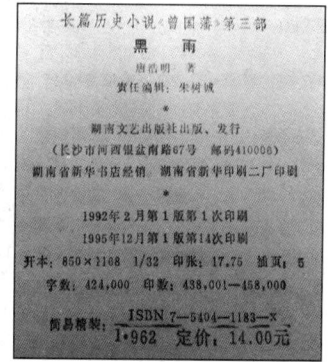
版权页

机读目录格式:

010　　##@a 7-5404-1181-3@d CNY13.20(第 1 卷)

010　　##@a 7-5404-1182-1@d CNY12.60(第 2 卷)

010　　##@a 7-5404-1183-X@d CNY14.00(第 3 卷)

200　　1#@a 曾国藩@b 专著@e 长篇历史小说@f 唐浩明著

215　　##@a 3 册(511;470;561 页)@c 照片@d 20cm

说明:①当多卷书整套著录,各分卷有不同的 ISBN 号及价格时,应依次重复著录010 字段,并在价格后将卷次用括号括起,卷次用阿拉伯数字著录。

②多卷书有同一 ISBN 号,且分卷册价格不同时,如果采用集中著录,则在分卷册价格后注明卷册。如:010　　##@a 7-222-01989-8@d CNY1.95(第 1 卷),CNY2.10(第 2 卷),CNY2.25(第 3 卷)

例3：

机读目录格式：

010 ##@a 7-5634-1482-7@d CNY13.80,CNY138.00(全 10 册)

200 1#@a 课外美文@e 新课标中学生课外阅读最新读本@h 第 3 辑@b 专著

说明：多卷书分卷著录，既有单册价格又有整套价格时，可先著录单册价格，后著录整套价格，价格之间用逗号分隔，并将总册数用括号括起，"全十册"应著录为"全 10 册"。

例4：

题名页　　　　　　　　　　封底

机读目录格式：

010 ##@a 978-7-5445-2768-2@d CNY398.00(全 9 册)

200 1#@ 荣格文集@h Ⅰ@i 分析心理学@b 专著@f(瑞士)C.G. 荣格著@g 高岚主编
　　　@g 任增辉，牟旭景，徐说译

215 ##@a 179 页@c 图,照片@d 24cm

说明：多卷书分卷著录，只有整套价格而无单册价格时，应客观著录，不应人为将全套价格拆散成单册价格。

(8)丛书价格的著录。

例1：

版权页　　　　　　　　　　封底

机读目录格式：

010 ##@a 7-311-02359-9@d CNY9.80,CNY196.00(全套)

200　1#@a 经典伊索寓言@b 专著@f 兰州登亚文化传播有限公司登亚设计工作室制作

225　2#@a 迷你小书包

说明:丛书分散著录时,一般情况下丛书整套价格不予著录。如果书中既有单册价格,又有整套价格时,可如实著录。

例2:

机读目录格式:

010　##@a 7-200-05953-6@b 精装@d CNY135.00
　　（全4册）

200　1#@a 米开朗基罗时代@b 专著@e 文艺复兴
　　　　时期@f[英]安东尼·马松编著@g 韩文
　　　　佳翻译

225　2#@a 世界艺术巡礼

说明:丛书分散著录,仅有全套价格无单价时,如实著录。

(9)图书具有多种货币价格一并著录,不同货币之间著录为半角逗号,价格用阿拉伯数字,前置货币代码,并保留小数点两位。常用货币代码,如 CNY(人民币)、USD(美元)、GBP(英镑)、FRF(法国法郎)、DEM(德国马克)、JPY(日元)、SGD(新加坡元)、HKD(港币)、TWD(新台币)、MOP(澳门元)等。

例1:

机读目录格式:

010　　##@a 978-7-5381-8618-5@b 精装@d CNY880.00,USD184.00

说明:图书装帧形式为精装,既有人民币又有其他币种的价格,先著录人民币价格,后著录其他币种价格,之间用单字节逗号隔开。

例2:

机读目录格式:

010　　##@d TWD220.00

说明:无 ISBN 号、人民币价格仅有新台币价格时,直接著录新台币价格,前置其货币代码。

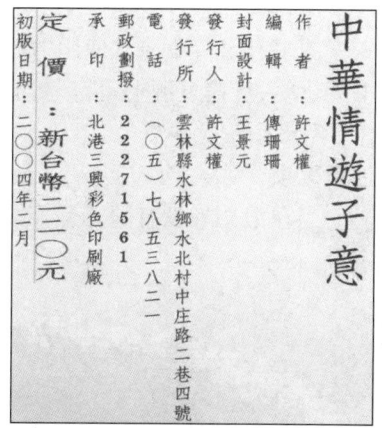

例 3：

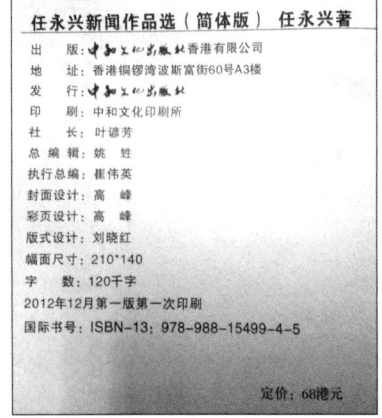

机读目录格式：

010 ##@a 978-988-15499-4-5@d HKD68.00

说明：本书为香港出版社出版，无人民币价格，直接著录港币价格，前置其货币代码。

（10）图书版权页价格与封底价格不同时，应按版权页著录，封底价格在 310 字段做附注说明。

例：

机读目录格式：

010 ##@a 7-5359-3475-7@b 精装@dCNY25.00

200 1#@a 劳动价值、边际效用与经济均衡@b 专著@e 综观经济学原理探索@f 郑栋才著

310 ##@a 封底定价为：CNY29.00

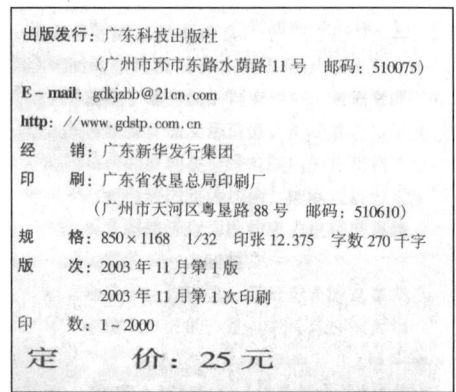

（11）赠送图书的著录。

图书有定价不应该使用"赠送"，010 字段若著录"赠送"，310 字段不予重复著录。当图书无价格，且信息源上写有"赠送"或者"赠品"时，著录在 010 字段，如果"赠送"是针对个体，不予著录。

注意事项

当在编文献没有国际标准书号，只有统一书号时，不记入 010 字段，而应著录相应的 091 字段。

011　国际标准连续出版物号(ISSN)

字段定义

　　本字段记录 ISSN 中心根据 ISO 3297 标准规定的连续出版物号等内容。包括 ISSN 号、获得方式、限定词语和价格等。

出现情况

　　选择使用,有多个有效 ISSN 号时,本字段可重复。

指示符

　　指示符 1:空(未定义)

　　批示符 2:空(未定义)

子字段

　　@a　ISSN 号

　　　　各国 ISSN 中心分配的、正确的 ISSN 号(含短横)。不可重复。

　　@b　限定词语

　　　　如果记录有多个 ISSN 号时用@b 限定词语以区分。不可重复。本字段经常用的限定词语如,精装、软精装等。

　　@d　获得方式/价格

　　　　记录该连续出版物的价格或获得方式的简要说明。可重复。本字段价格用阿拉伯数字,前置人民币代码 CNY,并保留小数点后两位,其他货币前置货币代码如:USD(美元)、HKD(港币)等。

　　@y　删除的 ISSN 号

　　　　记录曾为有效但现已被 ISSN 中心删除的 ISSN 号,这是由于 ISSN 中心分号错误,发现后又删除的 ISSN 号。可重复。

　　@z　错误的 ISSN 号

　　　　记录错误的 ISSN 号。可重复。

字段内容说明

　　ISSN 号是 ISSN 国际中心或 ISSN 国家中心按 ISO 3297 规定分配给连续出版物的唯一号码。由两组 4 个阿拉伯数字,中间用一短横分隔,最后一个数字是校验位(X 表示 10),共 9 个字符构成。其校验方法类似 ISBN 号。

著录实例

　　例 1:

　　机读目录格式:

　　011　　##@a 1007-709X@b 精装@d CNY300. 00

　　说明:中文图书编目工作中很少使用本字段,年鉴作为一种连续出版物,是特例。但很多图书馆按普通图书进行加工处理。

例 2：

机读目录格式：

011　　##@a 1671-1858@b 精装@d CNY260.00，
　　　　　　USD120.00

说明：两种货币形式同时著录。

例 3：

机读目录格式：

011　　##@a 1000-9647@b 精装@d CNY298.00，
　　　　CNY780.00（港澳台地区及海外）

015　国际标准技术报告号（ISRN）

字段定义

　　本字段包含由各国的 ISRN 中心分配的国际标准技术报告号。

出现情况

　　选择使用，可重复。

指示符

　　指示符 1：空（未定义）

　　指示符 2：空（未定义）

子字段

　　@a　国际标准技术报告号

　　　　包含依据 ISO 10444 规定的形式记入的国际标准技术报告号。不可重复。

　　@b　限定

　　　　限定@a 子字段的范围，一般为出版社名称、文献装订标记、ISRN 与某集或某卷的关系说明。不可重复。

@d 获得方式和/或定价

对定价和获得方式的说明,以自由行文方式填写。不可重复。

@z 错误的国际标准技术报告号

错误或无效的 ISRN。可重复。

字段内容说明

(1)该号最多为 36 位字符,"ISRN"字样不填。

(2)价格保留小数点后面两位,不可省略。

(3)获得方式和/或定价填写在@d 子字段,价格用阿拉伯数字,前置货币代码。货币代码见附录。

(4)同一 ISRN 号的作品,有不同装帧形式和价格时,应在其价格后注明平装外的装帧形式。

(5)@z 记录错误的 ISRN 号,放在本字段最后。

示例

例 1:

机读目录格式:

015 ##@a METPRO/ED/Sr-77/035

例 2:

机读目录格式:

015 ##@a CNIC-01358

015 ##@a NFE-0012

200 1#@a ADU 两步沉淀条件研究@b 专著

016 国际标准音像编码(ISRC)

字段定义

本字段包含由各国指定机构分配的国际标准音像编码及其限定内容、文献获得方式和/或定价。

出现情况

选择使用,可重复。

指示符

指示符 1:空(未定义)

指示符 2:空(未定义)

子字段

@a 国际标准音像编码

依据 GB/T 13396(ISO 3901)规定的形式记入,用以标识录音制品、录像制品或电子资源。

@b 限定

限定@a 子字段的范围,一般为出版社名称、文献装订标记、ISRC 与某集或某卷的

　　　　关系说明。不可重复。

@d　获得方式和/或定价

　　　　对定价和获得方式的说明，以自由行文方式填写。不可重复。

@z　错误的国际标准音像编码

　　　　错误或无效的 ISRC。可重复。

字段内容说明

　　（1）由 12 位组成，包括国家码、出版者码、录制年码、记录码、录制项码 5 个必备数据，其间用连字符分隔。"ISRC"字样不填。

　　国家代码：采用 GB/T 13396（ISO 3901）分配的两位大写字母。

　　出版者代码：由指定机构分配的定长 3 位字符代码。

　　录制年代码：完成年份的后两位数字。

　　记录码：该代码由 3 位或 4 位数字组成。如果录制作品不超过 10 部，该代码取值范围在 0000—2999。如果录制作品在 10 部以上，则该代码取值范围为 300—999。

　　录制项码：若记录码为 4 位数字，则该代码取值范围为 0—9；若记录码为 3 位数字，则该代码取值范围为 00—99。

　　（2）价格保留小数点后面两位。不可省略。

　　（3）获得方式和/或定价填写在@d 子字段，获得方式以自由行文方式填写，价格用阿拉伯数字，前置货币代码。货币代码见附录。

　　（4）同一 ISRC 号的作品，有不同装帧形式和价格时，应在其价格后注明平装外的装帧形式。

　　（5）@z 记录错误的 ISRC 号，且放在本字段最后。

示例

　　例 1：

　　机读目录格式：

　　016　　##@a CN-A20-10-0041-0@d CNY39.00

　　例 2：

　　机读目录格式：

　　016　　##@a CN-G12-03-0079-0

　　例 3：

　　机读目录格式：

　　016　　##@a CN-D03-06-0069-0

　　说明：光盘的国际标准音像编码（ISRC）由 12 位组成，其间用连字符分隔，记入 016 字段。"ISRC"字样不填。

017　　其他标准号

字段定义

　　本字段包含不能记入其他 0--字段的标准编号或代码，以及区分记录中多个同类编号或代码的限定信息。

出现情况

选择使用,可重复。

指示符

指示符1:标准编号类型指示符

7 = @2 子字段指明来源的标准编号或代码

8 = 未指明类型的标准编号

指示符2:差异指示符

指明扫描记入的编号或代码与目视编号或代码之间是否存在差异

0 = 未提供信息

1 = 无差异

2 = 有差异

子字段

@a 标准编号

各种标准的编号或代码。不可重复。

@b 限定

限定@a 的范围,一般为出版社名称、文献装订标记或标准编号与某集或某卷的关系说明。不可重复。

@d 获得方式和/或定价

对定价和获得方式的说明,以自由行文方式填写。不可重复。

@z 错误的标准编号或代码

包括被注销或印刷错误或无效的标准编号或代码。可重复。

@2 编号或代码的来源

指明代码类型。不可重复。

字段内容说明

(1)凡是0--字段中没有定义的标准编号或代码均可记入@a 子字段。编号中的字母、数字、标点符号等原样著录或通过指示符说明差异。

(2)需要限定@a 子字段的范围时,如出版社名称、文献装订标记或与某集或某卷的关系等,均可记入@b 子字段。

(3)对定价和获得方式的说明,记入@d 子字段。获得方式用简短词语书写,如赠送、非卖品等。价格用阿拉伯数字,保留小数点后面两位,前置货币代码。货币代码见附录。

(4)被注销、印刷错误、无效的标准编号或代码,记入@z 子字段。

(5)当需要说明编号或代码的类型时,记入@2 子字段。

(6)同一文献具有多个有效的标准编号或代码时,可重复017 字段。

示例

例:

机读目录格式:

017   80@a CJJ 109 - 2006

017   80@a J 512 - 2006

200　1#@a 生活垃圾转运站运行维护技术规程@b 专著
300　##@a 中华人民共和国建设部批准　2006 年 8 月 1 日施行

020　国家书目号

字段定义

本字段包含由国家书目机构分配的国家书目号码以及该机构的国家代码。

出现情况

选择使用，可重复。

指示符

指示符 1：空（未定义）

指示符 2：空（未定义）

子字段

@a　国家代码

国家书目分配机构的国家标识。不可重复。

@b　国家书目号

国家书目机构分配的号码。不可重复。

@z　错误的国家书目号

错误分配的国家书目号码。可重复。

字段内容说明

（1）国家代码采用 GB/T 2659（ISO 3166）《世界各国与地区名称代码》规定的两位大写字母代码，记入@a 子字段。

（2）国家书目号以其原有形式（包括空格、连字符和其他标点符号）记入@b 子字段。

（3）当只有错误号码时，本字段无@b 子字段。

示例

例 1：

机读目录格式：

020　##@a CN@b 85004831

说明：中国国家图书馆书目号。

例 2：

机读目录格式：

020　##@a CA@b CM3-6722XF

说明：加拿大国家图书馆书目号。

例 3：

机读目录格式：

020　##@a CA@b CM73-6722XF@z CM78-6722XF

说明：一个正确的和一个错误的加拿大国家书目号。

035 其他系统控制号

字段定义

当记录是通过交换、套录等手段获得,将原制作或修改发行单位赋予的记录控制号(001字段)复制在本字段。

出现情况

选择使用,可重复。

指示符

指示符1:空(未定义)

指示符2:空(未定义)

子字段

@a　系统控制号

系统控制号由源数据的记录标识号和产生该号的机构代码组成,机构代码置于圆括号中。若选用了本字段,该子字段必备,不可重复。

@z　注销/无效的系统控制号

包含已被注销或不再生效的系统控制号。有则必备,可重复。

字段内容说明

(1)系统控制号由源数据的记录标识号和产生该号的机构代码组成,记入@a子字段,机构代码置于圆括号中。

(2)已被注销或不再生效的系统控制号,记入@z子字段。

(3)对一个机构而言,本机构生产的数据记录控制号著录在001字段,从外机构套录或下载的数据记录控制号著录在035字段。若一条记录仅有001字段,则表明该记录是本机构生产的,如果有001字段,同时也有035字段,表明此记录是从其他机构或者数据库套录或下载的。

示例

例1:

机读目录格式:

035　##@a（A100000NLC)007042094

200　1#@a 红脸@9 hong lian@b 专著@e 国家审计在行动@f 一合,薛景辰著

说明:源记录制作机构为国家图书馆,其机构代码为A100000NLC,原系统号为:007042094。

例2:

机读目录格式:

035　##@a（A210000LPL)012004617230

200　1#@a 话女性@9 hua nv xing@b 专著@f 王充闾著

说明:源记录制作机构为辽宁省图书馆,其机构代码为A210000LPL,原系统号为:012004617230。

例3：

机读目录格式：

035　##@a（A330000ZJL）012004043942@z 012002004204

说明：源数据的记录标识号"012002004204"已被注销。

091　统一书刊号

字段定义

本字段记录使用 ISBN、ISSN 前,我国出版部门为书刊分配的统一号码。

出现情况

选择使用,可重复。

指示符

指示符1:空(未定义)

指示符2:空(未定义)

子字段

@a　统一书刊号

我国出版部门为书刊分配的统一号码。不可重复。

@b　限定词语

通常为出版社名称、装帧形式等。不可重复。

@d　价格

记录该书刊的单价。不可重复。

@z　错误的统一书刊号

记录错误的统一书刊号。可重复。

字段内容说明

本字段记录我国出版部门为书刊分配的统一号码。按出版物上出现的形式著录,包括标点符号(国家标准规定统一书刊号中的圆点一律使用中圆点"·")、外文字母和汉字。价格用阿拉伯数字,前置人民币货币代码 CNY,并保留两位小数。

著录实例

例1：

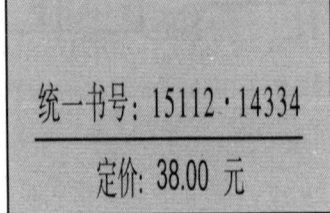

统一书号: 15112·14334

定价: 38.00 元

机读目录格式：

091　##@a 15112·14334@d CNY38.00

说明：国家标准规定统一书刊号中的圆点一律使用中圆点"·"

例2：

机读目录格式：

091 　##@a 15033・6697H@d CNY2.65

> **机电一体化技术**
>
> 陈瑜 编著
>
> 责任编辑：孙祥根
> 封面设计：刘 倍
>
> **机械工业出版社出版**（北京阜成门外百万庄南里一号）
> （北京市书刊出版业营业许可证出字第117号）
> 北京北方印刷厂印刷
> 新华书店北京发行所发行・新华书店经售
>
> 开本787×1092¹/32・印张10・¹/₈・字数227千字
> 1987年12月北京第一版・1987年12月北京第一次印刷
> 印数　00.001—5000・定价：2.65元
>
> 统一书号：15033・6697H

例3：

> **电路基础**
>
> 吴叔美　王济清　江金容　编著
> 责任编辑：张卫红
>
> **人民邮电出版社出版**
> 北京东长安街27号
>
> 北京顺义兴华印刷厂印刷
> 新华书店北京发行所发行
> 各地新华书店经售
>
> 开本：850×1168 1/32　　1987年3月第一版
> 印张：18 20/32页数：298　1987年3月北京第一次印刷
> 字数：495 千字　　　　印数：1—8,000册
>
> 统一书号：15045・总3292—无6389
> 定价：3.90元

机读目录格式：

091 　##@a 15045・总3292—无6389@d CNY3.90

例4：

机读目录格式：

010 　##@a 7-80519-051-8@d CNY1.30

091 　##@a 7354・010

说明：一书既有统一书号，又有国际标准书号时，应分别著录在091与010字段，价格记录在010字段@d子字段。

> **欧书概论**
>
> 辛济仁 编著
>
> **江苏古籍出版社出版**
> 江苏省新华书店发行　　无锡春远印刷厂印刷
> 开本787×1092毫米1/32　印张5.25　字数112,000
> 1987年10月第1版　　1987年12月第2次印刷
> 印数12,001-16,200
>
> ISBN 7-80519-051-8/G・5
>
> 统一书号：7354・010　　定价：1.30元
> 责任编辑　张惠荣

092　订购号

字段定义

本字段包含我国书刊发行部门分配的订购号。

出现情况

选择使用，可重复。

指示符

指示符1：空（未定义）

指示符 2:空(未定义)

子字段

 @a 国家代码

  订购号分配机构的国家标识。不可重复。

 @b 国内订购号

  我国出版发行部门为书刊分配的、向国内发行的征订号码。不可重复。

 @c 国外订购号

  我国出版发行部门为书刊分配的、向国外发行的征订号码。不可重复。

 @z 错误的订购号

  记录错误的书刊订购号。可重复。

字段内容说明

 本字段记录我国出版发行部门为书刊分配的征订号码。按出版物上出现的形式著录，包括短横、外文字母和数字。国家代码采用 GB/T 2659(ISO 3166)规定的两位大写字母代码。当只有错误号码时,无@b、@c 子字段。

示例

例 1:

机读目录格式:

092 ##@a CN@b 11-4606@c M178

例 2:

机读目录格式:

092 ##@a CN@b 31-1046@c 1285BM

094 标准号

字段定义

 本字段包含由国际、国家标准主管部门分配给有关国际标准、国家标准、行业标准或企业标准等出版物的号码。

出现情况

 选择使用,可重复。

指示符

 指示符 1:空(未定义)

 指示符 2:空(未定义)

子字段

 @a 国家代码

  标准号分配机构的国家标识。不可重复。

 @b 标准号

  由标准主管部门分配的标准编号。不可重复。

 @z 错误的标准号

记录错误的标准号码。可重复。

字段内容说明

本字段记录标准主管部门分配的标准编号。按出版物上出现的形式著录,包括短横、标点符号、外文字母和数字。本字段是 WH/T 0503—1996(中国机读目录格式)中自定义字段,与《新版中国机读目录格式使用手册》中的 017 字段记入的内容有交叉。

相关字段

017 其他标准号

该字段是其他标准的标识符,是给所编资料的唯一识别符号。

著录实例

例 1:

机读目录格式:

094 ##@a CN@b GB 14763 – 2005

例 2:

机读目录格式:

094 ##@a CN@b JTG H11 – 2004

例 3:

机读目录格式:

094 ##@a CN@b HJ/T 164 – 2004

例 4：

中华人民共和国行业标准

生活垃圾转运站运行维护技术规程

Technical specification for operation and maintenance
of municipal solid waste transfer station

CJJ 109 – 2006

J 512 – 2006

批准部门：中华人民共和国建设部

施行日期：2006年8月1日

机读目录格式：

094　　##@a CN@b CJJ 109 – 2006

094　　##@a CN@b J 512 – 2006

说明：本字段可重复。

注意事项

错误的标准号记入@z 子字段。若只有错误的标准号,字段将只有@z 子字段,而无@b 子字段。

例：

机读目录格式：

094　　##@a CN@z GB/T 9704 – 1999

说明：该标准已被 GB/T 9704 – 2012 替代。

1-- 编码信息块

使用下列字段

100   通用处理数据

101   文献语种

102   出版国别

105   编码数据字段:专著

106   编码数据字段:文字资料—形态特征

100   通用处理数据

字段定义

本字段记录固定长编码数据,适用于各种载体文献的记录。

出现情况

必备,不可重复。

指示符

指示符1:空(未定义)

指示符2:空(未定义)

子字段

@a 通用处理数据

本子字段的全部数据,以其在子字段内的所在位置标识。子字段共36个字符,字符位置从0计数到35。不需要赋值或者未定义的字符位,填空格(#)。不可重复。

定长数据元素:

数据元素名称	字符数	字符位置
入档日期	8	0—7
出版日期类型	1	8
出版年1	4	9—12
出版年2	4	13—16
读者代码	3	17—19
政府出版物代码	1	20
修改记录代码	1	21
编目语种代码(必备)	3	22—24
音译代码	1	25

续表

数据元素名称	字符数	字符位置
字符集（必备）	4	26—29
补充字符集	4	30—33
题名文字代码	2	34—35

字段内容说明

（1）@a/0—7 入档日期

入档日期通常是记录建立并以机读形式输入文档的日期。该日期即使记录已经修改也不改变，记录交换时亦应保留这个原始日期。以 8 位数字代码表示入档时间。时间以 GB/T 7408（ISO 8601）标准形式记入，其形式为：YYYYMMDD。其中 YYYY 表示年，MM 表示月，DD 表示日期。月与日不足两位时前置"0"。

例：字符位置 0—7：20141027

说明：该记录输入机读数据文档原始日期为 2014 年 10 月 27 日。

（2）@a/8—16 出版日期类型（字符位置 8）、出版年 1（字符位置 9—12）、出版年 2（字符位置 13—16）

用一个字符代码表示日期类型，它是考虑到出版物有 11 种类型的出版状态而拟定的。该代码定义的出版年 1 和出版年 2 都是四位字符的年标识。未知数字填空格（#）。

下面介绍几种常用、典型的图书出版发行状态。

　　d＝一次或一年出全的专著

　　　　出版年 1 填该出版年，出版年 2 填四个空（####）（例 1—3）。

　　e＝复制图书

　　　　所编图书为复制品，即重印本、影印本等，但不是新版本。出版年 1 填复制图书的出版年，出版年 2 填原始图书的出版年。若原始出版年不确定，无法用年表示，其数字可用空（#）代替（例 4—5）。

　　f＝出版年不确定的专著

　　　　出版年 1 填可能最早的出版年，出版年 2 填可能最晚的出版年。图书未载明出版年的，可著录推测的年代，后加问号，置于方括号内。相应的 100 字段的出版日期类型用"f"表示（例 6—7）。

　　g＝跨年出版的专著

　　　　出版年 1 填起始出版年。若起始出版年不确定，任何不确定数字可用空（#）代替。出版年 2 填最后的出版年；若仍在继续出版，则填 9999。若最后的出版年不确定，不确定的数字可用空（#）代替（例 8—9）。

　　h＝有出版年也有版权/专有权年的专著

　　　　专著上所载的出版年和版权年或专有权年不相同。出版年 1 填出版年，出版年 2 填版权/专有权年（例 10）。

　　　　若只有版权年或专有权年但出版年不确定，则使用"d"（例 11）。

　　j＝有详细出版日期的图书

　　　　用于需重点记载出版的月份及日期。出版年 1 填出版年，出版年 2 按"MMDD"

格式填月份和日期,月、日数字右对齐,不足两位用 0 补齐。若日的位置不用,则填两个空(##)(例 12)。

　　u = 出版年不详

　　当图书上没有任何出版日期信息时使用。出版年 1 填四个空,出版年 2 也填四个空(####)(例 13)。

(3)@a/17—19　读者代码(例 14—20)

读者代码有 3 个字符的位置,从左至右填写,不用的字符位置填空(#)。

　　a = 青少年(不能与 b、c、d、e 同时使用)

　　b = 学龄前儿童(0—5 岁)

　　c = 小学生(5—10 岁)

　　d = 少年(9—14 岁)

　　e = 青年(14—20 岁)

　　k = 科研人员

　　m = 普通成人

　　u = 不详

说明:阅读对象代码可以单独使用,也可以同时使用。代码"a"中已经涵盖"b""c""d""e"代码中表示的阅读人群,所以不能同时使用。下面是几种常用的组合形式:

代码	阅读人群
am	老少皆宜
bem	低幼读物,适用于 5 岁以下的人群
cem	小学生、儿童读物,适用于 5—10 岁的人群
dem	初中生、少年读物,适用于 9—14 岁的人群
em	普通成人读物
emk	一般性的研究读物(大型字典、地方志、年鉴等)
kem	学术性较强的读物,具有较高科研价值的著作(博士论文等)

(4)@a/20　政府出版物代码

用一个字符的代码表示该记录是否是政府出版物的记录,以及出版发行该出版物的政府级别。普通图书一般都是由出版社出版发行的非政府出版物,因此,一般情况下,政府出版物代码通常取 y = 非政府组织。

　　例:100　##@a 20060511d2006####em#y0chiy0110####ea

说明:100 字段第 20 位字符代码为"y"。

(5)@a/21　修改记录代码

由于机器字符集的限制,不能完全照录出版物题名页上的文字,对某些特殊字符(如希腊字母)、数学公式或其他无法完整写出的符号,需采用音译或其他变通方法表示。这种情况可认为是修改记录,用一个代码表示。但若题名页上出现其他字符集也没收入的符号或图形,因而无法照录,这种情况则不认为记录已被修改。

　　0 = 未修改的记录

　　1 = 已修改的记录

例：100　##@a 20060511d2006####em#y0chiy0110####ea

说明：第 21 位修改记录代码填"0"，表示未修改的记录。

（6）@a/22—24　编目语种代码

用三个小写拉丁字母的代码表示编目语种。中文图书的编目语种为 chi。

例：100　##@a 20040730d2004####em#y0chiy0110####ea

说明：第 22—24 位字符代码填"chi"表示此书为中文图书。

（7）@a/25　音译代码

中文图书书目记录不使用音译代码。固定为 y（未用音译表）。

（8）@a/26—29　字符集

用两个双字符号代码表示记录交换时所用的主要图形字符集。中文图书书目记录通常使用的字符集为 0110。

例：100　##@a 20070206d2007####cd#y0chiy0110####ea

　　200　1#@a 101 个影响孩子一生的小毛病@b 专著@f 宿磊，程晓芳编著

（9）@a/30—33　补充字符集

中文图书书目记录不使用补充字符集。字符位置 30—33 填空（#）。

例：100　##@a 20070214d2007####em#y0chiy0110####ea

　　200　1#@a 101 条终生受益的老经验@b 专著@f 于心愿编著

说明：第 30—33 位字符位置填空（####）

（10）@a/34—35　题名文字代码

用两个字符的代码表示图书正题名所用的文字。由于中文图书著录规则要求正题名用汉字（可含外文字或数字），因此中文图书书目记录题名文字代码使用 ea。

例：100　##@a 20050923d2005####em#y0chiy0110####ea

　　200　1#@a 101 项科学成果@b 专著@e 它们改变了我们的生活@f 金盛先，唐萍著

著录实例

例1：

唐代唱和诗研究
岳娟娟　著
责任编辑/陈　军　宋启立

复旦大学出版社有限公司出版发行
上海市国权路 579 号　邮编：200433
网址：fupnet@ fudanpress.com　http://www.fudanpress.com
门市零售：86-21-65642857　团体订购：86-21-65118853
外埠邮购：86-21-65109143
江苏省句容市排印厂

开本 890×1240　1/32　印张 13.25　字数 310 千
2014 年 7 月第 1 版第 1 次印刷

ISBN 978-7-309-06860-3/I·513
定价：38.00 元

版权页

机读目录格式：

100　##@a 20150128d2014####em#y0chiy0110#
　　　###ea

210　##@a 上海@c 复旦大学出版社@d 2014

说明：在编文献 2014 年一次出版，出版日期类型用"d"。

例2：

机读目录格式：

100 ##@a 20070330d2006####em#y0chiy0110####ea

205 ##@a 3 版

210 ##@a 北京@c 中国青年出版社@d 2006

说明：在编文献既有第 1 版的出版年，同时又有其他版次的出版年，只著录最新版次的出版年，著录在出版年 1 位置上。由于它是新的版本，不是复制本，故出版日期类型用"d"。

题名页

版权页

例3：

机读目录格式：

100 ##@a 20061026d1993####em#y0chiy0110####ea

210 ##@a 北京@c 人民文学出版社@d 1993 @h 2006 印

说明：出版时间与印刷时间相隔很长，但不是重印，而是第一次印刷，出版日期类型用"d"，而不用"e"表示。

版权页

例4：

机读目录格式：

100 ##@a 20060831e20062004cd#y0chiy0110####ea

210 ##@a 上海@c 上海大学出版社@d 2004 @h 2006 重印

说明：在编文献为重印本，出版日期类型用"e"。

版权页

例 5：

图书在版编目（CIP）数据

造锐 CAD/CAM=Mastering CAD/CAM：英文／（美）孔伊德（Zeid, L.）著；底集枢改编。—影印本。—北京：清华大学出版社，2007.4

（国外大学优秀教材．工程图学系列）

ISBN 978-7-302-14868-5

Ⅰ．造… Ⅱ．①孔…②集… Ⅲ．计算机辅助设计—高等学校—教材—英文②计算机辅助制造—高等学校—教材—英文 Ⅳ．TP391.7

出版发行：清华大学出版社

http://www.tup.com.cn

c-service@tup.tsinghua.edu.cn

社 总 机：010-62770175

投稿咨询：010-62772015

地　　址：北京清华大学学研大厦 A 座

邮　　编：100084

邮购热线：010-62786544

客户服务：010-62776969

印 刷 者：北京国浩彩色印刷厂

装 订 者：三河市惠源装订厂

经　　销：全国新华书店

开　　本：185×230　印　张：39

版　　次：2007年4月第1版　印　次：2007年4月第1次印刷

印　　数：1~3000

定　　价：63.00 元

题名页　　　　　　　　　　　　　版权页

机读目录格式：

100 　##@a 20070115e2006####em#y0chiy0110####ea

205 　##@a［影印版］

210 　##@a 北京@c 清华大学出版社@d 2006

说明：在编文献为影印版，出版日期类型用"e"。

例 6：

机读目录格式：

100 　##@a 20070411f20062006em#y0chiy0110####ea

200 　1#@a 澳洲印象@b 专著@d The impression of Australia@z eng

210 　##@a 沈阳@c 沈阳出版社@d［2006？］

说明：在编文献规定信息源无出版年，出版年为推测，按出版年不确定处理，出版日期类型用"f"表示。

例 7：

封面　　　　　　　　　　　　　　封底

机读目录格式：

100 　##@a 20001116f19901999em#y0chiy0110####ea

200 　1#@a 中国·沈阳@b 专著@d Shenyang China@f 沈阳市人民政府新闻办公室［编］@z eng

210 　##@a［北京？］@c 新星出版社@d［199－？］

说明：在编文献无版权页、题名页，出版年不确定，推测在 20 世纪 90 年代出版，出版日期类型用"f"表示。

例 8：

茅盾全集

（第一卷）

人民文学出版社出版
新华书店北京发行所发行
北京新华印刷厂印刷
1984 年北京第 1 版
1984 年北京第 1 次印刷

版权页

茅盾全集

第二十二卷

人民文学出版社出版
新华书店北京发行所发行
北京市人民文学印刷厂印刷
1993年北京第 1 版
1993年北京第 1 次印刷
ISBN 7-02-001561-1/Z·128
定价 8.30 元

版权页

机读目录格式：

100　##@a 19960215g19841993em#y0chiy0110####ea

200　1#@a 茅盾全集@b 专著

210　##@a 北京@c 人民文学出版社@d 1984 – 1993

说明：在编文献跨年度出版，最初出版年 1984 年，最终出版年 1993 年，字符位置 8 填“g”。

例 9：

生产（第一辑）
汪民安 主编
广西师范大学出版社 2004 年 5 月

专题　战争的伦理和政治
视野　迈克尔·哈特和《帝国》
人物　瓦尔特·本雅明和《拱廊计划》
文献　黑格尔著作导论
评论　“无题”的礼物与思想到来的位置
对话　王广义访谈录

生产（第二辑）
汪民安 主编
广西师范大学出版社 2005 年 4 月

专题　友谊之回归
人物　吉奥乔·阿甘本
艺术　书的内在性
评论　复活于灾异的基督肉身
文献　欲望与快感

生产（第三辑）
汪民安 主编
广西师范大学出版社 2006 年 1 月

专题　动物与后现代性
人物　阿兰·巴丢（Alain Badiou）
评论　全球化与文化和宽间在中国的复制
艺术　关于绘画谱系学的批判
文献　耶路撒冷的艾希曼（结语）

图书在版编目（CIP）数据
生产．第四辑，新尼采主义/汪民安主编．广东美术馆主办．—桂林：广西师范大学出版社，2007.4
ISBN 978 – 7 – 5633 – 6511 – 1
Ⅰ．生…　Ⅱ．①汪…②广…　Ⅲ．①社会科学 – 文集②尼采，F.W.（1844 ~ 1900）– 哲学思想 – 文集　Ⅳ．C53 B516.47 – 53
中国版本图书馆 CIP 数据核字（2007）第 033366 号
广西师范大学出版社出版发行
（桂林市中华路 22 号　邮政编码：541001
网址：www.bbtpress.com）
出版人：肖启明
全国新华书店经销
发行热线：010 – 64284815
北京忠信诚胶印厂
（北京市通州区张家湾镇　邮政编码：101113）
开本：960mm × 1 300mm　1/32
印张：13.125　字数：280 千字
2007 年 4 月第 1 版　2007 年 4 月第 1 次印刷
印数：0 001 ~ 4 000　定价：35.00 元

机读目录格式：

100　##@a 20070510g20049999em#y0chiy0110####ea

200　1#@a 生产@b 专著@d Producing@f 汪民安主编@z eng

210　##@a 桂林@c 广西师范大学出版社@d 2004 –

说明：2004 年首次出版，跨年仍在陆续出版的多卷集专著，字符位置 8 填“g”。

例 10：

版权页

机读目录格式：

100 ##@a 20040920h20042003dm#y0
chiy0110####ea

200 1#@a 卡城名蛙@b 专著@f Mark
Twain 著@g Gina D. B. Clemen
改写

210 ##@a 上海@c 华东师范大学出版
社@d 2004

说明：在编文献出版年为 2004 年，版权年为
2003 年。

例 11：

题名页

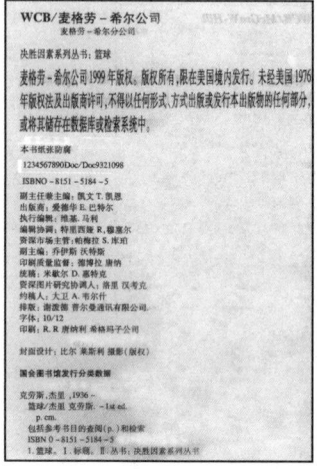

版权页

机读目录格式：

100 ##@a 20060822d1999####em#y0chiy0110####ea

200 1#@a 篮球@b 专著@f（美）杰里·克劳斯(Jerry Krause)著@g 陈钧等译

210 ##@a 北京@c 北京体育大学出版社@d 1999［版权］

说明：仅能确定版权为 1999 年，出版年不确定，出版日期类型用"d"。

例 12（图略）：

机读目录格式：

100 ##@a 20060809j20040512em#y0chi0110####ea

说明：2004 年 5 月 12 日出版的科技报告。有详细的出版日期，分别填入出版年 1、出版年 2。

例13：

机读目录格式：

100　##@a 20070209u#######em#y0chiy0110####ea

200　1#@a 怀故集@b 专著@f 沈达夫著

210　##@a［出版地不详］@c［出版者不详］@d［出版年不详］

说明：在编文献为非正式出版物，无版权页，出版信息无从查考，出版日期类型用"u"，并用"#"填入出版年1，出版年2。

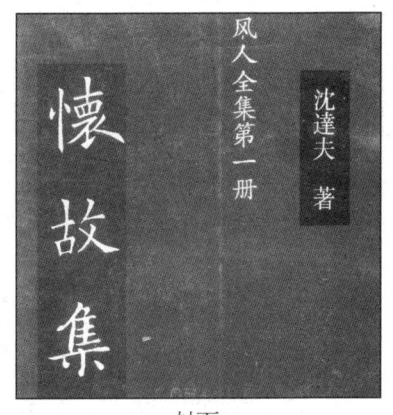

封面

例14：

机读目录格式：

100　##@a 20061120d2006####am#y0chiy0110####ea

200　1#@a 未成年人自我保护读本@b 专著

说明：读者对象代码 am：青少年读物，老少皆宜。

例15：

机读目录格式：

100　##@a 20150126d2013####bemy0chiy0110####ea

200　1#@a 大象和坏小子@b 专著@f（英）艾尔弗丽达·维庞特文@g（英）雷蒙·布力格图@g 漪然翻译

说明：读者对象代码 bem：低幼读物，5 岁以下。

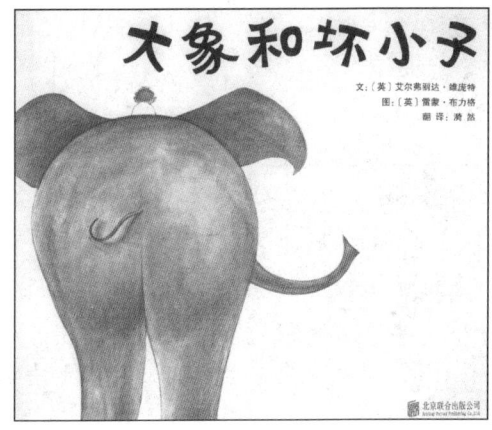

例 16：

没有大人的夜晚
感动小学生故事全集

◎总 主 编：刘海涛
◎主   编：陈忠义
◎副 主 编：陈娣 何少润 宋魏娟

机读目录格式：

100   ##@a 20061201d2006####cemy0chiy0110####ea

200   1#@a 没有大人的夜晚@b 专著@e 感动小学生故事全集

说明：读者对象代码 cem：小学生、儿童读物，5—10 岁。

例 17：

机读目录格式：

100   ##@a 20090302d2009####demy0chiy0110####ea

200   1#@a 寒冬，回忆一生爱的味道@b 专著@f 方洲主编

说明：读者对象代码 dem：初中生、少年读物，9—14 岁。

例 18：

中国大历史

[美] 黄仁宇 著

机读目录格式：

100   ##@a 20150127d2014####em#y0chiy0110####ea

200   1#@a 中国大历史@b 专著@f（美）黄仁宇著

说明：读者对象代码 em：普通成人读物。

例 19：

机读目录格式：

100   ##@a 20060330d2005####emky0chiy0110####ea

200   1#@a 沈阳年鉴@h 2005@b 专著@f 沈阳市统计局编

说明：读者对象代码 emk，一般性的研究读物（大型字典、地方志、年鉴等）。

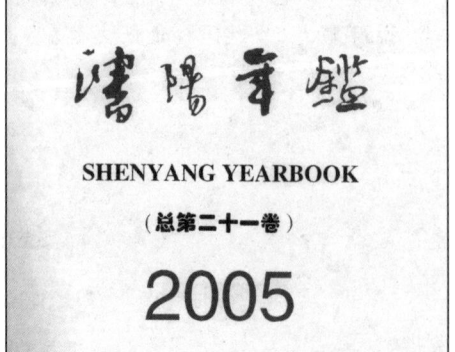

例 20：

机读目录格式：

100 ＃＃@a 20150123d2014＃＃＃＃kemy0
　　　chiy0110＃＃＃＃ea

200 1#@a 美国第三次三 K 党运动研究
　　　@b 专著@f 李国庆著

说明：在编文献为博士论文，具有较高科研价值，读者对象代码 kem。

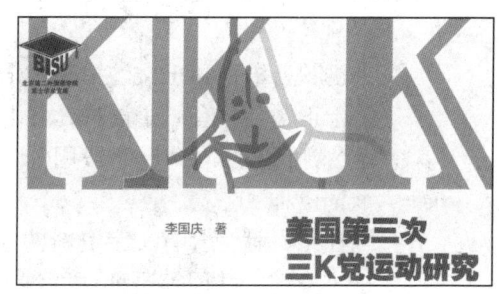

101　文献语种

字段定义

本字段记录文献原著、译著、题名、提要等整体和部分的语种代码。

出现情况

必备，不可重复。

指示符

指示符 1：翻译指示符

这个指示符标识文献是否是译著或含译文。

　　　0 = 文献为原著

　　　1 = 文献为译著（译自原著或非原著的中间语言）

　　　2 = 文献含译文（不包括译文提要）

指示符 2：空（未定义）

子字段

@a　正文语种

文献正文语种。当著作正文为多个语种时，可重复。

@b　中间语种

当文献不是直接译自原著而是译自某外文译著时，本子字段记录该中间语种。若著作译自多个中间语种，本子字段可重复。

@c　原著语种

当文献为译著时，本子字段记录原著语种。若原著是多语种，则本子字段可重复。

@d　提要或文摘语种

本子字段记录提要或文摘语种。若著作有多个语种提要，则本子字段可重复。

@e　目次页语种

当目次页语种和著作正文语种不同时，本子字段记录目次页语种。若有多个目次页语种，则本子字段可重复。

@f　题名页语种

当题名页语种和著作正文语种不同时，本子字段记录题名页语种。若有多个题名页语种,则本子段可重复。

@g　正题名语种

当正题名语种和正文的第一个语种(@a)不相同时,本子字段记录该正题名语种。由于正题名只有一个语种,因此本子字段不可重复。若其他语种的正题名为并列题名,可重复,在 200 字段用@z 子字段表示。

@h　歌词语种

当在编文献为含有文字资料的录音制品或印刷乐谱时(如歌词、讲演的录音),本子字段记录歌词等语种,可重复。

@i　附件语种

当在编文献中所含附件(如前言、后记、说明书)的语种与正文语种不同时,本子字段记录该附件语种,可重复。

@j　字幕语种

当在编文献(如电影制品、录像制品)中字幕语种与声道语种不同时,本子字段记录字幕语种,可重复。

字段内容说明

本字段记录文献的各种语种代码。若需记录多个语种,依其重要性顺序著录;若语种太多,则可用代码"mul"。

著录实例

(1)作品为原著(字段指示符为 0#)

例 1:

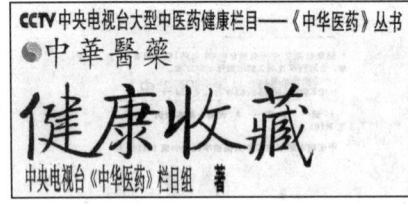

机读目录格式:

101　0#@a chi

说明:正文为中文。

例 2:

中文摘要　　　　　英文摘要

机读目录格式:

101　0#@a chi@d eng

说明:正文为中文,有英文摘要。

例3：

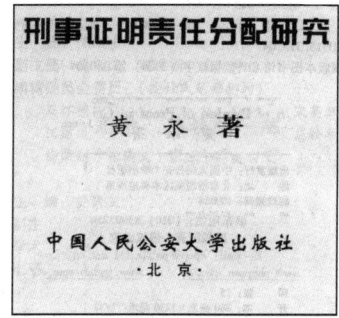

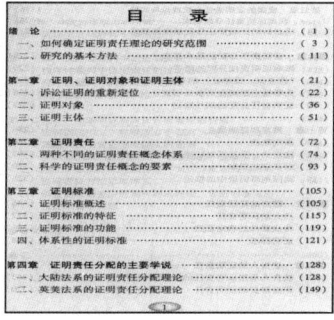

中文目录

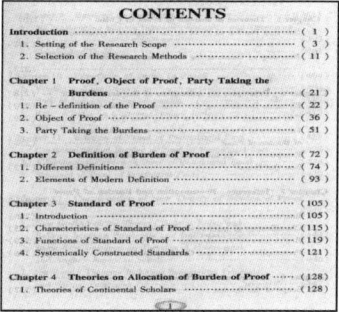

英文目录

机读目录格式：

101　0#@a chi@e eng

说明：正文为中文,有英文目次页。

例4：

摘　要

性教育的兴起是20世纪上半叶中国文化教育领域的一个重要现象,本文首次将该问题纳入教育史的视野进行系统研究,从知识型的视角对性教育的历史演变进行了阐述和归纳,力图通过对性教育现象的研究为理解中国教育的现代化转型提供一种新途径。

中文摘要

Abstract

The advent of sex education in the early 20th century is of great importance in culture and education in China, and, it is for the first time in literature that this paper makes a systematic discussion of the issue from the perspective of the history of education. The shift of paradigm in the historical development of sex education is discussed. The study of sex education is intended to provide a new understanding of the modernization of education in China.

英文摘要

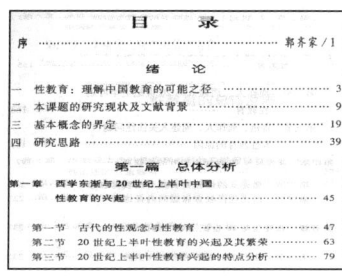

中文目录

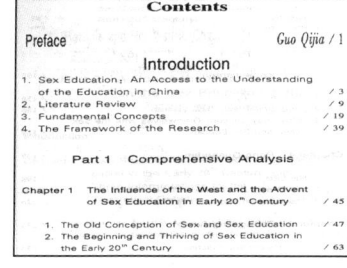

英文目录

机读目录格式：

101　0#@a chi@d eng@e eng

说明：正文为中文,有英文摘要、英文目次页。

例5：

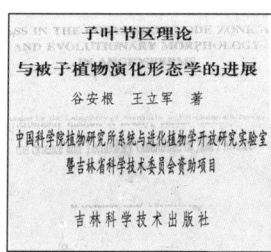

中文题名页

英文题名页

机读目录格式:

101　0#@a chi@f eng

说明:正文为中文,有英文题名页。

例6:

题名页　　　　　题名页

机读目录格式:

101　0#@a eng@g chi

说明:在编文献正题名语种(汉语)与正文语种@a(英语)不同,本子字段记录该正题名语种。

例7:

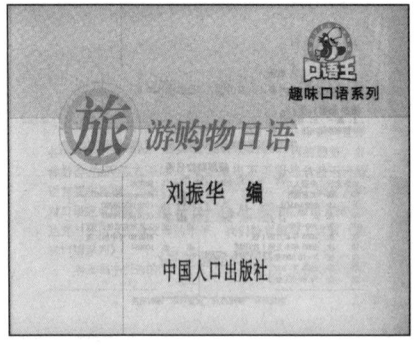

机读目录格式:

101　0#@a chi@a jpn

说明:原著正文为汉语、日语。

例8:

机读目录格式:

101　0#@a chi@a jpn@a mon

说明:原著正文为汉语、日语、蒙古语。

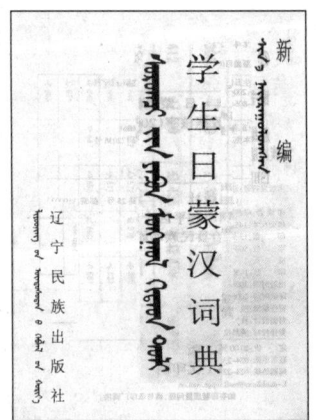

例9：

机读目录格式：

101 0#@a chi@a uig

说明：原著正文为汉语、维吾尔语。

例10：

机读目录格式：

101 0#@a chi@a yiz

说明：原著正文为汉语、彝语。

例11：

机读目录格式：

101 0#@h chi

说明：在编文献为印刷乐谱,有汉语歌词。

（2）作品为译著（字段指示符为1#）

例1：

机读目录格式：

101 1#@a chi@c eng

说明：正文为汉语,原著语种为英语。

例2：

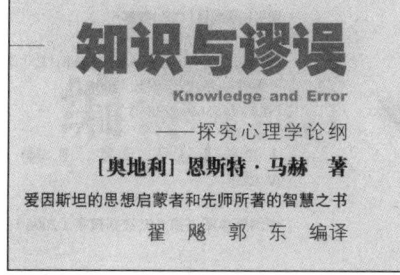

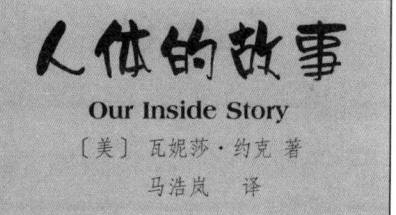

机读目录格式：

101 1#@a chi@c ger

说明：正文为汉语,原著语种为德语。

例 3：

机读目录格式：

101　1#@a chi@c dut

说明：正文为汉语,原著语种为荷兰语。

例 4：

机读目录格式：

101　1#@a chi@c ara

说明：正文为汉语,原著语种为阿拉伯语。

例 5：

机读目录格式：

101　1#@a chi@c swe@c ger

说明：正文为汉语,原著语种为瑞典语、德语。

例6：

目　录

马尔戴和她的钟

〔德〕施笃姆

学生时代的最后的几年，我寄寓在一家小市民的家里。这一家的父母和许多兄弟姊妹，都不在了，只剩着一位年老的未婚的女儿在那里守着老太。她的父母和两位弟兄，已经死了，她的姊妹，到她的最小的和一位本地医生结婚的妹妹为止。都限了她们的男人到别处去了。因此只有马尔戴一个人剩在她父母的家里。她从前她的家族的房间出租，并依一点仅少的租金，在那里苦苦地度日。虽则非要在礼拜天的中午，不能有一

浮浪者

〔爱尔兰〕奥弗莱厄蒂

有八个贫民在贫民习艺所医院的病愈调养处的院子里。这院子是一块长方形的水门汀地，一面是食堂，一面是一垛红砖的高墙，一头的尽处是一个便所。其他一头是一所小小的柏油漆的木棚，木棚之内是一间浴室和一间洗面室，天气是非常之冷，因为太阳还没有升到那些簇集在这院子的周围，几乎使这院子不见天日的建筑物上来，时候是一个阴寒的二月的早晨，大约还是八点钟前后的样子。

《徒然草》选译

〔日〕兼好法师

序跋

信无聊的自然，弄笔砚以终水日，将印上心来的无聊琐事，淳淳沌沌，写将下来，奇奇古怪，倒看实也有点儿疯狂的倒霉。

第一段

托尔斯泰回忆杂记

〔俄〕高尔基

比任何的思想更是频繁而且厉害地苦恼他的是关于神的思想，实在，有时候，仿佛是并不是关于神的思想似的，他对这问题所讲的话比他所想讲的更少，但他的所想却常常是在这一个问题，这不能够说是老年的征候，死的预感——不是的，我想是从他的那种微妙的为人所难免的傲气上来的，开且——描则是只有些微一点——也是从一种屈辱之感上来的，因为像巢阿·托尔斯泰这样的人，还不得不将自己的意志屈服于一个"连锁球菌"（Streptococcus）之下，实在是一种屈辱，若他是一位科学家的说话，那他一定可以推寻出一种最新奇的假说，而创始些伟大的发明无疑。

机读目录格式：

101　1#@a chi@c mul

说明：①正文为汉语，原著为多语种（德语、英语、日语、俄语等）。

②若需记录多个语种，依其重要性顺序著录，若不能区分，则以字母顺序来确定语种顺序；若语种太多，一般情况下，三种以上，则可用代码"mul"。

例 7：

机读目录格式：

101 1#@a chi@c eng@e eng

说明：正文为汉语，原著语种为英语，有英文目录。

例 8：

附赠原文书 1 册

机读目录格式：

101 1#@a chi@c eng@i eng

说明：正文为汉语，原著语种为英语，附件语种为英语。

例 9：

机读目录格式：

101 1#@a chi@b eng@c per

说明：正文为汉语，中间语种为英语，原著语种为波斯语。

例10:

机读目录格式:

101 1#@a chi@b fre@c rum

说明:正文为汉语,中间语种为法语,原著语种为罗马尼亚语。

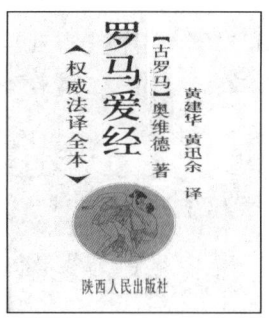

(3)作品含译文(字段指示符为2#)

例1:

机读目录格式:

101 2#@a chi@a eng@c eng

说明:正文为中文、英文对照,原著语种为英文。

例2:

机读目录格式:

101 2#@a chi@a ger@c ger

说明:正文为中文、德文对照,原著语种为德文。

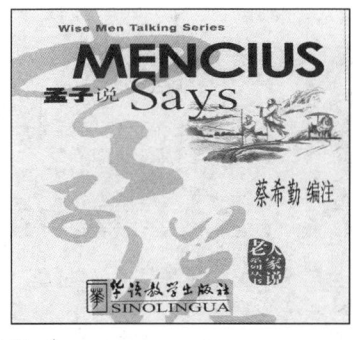

例3:

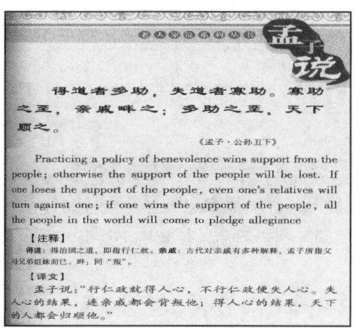

机读目录格式:

101 2#@a chi@a eng@c chi

说明:正文为中文、英文对照,原著语种为中文。

例4：

机读目录格式：

101 2#@a chi@a eng@c fre

说明：正文为中文、英文对照，原著语种为法文。

例5：

机读目录格式：

101 2#@a chi@a eng@c dan

说明：正文为中文、英文对照，原著语种为丹麦语。

例6：

机读目录格式：

101 2#@a chi@a eng@a fre@c fre

说明：正文为中文、英文、法文对照，原著语种为法文。

例7：

机读目录格式：

101 2#@h chi@h ger

说明：歌词语种为汉语、德语对照。

注意事项

在实际工作中应注意一种情况,即不能单纯以书中所题作者国籍作为著作语种选取的依据,应根据具体情况进行分析。

例:

机读目录格式:

101 1#@a chi@c eng(错误)

101 0#@a chi(正确)

说明:本书作者为美籍华裔,作品为中文原著。

如果文献中所含译文仅为文摘,则指示符 1 不使用"2"。另外,还存在一种常见的著录问题。

例:

机读目录格式:

101 0#@a chi@a eng@e eng(错误)

101 0#@a chi@a eng(正确)

说明:正文含英文,@e eng 就显得多余了。

102　出版国别

字段定义

本字段记录文献出版国或制作国、出版地区或制作地区代码。

出现情况

选择使用,不可重复。

指示符

指示符号 1:空(未定义)

指示符号 2:空(未定义)

子字段

@a　出版国代码

著录图书的出版国代码。该代码采用 ISO 3166 标准规定的两个字符代码。若图书有多个出版国,本子字段可重复。

@b　出版地区代码

本子字段记录图书的出版地区代码。国内地区代码采用 GB 2260《中华人民共和国行政区划代码》。若图书在一国内多个地区出版,本子字段可重复。

@c　出版地区代码(国际标准)

在编文献的出版或制作地区的代码。该代码取自 ISO 3166—2。当一部文献有多个出版或制作地时,该子字段可重复。

@2　非国际标准出版地区代码来源

说明@b 子字段中代码的来源。该子字段可重复。

字段内容说明

（1）文献出版或制作国的代码取自《世界各国和地区名称代码》（GB/T 2659，等效采用 ISO 3166）的两位大写字母代码（见附录）。当一部文献有多个出版或制作国时重复@a 子字段。

（2）文献的出版或制作地区的代码取自非国际标准（ISO 3166—2）的其他代码表，如中国的地区代码采用《中华人民共和国行政区划代码》（GB 2260）（见附录），此时，文献的出版或制作地区的代码填入@b 子字段，用 6 个单字节数字表示。当一部文献有多个出版或制作地时重复@b 子字段。

（3）需要说明@b 子字段中代码的来源时，填入@2 子字段，当一部文献有多个@b 子字段需要说明时，重复@2 子字段（当使用 GB 2260 时，省略著录"@2"）。

（4）文献的出版或制作地区的代码取自国际标准（ISO 3166—2），此时，将文献的出版或制作地区的代码填入@c 子字段。当一部文献有多个出版或制作地时重复@c 子字段。

著录实例

例 1：

机读目录格式：

102　##@a CN@b 110000@a DE

200　1#@a 现代汉德德汉词典@i 汉德卷@b 专著@f 赵汤寿主编

210　##@a 北京@c 北京大学出版社@a 柏林@c 乌特·席勒出版社@d 1992

说明：本书为中国与德国联合出版，@a 子字段"出版国代码"可重复。根据《国家和地区名称的简称表》（详见附录）可知道，中国的外文简称为 CN，德国的外文简称为 DE；根据《中华人民共和国省、自治区、直辖市及地区代码表》（详见附录）可知道，北京市的代码为 110000，但德国地区代码未知，省略著录。

例 2：

机读目录格式：

102　##@a CN@b 110000@b 810000

200　1#@a 中国年鉴@h 1990（总第 10 期）@b 专著@f 宋继朝主编@g 中国年鉴编辑部编辑

210　##@a 北京@c 中国年鉴社@a 香港@c 新中国新闻有限公司@d［1991］

说明：本书为北京、香港两地联合出版，@b 子字段可重复。根据《中华人民共和国省、自治区、直辖市及地区代码表》（详见附录）可知道，北京市的代码为 110000，香港特别行政区的代码为 810000。

中国年鉴 1990（总第 10 期）

ISSN 1000-9647

CN11-2645

编辑：	北京	新华通讯社中国年鉴编辑部
出版：	北京	中国年鉴社
	香港	新中国新闻有限公司
制作：	香港	怡时广告有限公司
植字：	香港	联昌电脑排版公司
印刷：	北京	新华印刷厂
地址：	中国年鉴社	

北京宣武门西大街 57 号　邮政编码 100803

定　价：298 元

例3:

机读目录格式:

102　##@a CA

200　1#@a 狂想曲@b 专著@e 词曲三百九十六首@f 许杏陶著

210　##@a 多伦多@c 加拿大华夏文艺出版社@d 2006

说明:①本书为加拿大华夏文艺出版社出版,根据《国家和地区名称的简称表》(详见附录)可知道,加拿大的外文简称为CA,但加拿大的地区代码未知,@b 子字段省略。

②常用出版国外文简称,如 US(美国)、GB(英国)、FR(法国)、DE(德国)、KR(韩)、RU(俄罗斯)、AU(澳大利亚)等。

书　名	《狂想曲》
作　者	许杏陶
装帧设计	周孝群
出　版	加拿大华夏文艺出版社
版　次	2006 年 6 月第一版　第一次印刷
规　格	32 开(850mm × 1168mm)
字　数	5 万字
国际书号	ISBN 0 – 91480 – 11
公司名称	加拿大多伦多市北约克夏洛特 32 号

105　编码数据字段:专著

字段定义

本字段记录专著性印刷文字资料的编码数据。

出现情况

选择使用,不可重复。

指示符

指示符1:空(未定义)

指示符2:空(未定义)

子字段

@a　专著编码数据

在该子字段中,全部数据是以字符位置标示的,共 13 个字符位。字符位置的计数是从 0 至 12,所定义的全部字符位(包括空格),必须出现在该子字段中。该子字段不可重复。

子字段@a 固定长数据元素表:

数据元素名称	字符数	字符位置
图表代码	4	0—3
内容特征代码	4	4—7
会议代码	1	8
纪念文集指示符	1	9
索引指示符	1	10
文学体裁代码	1	11
传记代码	1	12

字段内容说明

（1）图表代码（字符位置0—3）：四个字符位，从左至右顺序填写适用的图表代码，未用的位填空格。如可用的代码超过四个，则按如下的顺序选择靠前的四个。如果四个字符位置仅分配了一部分代码，则其余位填空格（#）。如使用"y"，则其他三位填空格（#）。这些代码通常与作品的载体形态有关。

图表代码有：

    a = 图表

      插图。

    b = 地图

    c = 肖像、画像

      个人或集体的肖像、画像。

    d = 航行图

      为领航员设计的专用图。

    e = 设计图

      例如建筑平面设计图。

    f = 图版

    g = 乐谱

      专著性文字资料，不是录音资料的附件。

    h = 摹真图文

      图书的部分或全部的复制品，不仅复制正文，而且还模仿著作原形状。

    i = 盾徽

      一种专用的盾形徽号。

    j = 谱系表

    k = 表格

    l = 样品

    m = 录音制品

      如书内附带的唱片、录音带。

    n = 透明图片

      如附在书袋中的透明图片。

    o = 彩饰（图）

      即人工彩绘。

    y = 无图表

      只可用一次，即 y###。

    # = 不用的字符位

（2）内容特征代码（字符位置4—7）：四个字符位，从左至右顺序填写适用的内容形式代码，未用的位填空格。如可选用的代码超过四个，则按下表所列次序顺序选择四个。如果某一文献类型表内未定义，可使用代码"z"。

内容特征代码有：

    a = 书目

b = 目录

c = 索引

d = 文摘或摘要

e = 字典、词典

f = 百科全书

g = 名录

　　人名录、地名录、机构名录。

h = 项目资料

　　说明科研项目或计划的资料。

i = 统计资料

j = 成套教材

　　循序渐进式系列化教材。

k = 专利文献

l = 技术标准

m = 学位论文未出版

v = 学位论文已出版

n = 法律、法令和法规

　　如果正文为条约,应使用代码"s"。

o = 数字(值)表

　　表格式信息资料。如为统计资料,应使用代码"i"。

p = 技术报告

q = 试题集

r = 述评文献

　　对作品或某一特定领域活动动态的述评。

s = 条约

　　国家间正式签订和批准的协议或协定,其他法律文献用代码"n"。

t = 漫画或连环画

　　成人或儿童读物。

z = 其他

= 不用的字符位

　(3)会议代码(字符位置8):以一位字符代码标示文献是否含有各类会议的会议录、报告或会议纪要。

　　0 = 非会议出版物

　　1 = 会议出版物

　(4)纪念文集指示符(字符位置9):以一位字符代码标示文献是否为纪念文集。包括各类为纪念名人、机构、社会团体以及周年纪念而发行(赠送)的,收录有研究成果的文集、通讯录、演讲稿、书目或学术论文集等。

　　0 = 非纪念文集

　　1 = 纪念文集

（5）索引指示符（字符位置 10）：以一位字符代码标示文献是否含有其正文的索引。如该著录实体为其他著作的索引，应使用本字段的内容特征代码"c"。

    0 = 无索引

    1 = 有索引

（6）文学体裁代码（字符位置 11）：以一位字符代码标示文学作品的体裁。

文学体裁代码有：

    a = 小说

        长篇、中篇、短篇小说及小小说。

    b = 戏剧

        包括电视、电影剧本等。

    c = 散文

        包括杂文、随笔等。

    d = 幽默、讽刺作品

        包括笑话、滑稽、相声等，不包括漫画。

    e = 书信

        指文学体裁或涉及文学的书信。对于传记性通信录，须参考下一项第 12 位字符的传记代码。

    f = 短篇故事

        寓言、神话、传说、传奇等。

    g = 诗词

        包括词、曲、赋、歌谣以及用诗句写作的非文学作品。

    h = 演说词

    y = 非文学作品

    z = 其他或多种文学体裁

        非前述体裁的文学作品或含两种以上文学体裁的作品。

（7）传记代码（字符位置 12）：以一位代码标示作品的传记类型。

传记代码有：

    a = 自传

        包括书信集、通讯录。

    b = 个人传记

        别传。

    c = 集合传记

        作品为两个或两个以上的个人或家族的传记。

    d = 作品含传记资料

        如人物指南、人名录。

    y = 非传记作品

著录实例

1. 图表代码(字符位置0—3)

例1：

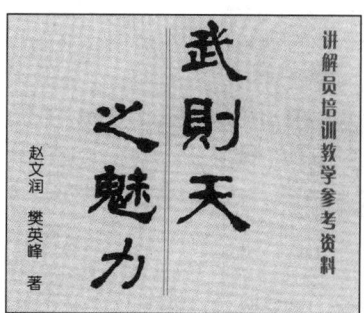

肖像

摹真图文

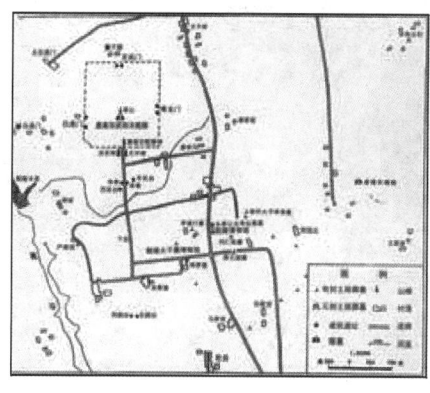

地图

照片

机读目录格式：

105　　##@a abch

说明：图表代码 abch：a＝照片、b＝地图、c＝肖像、h＝摹真图文。

例2：

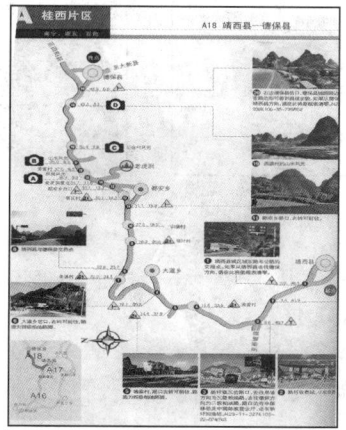

地图

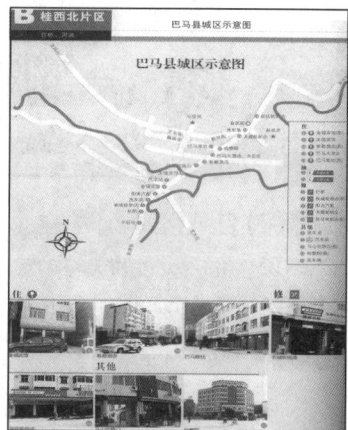

地图

机读目录格式：

105　　##@a ab##

说明：图表代码 ab##：a＝图、b＝地图。

例 3：

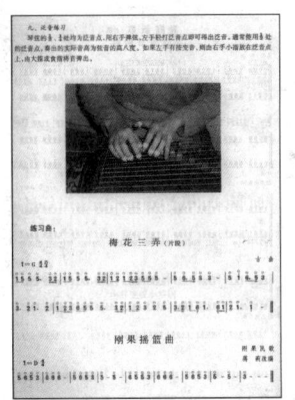

照片，乐谱

机读目录格式：

HEA　　##00694nam0#2200265###450#

105　　##@a ag##

说明：图表代码 ag##：a＝照片、g＝乐谱。

注意事项

在编文献如果全部为印刷乐谱的形式，头标区中字符位置 6 应为"c"。

例：

机读目录格式：

HEA　　##01056ncm0#2200313###450#

１０５　　##@a g###

例 4：

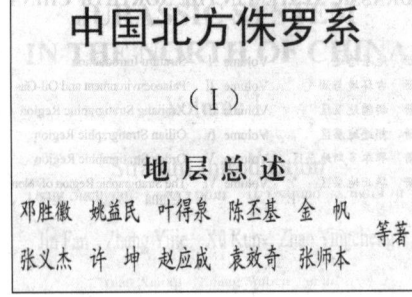

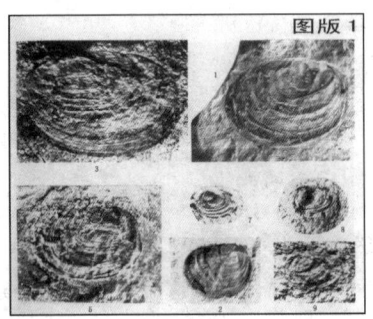

图版

机读目录格式：

105　　##@a f###

说明：图表代码 f###：f＝图版。

例5：

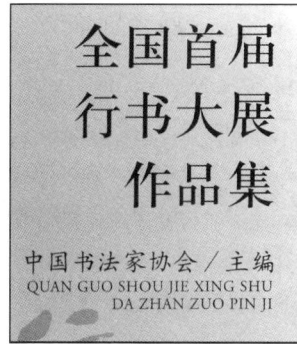

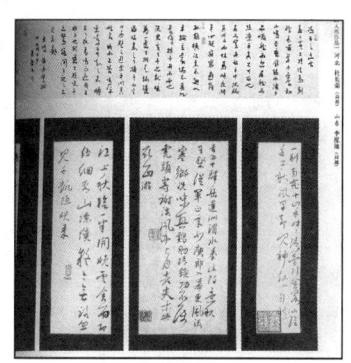

摹真图文

机读目录格式：

105 ##@a h###

说明：图表代码 h###:h = 摹真图文。

例6：

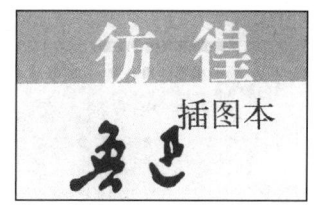

题名含图 其他题名信息含图

机读目录格式：

105 ##@ @a a###

说明：①图表代码 a###:a = 图。

②书名或其他题名信息含有"图集""画册""摄影集"等字样,105 字段图表代码予以著录。

例7：

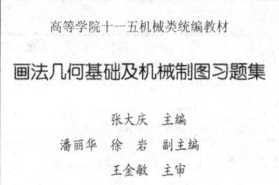

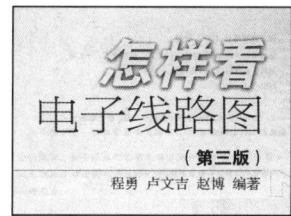

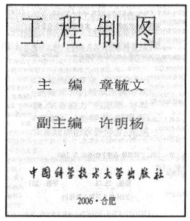

机读目录格式：

105 ##@a a###

机读目录格式：

105　　##@a k###

说明：①图表代码 a###：a＝图；图表代码 k###：k＝表格。

②自然科学图书书名本身具有"图"的含义，105 字段图表代码予以著录。

例 8：

机读目录格式：

105　　##@a a###

说明：①图表代码 a###：a＝图。

②美术技法、作品方面的图书，105 字段图表代码予以著录。

注意事项：

* 书名或其他题名信息中已明确有图的书，图表代码必须予以反映。见上例 6、例 7。这与 215 字段有明显不同，此种情况，215 字段@c"图表"子字段不予重复反映。

* 美术绘画技巧、绘画作品方面的图书，图表代码应予以反映。见上例 8。但 215 字段@c"图表"子字段则不予反映。

* 图与图版的区分。一般情况下，图书中明确题有"图版"字样，按图版代码"f"著录，不易区分的，以图表代码"a"著录。

2. 内容特征代码（字符位置 4—7）

例 1：

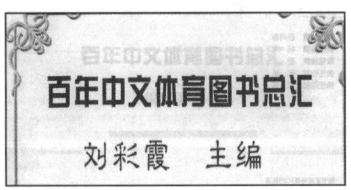

机读目录格式：

105　　##@a y###a###000yy

说明：内容特征代码 a：全文书目。《百年中文体育图书总汇》共收集 1903—2002 年出版的体育图书书目 16 645 条。

例2：

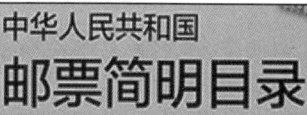

机读目录格式：

105 　　##@a a###b###000yy

说明：内容特征代码b：全文目录。

105 　　##@a y###bnz#000yy

例3：

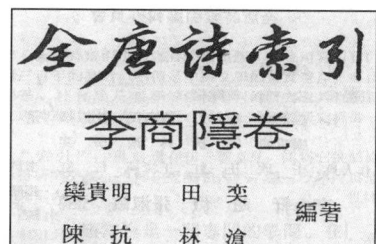

机读目录格式：

105 　　##@a y###c###000yy

说明：内容特征代码c：全文索引。

105 　　##@a y###c###001yy

例4：

机读目录格式：

105 　　##@a y###d###001yy

说明：内容特征代码d：提要。

105 　　##@a y###d###000yy

例5：

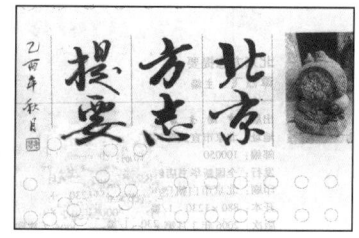

机读目录格式：

105 　　##@a y###e###001yy

说明：①内容特征代码e：词典。

105 　　##@a a###eg##001yd

②《中国音乐家辞典》收入辞目 3700 余条,以中国音乐家协会会员为主体,兼及海内外知名音乐家,较全面地记叙了这些音乐家的艺术简历和艺术成就。

③此处的字典或词典是指按字母或文字排序的作品,附有含义、用法的简释或其他文种的相同的文字说明。而有一些图书,虽然题名含有"词典",但并非真正意义上的词典,如《江南词典》一书,实为一本散文集,而非词典。再如,《学生现代诗文鉴赏辞典》一书,全书收入中国现代文学作品 286 篇,其中小说 36 篇、散文 148 篇、新诗 102 首,亦非真正意义上的词典。此种情况,内容特征代码不予标识为"e"。

例6:

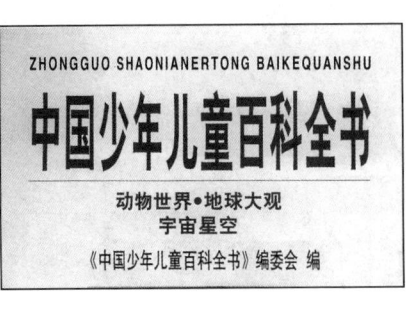 

机读目录格式:

105 ##@a a###f###000yy

说明:内容特征代码 f:百科全书。

例7:

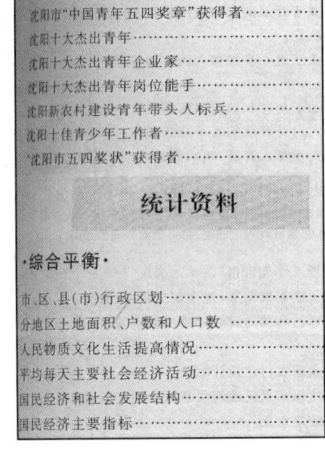

| 法规 | 名录、统计资料 |

机读目录格式:

105 ##@a a###ignz001yy

说明:内容特征代码 ignz:i = 统计资料、g = 名录、n = 法规、z = 其他。

例8：

机读目录格式：

105　　##@ak###l###000yy

说明：内容特征代码 l：技术标准。

例9：

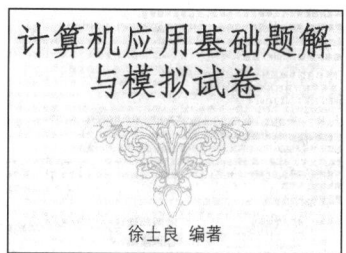

机读目录格式：

105　　##@a y###q###000yy

说明：内容特征代码 q：试卷。

例10：

漫画

漫画

连环画

机读目录格式：

105　　##@a a###t###000yy

说明：内容特征代码 t：漫画或连环画。

例 11：

105 　##@a y###v###000yy

200 　1#@a 风险投资 IPO 退出机制与策略研究 @b 专著@f 刘晓明著

210 　##@a 北京@c 中国金融出版社@d 2013

225 　1#@a 博士金融学丛

说明：①内容特征代码 v：已出版的学位论文。

②内容特征代码 m，主要用于原始的、未出版的学位论文；内容特征代码 v，主要用于正式出版的学位论文。

注意事项：

- 全文或 2/3 正文为书目、目录、索引时，内容特征代码才选用相应的代码 a、b、c。
- 若一部作品中含有正文的索引，则用第 10 字符位的索引指示符标示，即使用本字段索引指示符 1。

例：

机读目录格式：

105 　##@a y###c###000yy

（全文索引）

机读目录格式：

105 　##@a y###z###001yy

（在编文献中附有正文的索引）

3. 会议代码（字符位置 8）

例 1：

机读目录格式：

105 　##@a a###z###100yy

说明：会议代码 1：会议出版物。

例 2：

机读目录格式：

105 　##@a y###z###100yy

说明：会议代码 1：会议出版物。

4. 纪念文集指示符（字符位置9）

例1：

机读目录格式：

105　##@a a###z###010zd

说明：纪念文集指示符1：纪念文集。

例2：

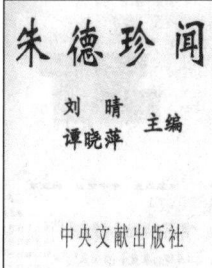

　　为纪念朱德同志诞辰120周年，我们从大量公开出版的图书及报刊上，精选出一部分反映朱德生平业绩、思想及道德风范的专著及文章，按时间顺序予以编排。收入本书的文章有的

机读目录格式：

105　##@a y###z###010yb

说明：纪念文集指示符1：纪念文集。

5. 索引指示符（字符位置10）

例：

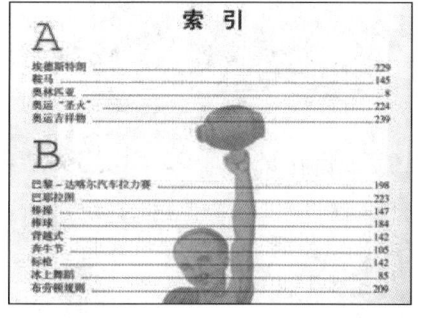

机读目录格式：

105　##@a a###z###001yy

说明：索引指示符1：含正文索引。

6. 文学体裁代码（字符位置11）

（1）小说

例：

机读目录格式：

105　##@a y###z###000ay

说明：文学体裁代码a：小说。

（2）戏剧（包括电视、电影剧本等）

例：

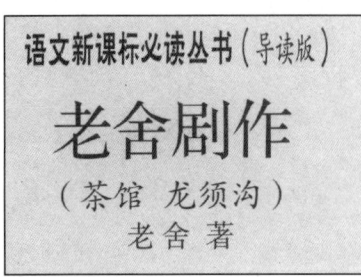

机读目录格式：

105　　##@a y###z###000by

说明：文学体裁代码 b：戏剧。

（3）散文

例 1：

机读目录格式：

105　　##@a a###z###000cy

说明：文学体裁代码 c：散文。

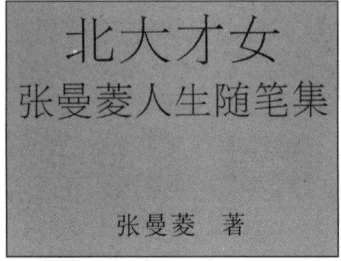

例 2：

机读目录格式：

105　　##@a a###z###000cy

690　　##@a I267.5@v 5

说明：①文学体裁代码 c：散文。

②本书是作家于 2003 年 4 月 29 日起为期一个多月的韩国之行的日记，涉及非典时期对韩国的影响、韩国的艺术，以及韩国的风味小吃等。③在编文献日记为文学体裁，归入"I267.5（书信、日记）"类，其上位类"I26"为散文。

（4）幽默、讽刺作品

例：

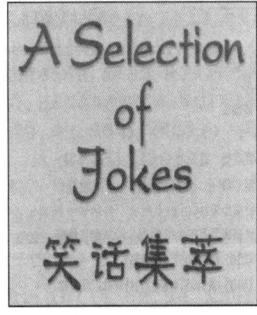  

机读目录格式：

105　　##@a y###z###000dy

说明：文学体裁代码 d：幽默、讽刺作品。

（5）书信

例：

机读目录格式：

105　　##@a y###z###000ey

690　　##@a I267.5@v5

说明：文学体裁代码 e：书信。

（6）短篇故事（包括寓言、神话、传说、传奇等）

例1：

机读目录格式：

105　　##@a a###z###000fy

说明：文学体裁代码 f：寓言。

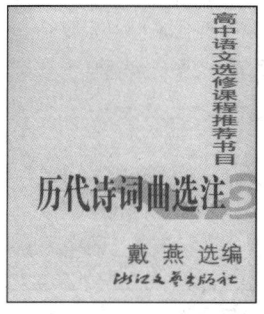

例2：

机读目录格式：

105　　##@a a###z###000fy

说明：文学体裁代码 f：故事。

（7）诗词（包括词曲、歌谣等）

例：

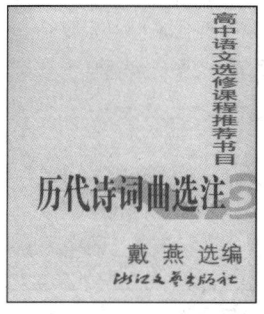

机读目录格式:

105 ##@a y###z###000gy

说明:①文学体裁代码 g:诗词。

②散文诗分类归入诗歌,105 字段亦与之对应。

③对联,即楹联。《辞海》注释:字数多少无定规,要求对偶工整,平仄协调,是诗词形式的演变。故对联文学体裁代码可以著录为"g"。

(8)演讲稿

例:

机读目录格式:

105 ##@a y###z###000hy

说明:文学体裁代码 h:演说词。

(9)多种文学体裁或其他文学体裁

例 1:

机读目录格式:

105 ##@a y###z###000zy

说明:文学体裁代码 z:多种文学体裁。

例 2:

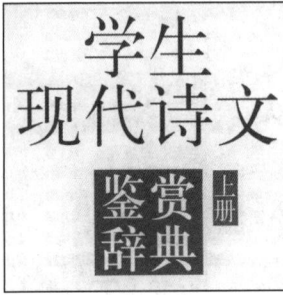

机读目录格式:

105 ##@a y###z###001zd

说明:本书收入中国现代文学作品 286 篇,其中小说 36 篇、散文 148 篇、新诗 102 首。

7. 传记代码(字符位置 12)

(1)自传

例 1:

机读目录格式:

105 ##@a b###z###000ya

说明:传记代码 a:自传。

例2：

机读目录格式：

105　　##@a ac##z###000ya

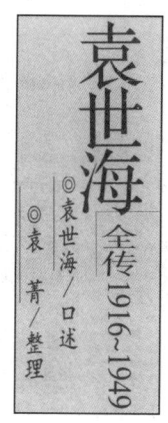

（2）个人传记

例：

机读目录格式：

105　　##@a a###z###000yb

说明：传记代码 b：个人传记。

（3）集合传记

例：

机读目录格式：

105　　##@a a###z###000yc

说明：传记代码 c：集合传记。

（4）著作含传记信息

例1：

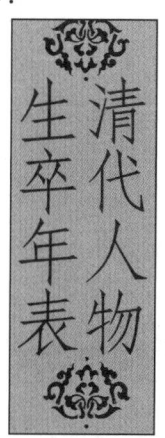

机读目录格式：

105　　##@a y###z###001yd

说明：传记代码 d：著作含传记信息。

例2:

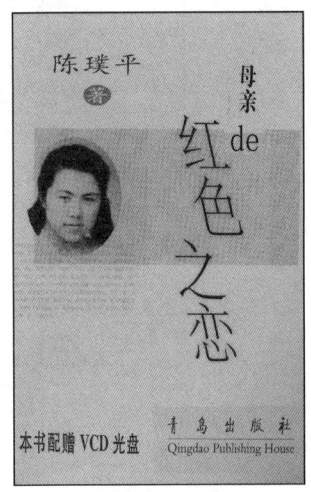

机读目录格式:

105 ##@a a###z###000cd

说明:本书为叙事散文,著作含传记信息。

例3:

机读目录格式:

105 ##@a y###z###010zd

说明:本书为报告文学,著作含传记信息。

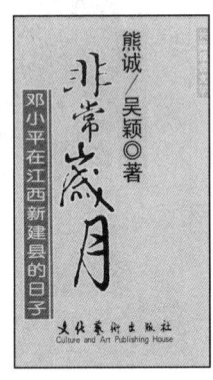

106 编码数据字段:文字资料——形态特征

字段定义

本字段记录文字资料的形态特征编码数据。

出现情况

选择使用,不可重复。

指示符

指示符1:空(未定义)

指示符2:空(未定义)

子字段

@a 物理形态标识符

本字段用一个字符的代码表示,不可重复。

使用下列代码:

d = 大型印刷品

　　大于 35cm。

e = 报纸形式

f = 盲文点字本

g = 微型印刷品

　　小于 5cm。

h = 手写本

　　抄本、手稿、手绘本。

i = 多种媒体

　　如唱片、录音带、录像带、光盘,有缩微平片附件的普通印刷出版物。

j = 小型印刷品

　　小于 10cm。

r = 一般印刷品

z = 其他形式的文字资料

字段内容说明

　　如果文献是普通印刷品,本字段使用代码"r",否则选用上述代码。

著录实例

　　例 1:图书为一般印刷品(图略)

　　机读目录格式:

　　106　##@a r

　　例 2:图书为大型印刷品(图略)

　　机读目录格式:

　　106　##@a d

　　例 3:图书为小型印刷品(图略)

　　机读目录格式:

　　106　##@a j

　　例 4:

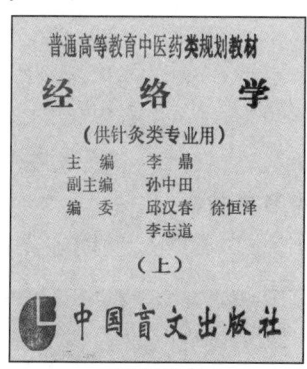

盲文图书

　　机读目录格式:

　　106　##@a f

　　说明:该图书为盲文本。

2-- 著录信息块

中文图书著录信息块使用下列字段

200   题名与责任说明项

205   版本说明

210   出版发行项

215   载体形态项

225   丛书项

著录方式说明

书目记录是描述图书资料的,它的内容由图书资料的特点决定,因此,应根据不同的描述对象选择不同的著录方式。

按照中文图书的出版发行特点,可有两种不同类型。一种是无层次的单本书,只需要编制单个的书目记录来描述;另一种是多卷出版物,它是作为一个整体,物理上分若干部分出版的著作。包括多卷书、丛书、连续出版物和汇编本。按照著录条例的规定,多卷出版物应选择综合著录和分散著录的方式,依多卷出版物及其总题名和分卷册题名的特点以及出版与到馆情况来决定,按以下四种不同情况,编制不同的书目记录。

(1)总题名有检索意义,有分卷册题名且分卷册题名可独立作为检索点。采用综合著录和分散著录。

记录1:200   1#@a＜总题名＞

　　　　215   ##@a＜总卷册数＞

记录2:200   1#@a＜第一卷册题名＞

　　　　225   2#@a＜总题名＞@v＜卷1＞

　　　　410 或 461   #0 @1001＜记录1的记录控制号＞(任选)@12001#@a＜总题名＞

　　　　　　　　@v＜卷1＞

记录n:200   1#@a＜第 n 卷册题名＞

　　　　225   2#@a＜总题名＞@v＜卷 n＞

　　　　410 或 461   #0 @1001＜记录1的记录控制号＞(任选)@12001#@a＜总题名＞

　　　　　　　　@v＜卷 n＞

这种著录方式适用于丛书和认为可按丛书处理的某些多卷书。

(2)总题名有检索意义,有分卷册题名,但分卷册题名系从属题名,不能独立作为检索点,采用分散著录方式,即为各单卷册做分散记录。

在各分散款目记录中(记录1—n),用 200 字段@a 记录共同题名、@h 记录分卷册次、@i 记录分卷册题名。

记录1—n   200   1#@a＜总题名＞@h＜第 1—n 卷册次＞@i＜第 1—n 卷册题名＞

(3)总题名有检索意义,但各分卷册题名无检索意义且不宜单独做分散记录,只采用综合著录,即为整套书做综合款目,即一个总记录。

记录:200　　1#@a＜总题名＞

　　　　215　　##@a＜总卷册数＞

　　　　327　　1#@a＜卷册1,第一卷册题名等＞@a…@a＜卷册n,第n卷册题名等＞

这种著录方式适用于普及性读物和不宜分散著录的图书。

(4)不需综合著录的成套出版物,只采用分散著录,即为各分卷册做分散记录。

记录1—n　　200　　1#@a＜分卷册题名＞

　　　　　　300　　##@a＜总题名和分卷册次＞

这种著录方式适用于不需要汇集的参考资料和连续出版物。例如:大学、中学、小学、成人、职工等教育用的成套教材、教学参考书、辅导材料等;参考资料、译文选、选编、专题报告等;某些无汇集意义的连续性出版物等。

(5)无总题名合订图书的著录方式:

由若干种著作合订的图书,包括同一责任者的若干种著作的合订和不同责任者的若干种著作的合订。当合订图书无总题名时,应从读者检索需要出发,将原来的处理方法改变为分别著录的方法。合订的著作尽管性质相近,但内容各自独立,应以合订的各著作为对象,分别建记录,除第一个合订著作记录外,其他各合订著作记录需使用423字段连接第一个合订著作的记录。若合订图书上的信息源中出现"外××种""附××"等字样,一般在附注项说明,但有重要检索意义的,也可单独建记录。

200　题名与责任说明

字段定义

本字段包括图书的正题名、并列题名、其他题名信息及与题名有关的责任说明,一般按图书上出现的形式和顺序著录。

出现情况

必备,不可重复。

指示符

指示符1:1＝题名有意义,做检索点

　　　　0＝题名无意义,不做检索点

指示符2:空(未定义)

子字段

@a　正题名

取自题名页的主要题名,即在图书题名页或代题名页上出现的题名,还包括交替题名、无总题名的合订题名及由共同题名与从属题名标识和(或)从属题名等组成的题名。正题名的字体一般比较规范。本子字段必备,可重复。

@b　一般文献类型标识

记录文献所属资料类别的词语。全国联合编目中心将普通图书设置为专著,可重复。紧跟正题名之后。

@c　不同责任者的正题名

指一部书含有两个或两个以上的不同责任者的著作,又无总题名、合订题名时,用
于著录另一个责任者著作的题名。本子字段可重复。

@d　并列正题名

出现在题名页上的与正题名的语言文字不同的另一种语言和文字的题名。凡记
入本子字段的并列题名,都需记入 510 字段。本子字段可重复。

@e　其他题名信息

凡出现在文献正题名或并列题名之后的副题名或用来限定、解释、补充说明正题
名的其他题名,不包括主要信息源以外的其他题名信息。本子字段可重复。

@f　第一责任说明

本字段记录与文献的正题名有关的责任名称和责任方式。一般按规定信息源所题
形式和顺序著录。本子字段可重复。

@g　其他责任说明

第一责任说明以外的其他责任说明。本子字段可重复。

@h　从属题名卷、册、次号(分卷册次)

本字段记录共同题名的分辑、分册、分卷的卷册编号,对于多层次分卷册编号或并
列卷册编号,本子字段可重复。

@i　从属题名(分卷册题名)

本字段著录共同题名的分辑、分集、分册、分卷的题名。本子字段可重复。

@z　并列题名语种

记录并列题名所属的语种代码,本字段记录于 200 字段的末尾。本子字段可重复。

@9　正题名汉语拼音

记录第一个正题名中汉字的汉语拼音,非汉字成分保留原有形式,汉语拼音一律
用小写字母。本子字段不可重复。

规定信息源

《中国文献编目规则(第二版)》《普通图书著录规则》(GB/T 3792.2—2006)规定,本字
段规定信息源为:题名页或代题名页。无题名页时,题名与责任说明项内容可参考版权页、
封面、书脊、封底等其他信息源顺序进行选取。

字段结构

200　1#@a 正题名@b 一般文献类型标识

200　1#@a 正题名@b 一般文献类型标识@e 其他题名信息

200　1#@a 正题名@b 一般文献类型标识@f 责任说明

200　1#@a 正题名@b 一般文献类型标识@d 并列正题名@f 责任说明@z 并列正题名
　　　语种

200　1#@a 正题名@b 一般文献类型标识@e 其他题名信息@f 责任说明

200　1#@a 正题名@b 一般文献类型标识@e 其他题名信息@e 其他题名信息@f 责任
　　　说明

200　1#@a 正题名@b 一般文献类型标识@f 责任说明@d 并列正题名@f 并列责任说明
　　　@z 并列正题名语种

(注:全国图书馆联合编目中心未采用以上这种形式。)

200 1#@a 正题名@b 一般文献类型标识@f 第一责任说明@g 其他责任说明

200 1#@a 正题名@b 一般文献类型标识@d 并列正题名@e 其他题名信息@f 责任说明@z 并列正题名语种

200 1#@a 正题名@b 一般文献类型标识@e 其他题名信息@d 并列正题名@e 并列其他题名信息@f 责任说明@z 并列正题名语种

200 1#@a 正题名@b 一般文献类型标识@e 其他题名信息@d 并列其他题名信息@z 并列其他题名语种

200 1#@a 题名@b 一般文献类型标识@a 题名@a 题名@f 责任说明

200 1#@a 题名@b 一般文献类型标识@e 其他题名信息@a 题名@e 其他题名信息@f 责任说明

200 1#@a 题名@b 一般文献类型标识@d 并列题名@a 题名@d 并列题名@f 责任说明@z 并列其他题名语种

200 1#@a 题名@b 一般文献类型标识@f 责任说明@c 题名@f 责任说明@c 题名@f 责任说明

200 1#@a 题名@b 一般文献类型标识@d 并列题名@f 责任说明@c 题名@d 并列题名@f 责任说明@c 题名@d 并列题名@f 责任说明@z 并列题名语种

200 1#@a 题名@b 一般文献类型标识@a 题名@f 责任说明@c 题名@f 责任说明

200 1#@a 题名,连接词,交替题名@b 一般文献类型标识@f 责任说明

200 1#@a 共同题名@i 从属题名@b 一般文献类型标识@f 责任说明

200 1#@a 共同题名@e 其他题名信息@h 卷册次@i 从属题名@b 一般文献类型标识@d 并列共同题名@h 并列卷册次@i 并列从属题名@f 责任说明@z 并列正题名语种

200 1#@a 共同题名@h 卷册次@i 从属题名@b 一般文献类型标识@f 责任说明

200 1#@a 共同题名@h 卷册次@i 从属题名@b 一般文献类型标识@e 其他题名信息@f 责任说明

字段内容说明

（1）编制含有多种文献类型的机读目录时，如果著录"一般文献类型标识"，将其记录在正题名之后@b 子字段。中文图书用"专著"。

（2）本书所有著录实例中涉及题名、责任者名称的汉语拼音均未标注。正常著录情况下，汉语拼音由计算机自动生成，遇有多音字，需要编目员进行正确选择。

著录实例

1. 正题名

（1）正题名原则上按照规定信息源所载题名著录，其中如有起语法作用的标点符号、空格、汉语拼音字母、阿拉伯数字及外文字母等均视为题名的有机组成部分，应依原题照录。题名中如有方括号"[ ]"应著录为圆括号。题名中有无法描述的图形及符号，可用相应的文字代替，置于方括号[ ]内，并在 304 附注字段进行说明。若规定信息源所载题名有误，应原样照录，同时将正确题名著录在 540 字段（编目员补充题名）。

例1：

电子技术快速入门丛书

常用电子元器件识别/检测/选用一读通

赵广林 编著

電子工業出版社.

Publishing House of Electronics Industry

北京·BEIJING

题名页

机读目录格式：

200　　1#@a 常用电子元器件识别/检测/选用
　　　　一读通@b 专著@f 赵广林编著

说明：正题名中"/"依原题照录。

例2：

机读目录格式：

200　　1#@a 复变函数（西交大·第四版）·积
　　　　分变换（南工·第三版）导教·导学·
　　　　导考@b 专著@f 李建林编

说明：正题名圆括号内是关于版本的说明文字，著录时
依原题照录。

三导丛书

复变函数·积分变换

（西交大·第四版）（南工·第三版）

导教·导学·导考

（第3版）

李建林　编

题名页

例3：

中国
农业—宏观经济
联系研究

题名页

机读目录格式：

200　　1#@a 中国农业—宏观经济联系研究@b 专著

说明：正题名中"—"短横起连接作用，著录时依原题
照录。

例4：

机读目录格式：

200　　1#@a 妊娠·分娩·育儿全书@b 专著
　　　　@f 丁海红编著

说明：正题名中"·"中圆点，依原题照录。

题名页

例5：

机读目录格式：

200　1#@a《黄帝内经》与中医现代临床@b 专著@f 赵进喜主编

说明：正题名中"《》"书名号，依原题照录。

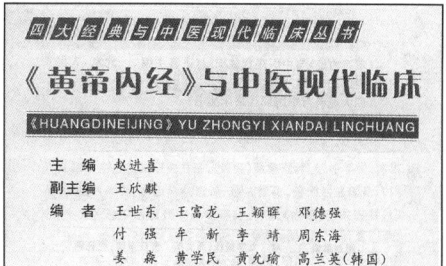

题名页

例6：

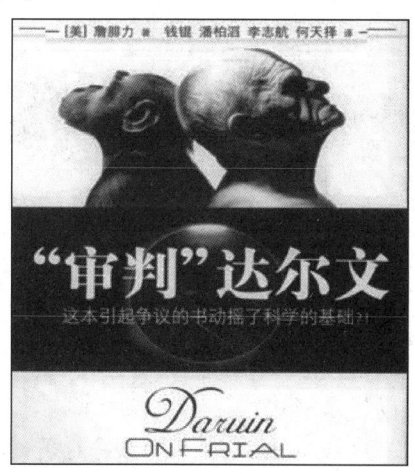

封面

题名页

机读目录格式：

200　1#@a「审判」达尔文@b 专著@f（美）詹腓力著@g 钱琨［等］译

512　1#@a "审判"达尔文

说明：题名页正题名中"「」"相当于引号，著录时依原题照录。

例7：

题名页

机读目录格式：

200　1#@a 一种文化？@b 专著@e 关于科学的对话@f 杰伊·A·拉宾格尔，哈里·柯林斯主编@g 张增一，王国强，孙小淳等译

说明：正题名中"？"著录时应依原题照录。

例8:

题名页

机读目录格式:

200　1#@a 工程・技术・哲学@e 中国技术哲学研究年鉴@h 2004/2005 年卷(总第四卷)@b 专著@f 刘则渊, 王续琨, 王前主编

517　1#@a 中国技术哲学研究年鉴@h 2004/2005 年卷(总第四卷)

说明:正题名中的"・"著录时应依原题照录。一书同时有分辑(册)编号、总分辑(册)编号时,应将总分辑(册)编号著录在分辑(册)编号之后的圆括号内。

例9:

机读目录格式:

200　1#@a 中国旧影录@b 专著@e 中国早期摄影作品选@e 1840 – 1919@f 胡志川, 陈申合编

说明:正题名为繁体字,著录时需按统一标准的规范化汉字著录,200@e 子字段可重复。

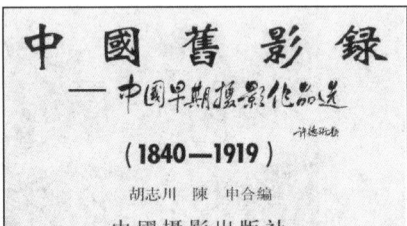

题名页

例10:

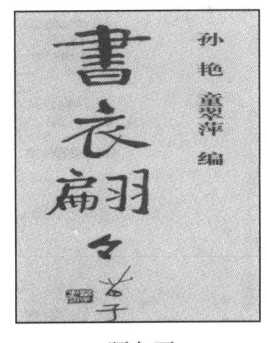

题名页

书脊

机读目录格式:

200　1#@a 书衣翩[翩]@b 专著@f 孙艳, 童翠萍编

516　1#@a 书衣翩翩

说明:题名页所题正题名的第四个字不是正式的简化汉字,现已不使用,也无法描述,所以正题名著录时应选择规范化的汉字著录,并用方括号括起。

例11:

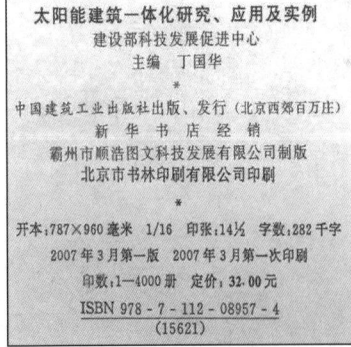

版权页

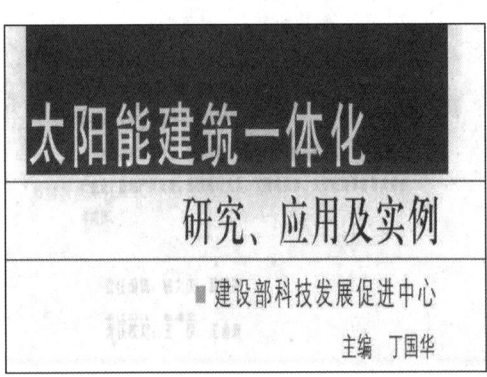

题名页

机读目录格式：

200　1#@a 太阳能建筑一体化研究、应用及实例@b 专著@f 丁国华主编

说明： 从题名页正题名的形式看，很容易把"研究、应用及实例"看作是正题名的补充、说明文字，但从版权页所题形式看它是正题名的有机组成部分，著录时应视为一个整体。

例12：

机读目录格式：

题名页

200　1#@a 铁腕总统—佩尔韦兹·穆沙拉夫传@b 专著@e 21 世纪钢铁意志的政治领袖@f 杨道金著

540　1#@a 佩尔韦兹·穆沙拉夫传

说明： 为了加强语气，使题名所表达的意思更加准确、完整，编目员在正题名中加入"—"破折号；因为破折号前后两部分缺少任何一个其表述都是不完整的。为了方便检索，可在 540 编目员补充的附加题名字段进行标识。

例13：

题名页

机读目录格式：

200　1#@a 保健热饮 & 养生粥@b 专著@f 郭玉梅著

304　##@a 题名中"&"符号相当于"和"

540　1#@a 保健热饮和养生粥

说明： 正题名中"&"符号照录，如果需要检索，编目员可自拟题名，做 540 字段。

例14：

机读目录格式：

200　1#@a 翻译：创造性叛逆@b 专著@f 董明著

说明： 题名页"翻译"所表明的本书的意义不够明确，所以不能把"创造性叛逆"作为补充、而说明文字用@e 标识，只能把它看作是正题名的有机组成部分，著录时依原题照录。

题名页

例15：

机读目录格式：

200　1#@a 白菜　甘蓝　花菜　芥菜栽培@b 专著@f 徐家炳，简元才，张凤兰编著

说明： 题名页所题书名之间的空格有分隔的作用，著录时应照录。"芥菜"与"栽培"之间的空格是为了排版整齐需要，著录时空格应省略。

题名页

例 16：

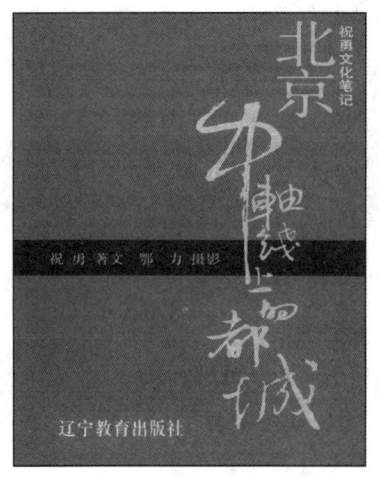

题名页

封底

机读目录格式：

200　1#@a 北京:中轴线上的都城@b 专著@f 祝勇著

说明：题名页上题名为"北京中轴线上的都城"，其表达的意思并不明确，编目员参考封底上的题名形式，加上冒号"："，在题名中起一定的语法作用，使正题名的含义表达得更加准确。

例 17：

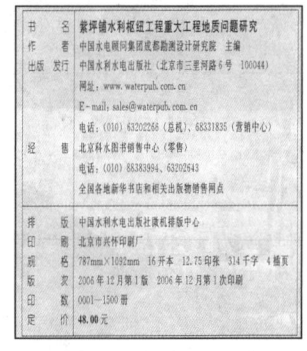

题名页　　　　　　　　　版权页

机读目录格式：

200　1#@a 紫坪铺水利枢纽工程重大工程地质问题研究@b 专著@f 中国水电顾问集团
　　　　成都勘测设计研究院主编

说明：题名页上正题名无论字体大小，均可作为正题名整体的组成部分，依原题照录，这样表述的内容才更加完整。

例18:

题名页

机读目录格式之一:

200 1#@a 双泉古里郭洞@b 专著@e 郭外风光古　洞中日月长@f 何胜云著@g《建筑创作》杂志社编

机读目录格式之二:

200 1#@a 双泉古里—郭洞@b 专著@e 郭外风光古　洞中日月长@f 何胜云著@g《建筑创作》杂志社编

说明:第一种做法正题名含义不够明确。第二种做法的破折号"—"是编目员自拟的,破折号在其中起到复指的作用,使正题名的含义更加完整、准确。本书倾向第二种做法。

例19:

题名页

机读目录格式:

200 1#@a 管理与成功@b 专著@f 云中天编著

225 2#@a 决定成就必知全集

说明:版权页题名为一套(共四册)系列书的共同题名,此书为其中的一册,本书认为版权页所题题名作为丛书名处理比较适合,以题名页所题大字为正题名,方便读者更直接、准确地检索到所需的文献。

决定成就必知全集

云中天　编著

出版发行:	百花洲文艺出版社
地　址:	南昌市阳明路310号江西出版大厦
邮政编码:	330008
经　销:	各地新华书店
印　刷:	北京交通印务实业公司
版　次:	2007年3月第1版第1次印刷
开　本:	787毫米×1092毫米　1/16
字　数:	220万
印　张:	66.125

ISBN 7-80742-140-1/I·89

定　价:119.20元　　　(共4册)

版权页

例 20：

封面   题名页

机读目录格式：

200   1#@a Out of Africa@b 专著@f（丹）凯伦·布里克森（Karen Blixen）著@g 叶倾城译

512   1#@a 走出非洲

说明：规定信息源（题名页）正题名为英文题名，封面题名为中文题名。选取英文题名作为正题名，封面中文题名记入 512 字段，以供检索。

例 21：

题名页

机读目录格式：

200   1#@a（演习）地球环境论@b 专著@f（日）新田義孝著@g 张玉龙等译

304   ##@a 题名中的圆括号原题为方括号

说明：题名页原题：[演习]地球环境论，方括号"[ ]"应著录为圆括号。

例 22：

机读目录格式：

200   1#@a 解迷李德与红军长征@b 专著

304   ##@a 谜,题名页误题:迷

540   1#@a 解谜李德与红军长征

说明：题名页所载题名有误,应原样照录,同时将正确题名著录在 540 字段（编目员补充题名）。

（2）属于正题名组成部分的责任者名称、出版者名称、版本说明等，或正题名前冠有"图说、钦定、插图本、新编、详注、袖珍、图解、绣像、重订、简明、增订"等字样，选取正题名时，应遵守客观描述的原则，按原题如实照录。

①正题名前冠有"图说、钦定、插图本、新编、详注、袖珍、图解、简明"等字样，应按原题如实照录。

例1：

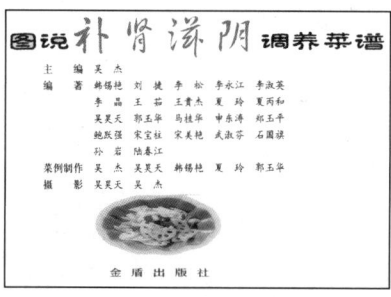

题名页

机读目录格式：

200　1#@a 图说补肾滋阴调养菜谱@b 专著@f 吴杰主编@g 韩锡艳［等］编著

题名页

200　1#@a 图说 I2C 彩色电视机实用单元电路 @h ③ @i LA76810A/LA76820N/LA76832N@b 专著

304　##@a 题名中"2"为字母"I"右上角标

例2：

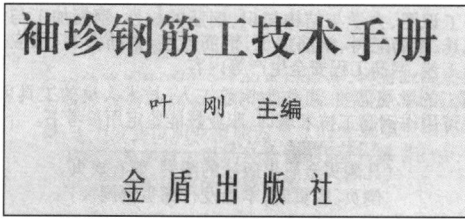

题名页

机读目录格式：

200　1#@a 袖珍钢筋工技术手册@b 专著@f 叶刚主编

题名页

200　1#@a 最新毛发移植术@b 专著@f 张国斗，李会民主编

机读目录格式：

200　1#@a 简明电工手册@b 专著@f 刘光源主编

205　##@a3 版

简　明　电　工　手　册

（第三版）

刘光源　主编

上海科学技术出版社

题名页

②属于正题名组成部分的版本说明文字,如"增订""评注""绣像""序本""全像"等字样,应依原题照录。

例1:

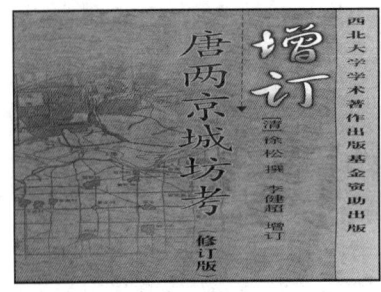

题名页

机读目录格式:

200　　1#@a 增订唐两京城坊考@b 专著@f（清）徐松撰@g 李健超增订

540　　1#@a 唐两京城坊考

说明:编目工作人员经过考证能够确认是同一种文献,可去掉冠词,著录在 540 字段,方便查找同一文献。

例2:

机读目录格式:

200　　1#@a 增评校注红楼梦@b 专著@f 曹雪芹原著@g 佚名氏续作@g 程伟元, 高鹗订补@g 蔡义江评注

500　　1#@a 红楼梦

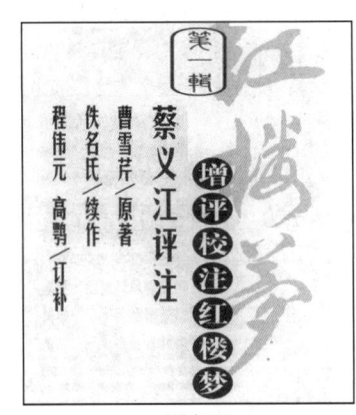

题名页

例3:

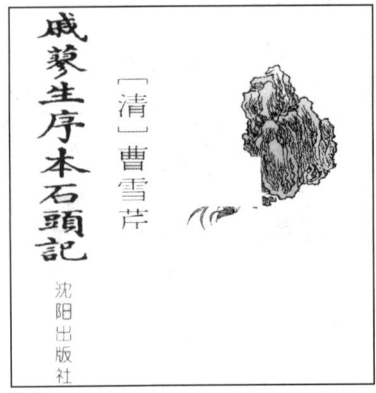

题名页

机读目录格式:

200　　1#@a 戚蓼生序本石头记@b 专著@f（清）曹雪芹［著］

500　　1#@a 红楼梦

说明:文献是人们所熟悉的、知名度高的,规范库中有统一题名的,在 500 统一题名字段著录。

③属于正题名组成部分的责任者名称。

例1：

机读目录格式：

200 1#@a 斯大林论共产主义社会的建设
@b 专著@f（苏）Ⅱ. H. 道塞夫撰
@g 包于焕译

题名页

例2：

题名页

机读目录格式：

200 1#@a 马克思 恩格斯 列宁 斯大林
论历史人物评价问题@b 专著@f 黎澍
主编

说明：该文献编辑了马克思、恩格斯、列宁、斯大林的论述，是一部以汇编形式出版的著作，故"马克思 恩格斯 列宁 斯大林"为正题名的组成部分。

④责任者名称虽在书名上面或前面，但书中内容是该责任者完整的著作，而不是汇编著作，则责任者名称不作为书名的组成部分。

例：

机读目录格式：

200 1#@a 论国际政治与国际法@b 专著
@f 列宁［著］

题名页

（3）题名前冠有用数字表示的年代时，如能确定其是连续出版的著作（如年鉴、手册、指南、会议录、论文集等），作为分辑号放在正题名之后，否则依原题著录。经规范著录的题名记入540字段，以便检索。

例:

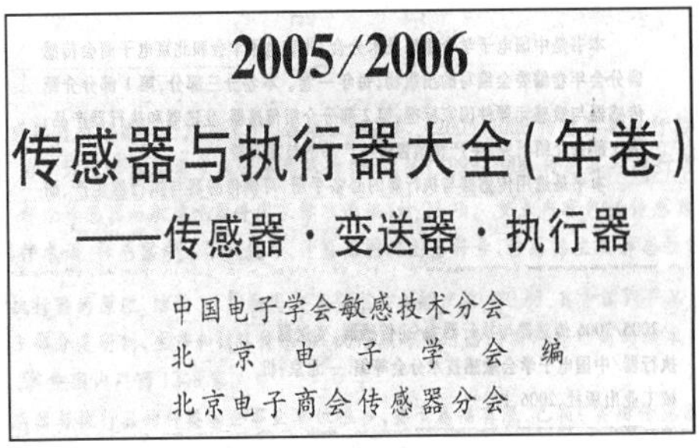

2005/2006
传感器与执行器大全(年卷)
——传感器·变送器·执行器
中国电子学会敏感技术分会
北京电子学会编
北京电子商会传感器分会

题名页

世界社会主义黄皮书
YELLOW BOOK OF WORLD SOCIALISM
2006年:
世界社会主义跟踪研究报告
——且听低谷新潮声(之三)
WORLD SOCIALISM
TRACKING RESEARCH REPORT
(2006)
中国社会科学院世界社会主义研究中心
主 编/李慎明

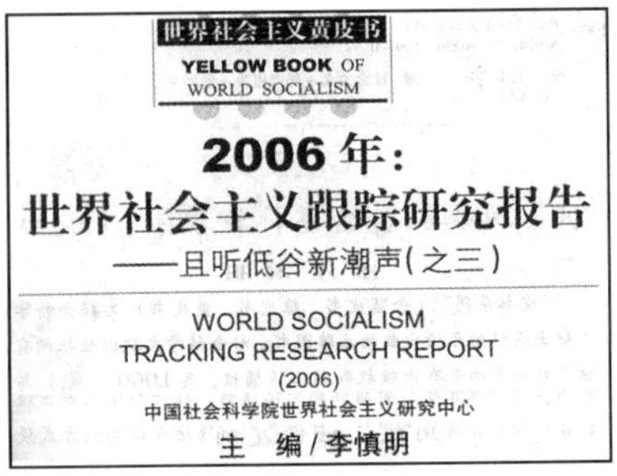

题名页

机读目录格式:

200　1#@a 传感器与执行器大全(年卷)@e 传感器·变送器·执行器@h 2005/2006 @b 专著@f 中国电子学会敏感技术分会,北京电子学会,北京电子商会传感器分会编

200　1#@a2006 年:世界社会主义跟踪研究报告@e 且听低谷新潮声@h 之三@b 专著@f 李慎明主编

300　##@a 世界社会主义黄皮书

540　1#@a 世界社会主义跟踪研究报告@h 2006

说明:以上两部经考证均为连续出版的著作,所以左图书名前数字可作为分辑号著录于 200 字段@h 子字段。右图的著作依据《中国文献编目规则(第二版)》按客观描述著录,但需要做 540 字段,以记录由正题名经过规范著录后用作检索点的题名。连续出版物是以固定的形式每年或几年出版一次,其题名前所冠年代相当于连续出版物"卷次"的作用,著录时一般按卷册次处理,这样可以使同一种文献不同年份出版的出版物集中在一起。

(4)含有原教材题名的教学参考书、教学大纲、复习指导书等,无论原题名信息如何排列,均作为题名组成部分完整著录。

例 1:

新趋势大学英语·教学参考书
(第三册)
New Trend College English
Teachers' Book
Book Three
主编:管淑红　刘庆雪
復旦大學出版社

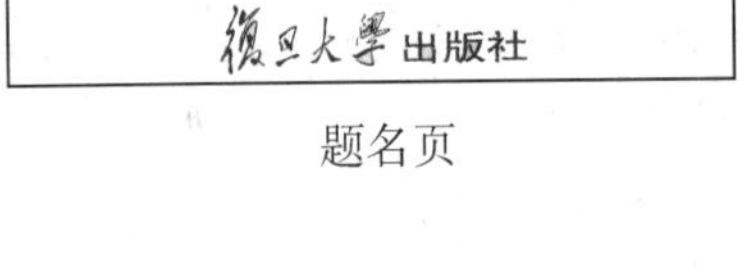

题名页

机读目录格式:

200　1#@a 新趋势大学英语·教学参考书@h 第三册@b 专著@d New trend college English·teachers' book@h book three@f 管淑红,刘庆雪主编@z eng

例2：

机读目录格式：

200 1#@a 新趋势大学英语·听说教程@h 第四册 @b 专著@d New trend college English · listening and speaking@h book four@f 谢葆辉, 黄利玲主编@z eng

题名页

例3：

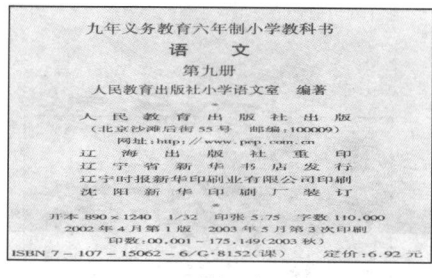

版权页

题名页

机读目录格式：

200 1#@a 九年义务教育六年制小学教科书语文第九册@b 专著@f 人民教育出版社小学语文室编著

(5)各机关团体所编本单位工作报告、工作计划、论文集等未标明单位名称者,需在书名前冠上单位名称,用[]括起。

例：

封面

机读目录格式：

200 1#@a [上海市仪表电讯工业局科技情报研究所]科技成果资料选编@b 专著@e 1979@f 上海市仪表电讯工业局科技情报研究所[编]

512 1#@a 科技成果资料选编

说明:本书无题名页,封面所题书名未标单位名称,需用[]方括号括起,记入 200 字段,并将封面题名记入 512 字段。

2. 其他题名信息

用来补充、解释正题名或并列题名等的文字,包括对图书内容范围、体裁、用途、编辑方式等的说明。一般按规定信息源所题顺序著录在与其相关的正题名或并列题名等之后,其他题名信息有两个或两个以上,重复使用@e 子字段。

（1）表达小说内容单位的文字。

例：

题名页

机读目录格式：

200　1#@a 红楼梦@e 八十回石头记@h 下@b 专
　　　著@f（清）曹雪芹著@g 周汝昌校订

（2）表达图书内容体裁的文字。

例1：

机读目录格式：

200　1#@a 女律师@b 专著@e 为情所困的
　　　反腐倡廉历程@e 最新反贪小说
　　　@f 谭地洲著

517　1#@a 为情所困的反腐倡廉历程

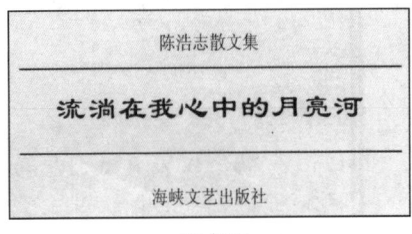

题名页

说明：①"最新反贪小说"是对此种文献体裁的
说明。

②其他题名信息有两个或两个以上，重复使用@e 子字段。

例2：

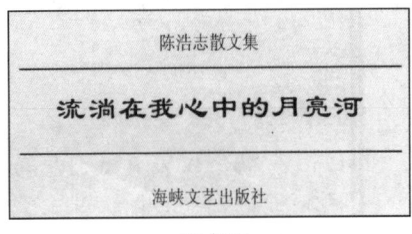

题名页

机读目录格式：

200　1#@a 流淌在我心中的月亮河
　　　@b 专著@e 陈志浩散文集

517　1#@a 陈志浩散文集

例3：

机读目录格式：

200　1#@a 皇父摄政王多尔衮@b 专著@e 长
　　　篇历史小说@f 金孜著

题名页

（3）表达图书时间范围的文字。

例：

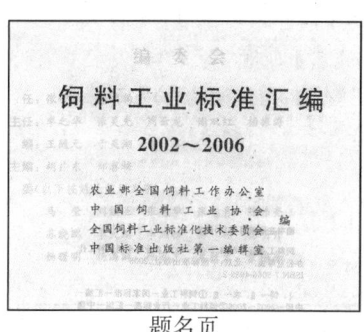

题名页

题名页

机读目录格式：

200　1#@a 饲料工业标准汇编@b 专著
　　@e 2002 – 2006@f 农业部全国
　　饲料工作办公室［等］编

200　1#@a 普通高校思想政治理论课文
　　献选编@b 专著@e 1949 – 2006
　　@f 教育部社会科学司组编

（4）表达图书编撰体例的文字。

例：

机读目录格式：

200　1#@a 毛泽东诗词@b 专著
　　@e 英汉对照韵译@f 辜正
　　坤译注

说明："英汉对照韵译"表示本书的编撰
体例。

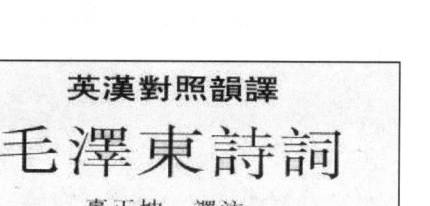

题名页

（5）说明文献内容特点的版本说明
文字。

例1：

题名页

机读目录格式：

200　1#@a 安徒生童话全集@i 蓝宝
　　石卷@b 专著@e 英汉对照版
　　插图本@f 安徒生著@g 聂
　　静译

说明："英汉对照版插图本"是表示文献内
容特点的版本说明文字，著录在 200 字段@e 其
他题名子字段。

例 2：

题名页

机读目录格式：

200　1#@a 孟子@b 专著@e 图文本

说明：此书题名页所题"图文本"表示本书内容的出版形式，对正题名具有补充、说明的作用。

（6）补充、解释正题名的文字。

例 1：

封面

题名页

机读目录格式：

200　1#@a 领导学@b 专著@e 模式与案例@f 盖勒·C. 阿弗利著@g 邹琪译

225　2#@a 高效团队与卓越领导译丛

例 2：

机读目录格式：

200　1#@a 大学英语④级考试应试词汇听讲听记
　　　@b 专著@e 词根＋联想＋考点@f 王长喜主编

题名页

综述说明：以上两例中@e 子字段都是对正题名的补充、说明。

例 3：

题名页

机读目录格式：

200　1#@a 中国水利报@e 2006 合订本@h 下
　　　@b 专著@f 中国水利报社［编］

说明："2006 合订本"是对正题名装订形式的补充说明。

（7）宣传、广告性文字。

与图书的内容及形式无关，仅属一般宣传、广告性词语，可著录于附注项或不予著录。

例：

机读目录格式：

200　1#@a 丽人理财@b 专著@f 彭振武著

300　##@a 献给都市女性的投资理财经典

题名页

说明：正题名含义清晰、完整，"献给都市女性的投资理财经典"可作为宣传性文字处理，只能著录在 300 附注说明字段。

（8）自拟说明性文字。

对文献的内容、体裁、语种、年代等解释文字，编目员可自拟说明性文字，作为其他题名信息著录在方括号内。一般情况下不用或慎用自拟说明性文字作为其他题名信息。

例：

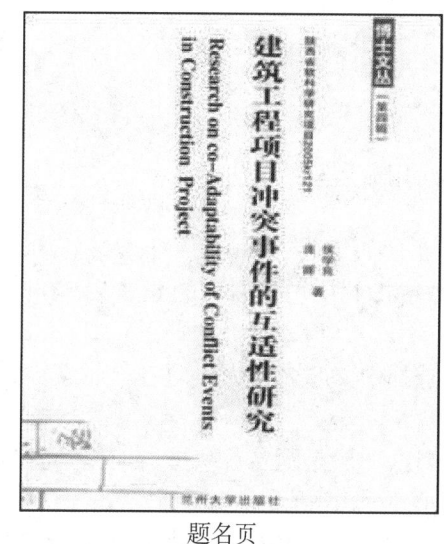

题名页　　　　　　　　　　　　正文

机读目录格式：

200　1#@a 建筑工程项目冲突事件的互适性研究@b 专著@d Research on co-adaptability of conflict events in construction project@e［英文版］@f 侯学良，连晖著@z eng

说明：正题名后"［英文版］"为编目员自拟，是对正题名的补充说明。

注意事项：

未出现在题名页的其他题名信息的处理：未出现在题名页上的其他题名信息不著录在 200 字段@e 子字段，可在 312 字段附注说明，如有检索意义，做 517 字段。

例：

题名页

封面

机读目录格式之一（不建议采用）：

200　1#@a 祖母的秘密@b 专著@f 方野著

512　1#@a 祖母的秘密@e 一个中国女人用命运写的历史

机读目录格式之二（不建议采用）：

200　1#@a 祖母的秘密@b 专著@e［一个中国女人用命运写的历史］@f 方野著

304　##@a 其他题名信息取自封面

517　1#@a 一个中国女人用命运写的历史

机读目录格式之三（建议采用）：

200　1#@a 祖母的秘密@b 专著@f 方野著

312　##@a 封面其他题名信息：一个中国女人用命运写的历史

517　1#@a 一个中国女人用命运写的历史

说明：此例比较典型，封面题有其他题名信息，书名页未题其他题名信息，从严格意义上来说，第一种著录方法是不对的，目前不再这样使用了。第二种著录方法不利于规范化、标准化，也不建议采用。

3. 并列题名

规定信息源有两种或两种以上文种题名，应选择中文题名作为正题名。如遇特殊情况，可根据规定信息源的版式或顺序选择正题名。

并列题名著录时应按其文种的书写习惯来描述，一般是题名首字母、专有名词首字母及专用缩写均大写，其他字母（包括连词、介词、冠词）一律小写。

（1）题名页有对应于正题名的另一文种（或语种）题名，可作为并列题名著录于正题名之后，其前用@d 子字段标识。

例1：

AN ENGLISH-CHINESE DICTIONARY OF MODERN COMMUNICATIONS

英汉现代通信词典

罗国明 李茂长 陈涓 骆坚 编

国际工业出版社

·北京·

题名页

机读目录格式：

200　1#@a 英汉现代通信词典@b 专著@d An English-Chinese dictionary of modern communications@f 罗国明［等］编@z eng

510　1#@a English-Chinese dictionary of modern communications@z eng

说明：并列题名 200 字段照录，行文时，应按其文种的书写习惯来描述，一般是题名首字母、专有名词首字母及专用缩写均大写，其他字母（包括连词、介词、冠词）一律小写。510 字段去掉首冠词。

例2：

机读目录格式：

200　　1 # @ a 音乐美学观念史引论 @ b 专著
@ d Musikasthetik@f（德）卡尔·达尔豪斯
（Carl Dahlhaus）著@g 杨燕迪译@z ger

510　　1#@a Musikasthetik@z ger

题名页

例3：

题名页

机读目录格式：

200　　1#@a 白鲸@b 专著@d Moby Dick，or the whale
@f（美）麦尔维尔著@g 刘宇红，万茂林译@
z eng

510　　1#@a Moby Dick@z eng

510　　1#@a Whale@z eng

说明：此书的并列题名为两个，中间用"or"连接，一个是原著的原名，一个是原著的又名，著录时依原题照录，并分别做510字段，以方便检索。

例4：

机读目录格式：

200　　1#@a 索马里@b 专著@d Somalia@a 吉布提
@d Djibouti@f 顾章义，付吉军，周海泓编
著@z eng

510　　1#@a Somalia@z eng

510　　1#@a Djibouti@z eng

说明：合订图书的并列题名依次著录于相应的正题名之后，并分别做510字段，以方便检索。

题名页

例5：

题名页

机读目录格式：

200　　1#@a 工大生的爱情@h①@b 专著@f（韩）
李大洋著@g 李玉花译

304　　##@a 题名页有韩文并列题名

说明：此例题名页带有正题名的韩文并列题名，由于韩文著录时较复杂，又很少有人从韩文进行检索，所以著录时只需在304字段进行说明即可。

（2）当在编文献的题名页出现正题名、其他题名信息及并列正题名时的著录。

例：

题名页

机读目录格式：

200 1#@a 狼人的故事@b 专著@d The "wolfman" and other cases@e 弗洛伊德心理治疗案例三种@f（奥）西格蒙德·弗洛伊德著@g 李韵译@z eng

510 1#@a "Wolfman" and other cases@z eng

（3）当在编文献的题名页出现正题名及并列正题名以及并列其他题名信息时的著录。

例1：

机读目录格式：

200 1#@a 伯南克的美联储@b 专著@d Ben Bernanke's FED@e the federal reserve after Greenspan@f（美）伊森·哈里斯（Ethan S. Harris）著@g 郭宁，汪涛译@z eng

510 1#@a Ben Bernanke's FED@e the federal reserve after Greenspan@z eng

说明：并列其他题名信息首词首字母小写（专有名词首字母及专用缩写除外），且不省略冠词。

题名页

例2：

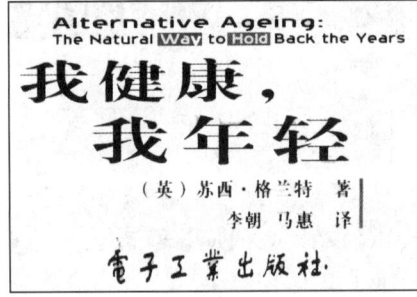

题名页

机读目录格式：

200 1#@a 我健康，我年轻@b 专著@d Alternative ageing@e the natural way to hold back the years@f（英）苏西·格兰特著@g 李朝，马惠译@z eng

510 1#@a Alternative ageing@e the natural way to hold back the years@z eng

（4）当在编文献的题名页出现正题名、其他题名信息及相应的并列正题名和并列其他题名信息时的著录。

例1：

机读目录格式：

200　　1#@a 现代建筑@b 专著@e 一部批判的历史@d Modern architecture@e a critical history@f（美）肯尼斯·弗兰姆普敦（Kenneth Frampton）著@g 张钦楠译@z eng

510　　1#@a Modern architecture@e a critical history@z eng

题名页

例2：

题名页

机读目录格式：

200　　1#@a 自由放任资本主义的失败@b 专著@e 写给全世界的新经济学@d The failure of laissez faire capitalism@e towards a new economics for a full world@f（美）保罗·克雷格·罗伯茨（Paul Craig Roberts）著@g 秦伟译@z eng

510　　1#@a Failure of laissez faire capitalism@e towards a new economics for a full world@z eng

（5）当在编文献的题名页出现正题名、其他题名信息及有独立检索意义的并列其他题名信息时的著录。

例：

机读目录格式：

200　　1#@a 血族传说@b 专著@e 达里昂的月光@d The moonlight of Daliang@f 宁珈［著］@z eng

510　　1#@a Moonlight of Daliang@z eng

题名页

（6）当在编文献的题名页出现并列分辑号、并列分辑名时，应正确使用@h、@i 子字段。@i 首词首字母大写。

例1:

检测、估计和调制理论 题名页

机读目录格式:

200　1#@检测、估计和调制理论@h 卷 1@i 检测、估计和线性调制理论@b 专著@d Detection, estimation, and modulation theory @ h part 1 @i Detection, estimation, and linear modulation theory @ f (美) Harry L. Van trees 著 @g 张其善, 毛士艺, 周荫清译@z eng

510　1#@a Detection, estimation, and modulation theory@h part 1@i Detection, estimation, and linear modulation theory@z eng

说明:并列题名中的逗号采用"半角 + 空格"形式。

例2:

机读目录格式:

200　1#@a 中国人权史@i 生存权篇@b 专著@d The history of Chinese human rights@i The rights of survival@f 毛汉光著@z eng

510　1#@a History of Chinese human rights@i The rights of survival@z eng

题名页

例3:

封面（无题名页）

机读目录格式:

200　1#@a RIHAN. CC@h 051@i 博物馆特辑@b 专著@d Rihan. CC@h 051@i Museum collection @z eng

说明:此例无题名页,正题名及并列题名均取自封面,正题名为原版英文题名,正题名的并列题名只能依原题照录。

(7)当在编文献的题名页只出现对应 200 字段的并列共同题名或并列分辑名时,并列共同题名或并列分辑题名不著录在 200 字段。如有必要,在附注项说明。

例:

机读目录格式:

200　1#@a 拉鲁斯百科全书@e 彩图中文版@h 第一卷@b 专著

304　##@a 法文共同题名:Larousse encyclopedique

说明:并列共同题名不做510字段。

题名页

注意事项：

年鉴题名中仅出现一个公元纪年,英文题名可共用,作为并列题名处理。

例：

机读目录格式：

200　1#@a 中国海洋统计年鉴@h 2013@b 专著
　　@d China marine statistical yearbook@h 2013
　　@z eng

题名页

(8)题名页上出现两种以上文种(或语种)题名,可将首先出现的其他文种题名作为并列题名著录于正题名之后,其余可按顺序著录或在附注项说明,同时分别做 510 字段以供检索。

例：

德英汉医学词汇

DEUTSCH-ENGLISCH-CHINESISCHES
WÖRTERBUCH DER MEDIZIN
GERMAN-ENGLISH-CHINESE
MEDICAL DICTIONARY

主　编　唐　哲
副主编　彭明江
审　阅　吴新葡　陈远岫　陈　任　杜公振

题名页

机读目录格式之一：

200　1#@a 德英汉医学词汇@b 专著@d Deutsch-Englishch-Chinesisches Worterbuch der
　　Medizin@d German-English-Chinese medical dictionary@f 唐哲主编@z ger@z eng

510　1#@a Deutsch-Englishch-Chinesisches Worterbuch der Medizin@z ger

510　1#@a German-English-Chinese medical dictionary@z eng

机读目录格式之二：

200　1#@a 德英汉医学词汇@b 专著@d Deutsch-Englishch-Chinesisches Worterbuch der
　　Medizin@f 唐哲主编@z ger

304　##@a 英文并列题名:German-English-Chinese medical dictionary

510　1#@a Deutsch-Englishch-Chinesisches Worterbuch der Medizin@z ger

510　1#@a German-English-Chinese medical dictionary@z eng

说明:①当题名页上有多个并列题名时,有两种方式供选择。其一,200 字段重复@d 子字段和@z 子字段,@z 子字段按照并列题名的顺序,著录于 200 字段末尾;其二,将首先出现的并列题名著录在@d 子字段中,并著录相应的@z 子字段,将其余的并列题名在 304 字段中注明。无论采取哪种著录方式,均分别做 510 字段,以供检索。全国图书馆联合编目中心选择第二种著录方式。

②正题名的并列题名均为大写字母,著录时应依据相应语种的书写规则进行著录。德文并列题名书写规则,首词首字母和名词首字母均需大写,其余为小写。

（9）并列题名页外文题名的著录。

例1：

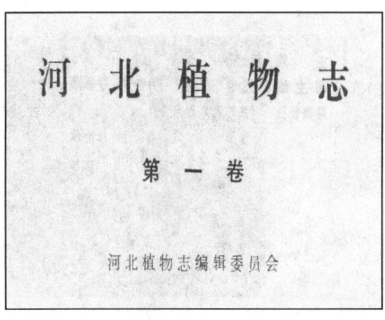

题名页　　　　　　　　　　　　　　　　并列题名页

机读目录格式：

200　　1#@a 河北植物志@h 第一卷@b 专著@d Flora hebeiensis@h Tomus Ⅰ@f 河北植物
　　　　志编辑委员会［编］@z eng

510　　1#@a Flora Hebeiensis@h Tomus Ⅰ@z eng

说明： 文献并列题名页的英文题名，可视为并列正题名，并做 510 字段。

例2：

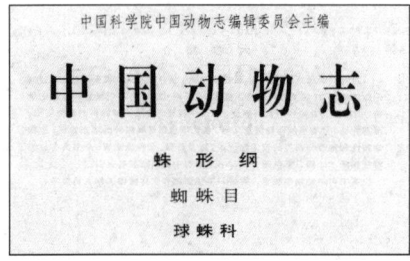
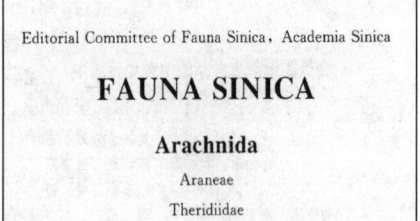

题名页　　　　　　　　　　　　　　　　并列题名页

机读目录格式：

200　　1#@a 中国动物志@i 蛛形纲@i 蜘蛛目@i 球蛛科@b 专著@d Fauna sinica
　　　　@i Arachnida@i Araneae@i Theridiidae@f 朱明生编著@z eng

510　　1#@a Fauna sinica@i Arachnida@i Araneae@i Theridiidae@z eng

说明： 并列题名的逐层分卷题名，可重复做 510 字段@i 子字段。

（10）出现在非题名页上的并列题名应在附注项注明。

例1：

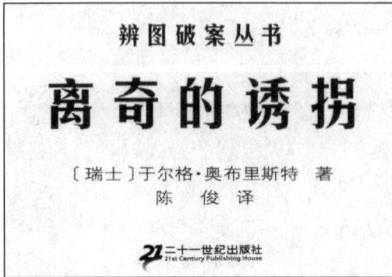
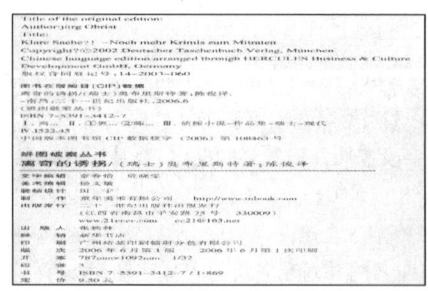

题名页　　　　　　　　　　　　　　　　版权页

机读目录格式：

200 1#@a 离奇的诱拐@b 专著@f（瑞士）于尔格·奥布里斯特著@g 陈俊译

312 ##@a 版权页书名原文：Klare sache

510 1#@a Klare sache@z swe

说明：版权页上出现了本书的书名原文，不能将其记入 200 字段@d 子字段，可在 312 字段做附注说明，并做 510 字段，以供检索。

例2：

题名页   封面

机读目录格式：

200 1#@a 美国国家安全与冷战战略@b 专著

312 ##@a 封面英文题名：American national security and cold war strategies

510 1#@a American national security and cold war strategies@z eng

（11）出现在题名页上的汉语拼音不能视为并列题名。

例：

机读目录格式：

200 1#@a 皇极经世书今说@h 上册@b 专著@f（宋）邵康节原著@g 阎修篆辑说

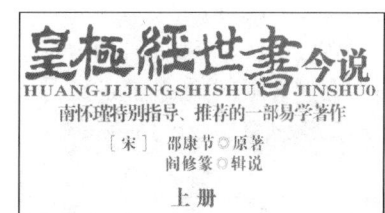

题名页

说明：上例题名页出现的汉语拼音不能视为并列题名。

（12）并列题名有误的著录。

例：

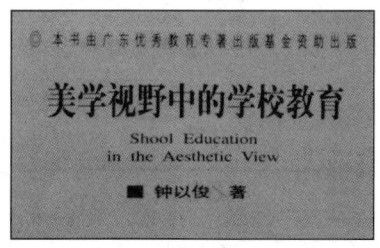

题名页

机读目录格式：

200 1#@a 美学视野中的学校教育@b 专著@d Shool［i. e. school］education in the aesthetic view@f 钟以俊著@z eng

510 1#@a Shool education in the aesthetic view@z eng

510 1#@a School education in the aesthetic view@z eng

说明：①此文献并列题名中"shool"为错误单词。

②文献所载并列题名有误，应原样照录，并采用[i.e.]形式对错误单词进行更正，同时将正确与错误的题名分别著录在 510 字段。

4. 合订题名

一部图书由两种或两种以上著作合订出版，在题名页上只出现这几种著作的题名而无总题名的文献。一般有两种形式：同一责任者不同著作的合订；不同责任者不同著作的合订。

合订题名按规定信息源所题顺序依次著录。题名超过三个只著录前三个，未予著录的其他题名和责任说明在 304 字段附注说明。属于同一责任说明的第二、第三题名前均用@a 子字段进行标识，将责任者著录在所有题名之后；属于不同责任说明的第二、第三个题名前均用@c 子字段进行标识，将各自责任说明著录于相关题名之后。

当在编文献的题名页出现没有总题名的合订题名时，按照合订题名的方式著录，同时，为其余合订著作分别做分析记录，使用 423 字段连接第一合订记录。

（1）同一责任者合订题名。

例1：

机读目录格式：

HEA ##01013nam0#2300367###450#

２００ 1#@a 羊脂球@b 专著@a 漂亮朋友@f（法）莫泊桑著@g 田毅,张杰译

分析记录：

HEA ##00486naa0#2300389###450#

２００ 1#@a 漂亮朋友@b 专著@f（法）莫泊桑著@g 张杰译

４２３ #0@a 12001#@a 羊脂球

题名页

说明：同一责任者的合订著作要同时著录一条分析记录，分析书目记录的头标区字符位置 7 置值"a"，同时用 423 合订字段连接与之合订的第一合订记录。423 字段指示符"#0"表示不生成附注。

例2：

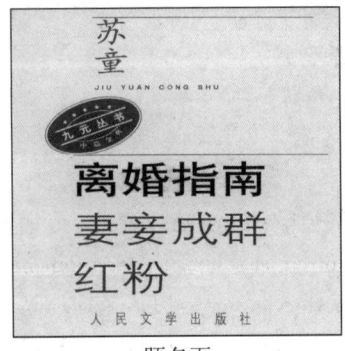

题名页

机读目录格式：

200 1#@a 离婚指南@b 专著@a 妻妾成群@a 红粉@f 苏童［著］

说明：此例应为第二、第三合订题名"妻妾成群""红粉"分别做分析记录，分析记录与上例相似，此处略。

综述说明：以上两例全部为同一责任者的合订题名，而且每一部图书所包含的内容都不超过三种著作，所以题名全部著录在 200 字段@a 子字段，@a 子字段可重复。

（2）不同责任者合订题名。

例1：

题名页

机读目录格式：

HEA　##01002nam0#2300789###450#

２００　1#@a 鲁宾逊漂流记@b 专著@f（英）笛福著@g 石伟译@c 环游世界八十天
　　　　@f（法）凡尔纳［著］@g 孙亚娴译

分析记录：

HEA　##01013naa0#2300864###450#

２００　1#@a 环游世界八十天@b 专著@f（法）凡尔纳［著］@g 孙亚娴译

４２３　#1@a12001#@a 鲁宾逊漂流记（423 字段指示符"#1"表示生成附注。）

例2：

机读目录格式：

200　1#@a 孟子@b 专著@f 孟轲著@c 庄子
　　　　@f 周庄著@c 老子@f 老聃著

304　##@a 庄周,题名页责任者误题:周庄

说明:分析记录略。

题名页

例3：

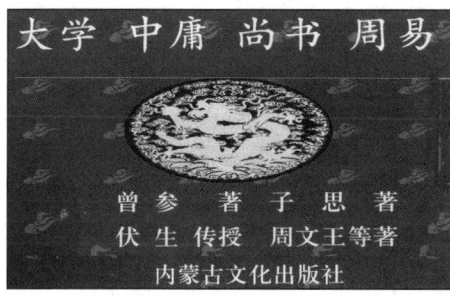

题名页

机读目录格式：

200　1#@a 大学@b 专著@f 曾参著@c 中庸
　　　　@f 子思著@c 尚书@f 伏生传授

304　##@a 合订著作还有:周易/周文王等著

说明:由两个或两个以上著作组成的无总题名的图书,按规定信息源所题顺序依次著录。若题名超过三个,只著录前三个,未予著录的其他题名和责任说明在 304 字段附注说明。

例4：

题名页

机读目录格式：

200 1#@a 捕捉爱情的翅膀@b 专著@f 水色著

304 ##@a 本书附:外一篇《匆匆网》/聂浅草［著］

说明：当合订图书的题名页上，以其中最主要的一篇著作题名作为出版物的名称，其他著作题名以附录的形式出现在题名页中，经常冠有"附＊种"或"外＊种"等字样时，其他题名均在304字段进行附注说明。如果编目员认为书中所含"外一种"或"附几种"所占篇幅较多，有必要揭示给读者，同样可以以分析著录的方式将其内容揭示出来。

例5：

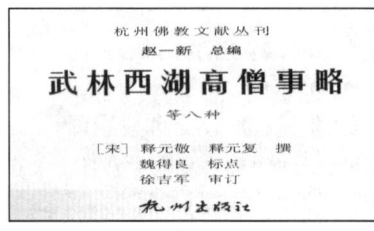

题名页　　　　　　　　　　　目次页

机读目录格式：

200 1#@a 武林西湖高僧事略@b 专著@e 等八种@f（宋释）元敬，（宋释）元复撰@g 魏得良标点

327 1#@a 武林西湖高僧事略/（明）吴之鲸［撰］@a 续武林西湖高僧事略/（宋）元敬，（宋）元复［撰］@a 杭州山水寺院名胜志/（明释）袾宏［撰］@a 胜莲社约/徐映璓［撰］@a 云栖纪事/（明）虞淳熙［撰］@a 孝义无碍庵录/（明）佚名［撰］@a 护国寺元人诸天画像赞/（明）傅岩［撰］@a 小云栖放生录/（清）与楷［撰］

说明：此例合订图书的其余八种著作的题名未出现在题名页，而出现在目次页中，所以不在304字段附注说明，可记入327内容附注字段，如有检索意义，可分别做517字段，以供检索(517字段略)。

（3）有总题名的合订图书。

例1：

题名页　　　　　　　　　　　题名页

机读目录格式：

200　1#@a 一生要有的自信心与适应能力@b 专著@f 扈明星编著

327　1#@a 一生要有的 100 种适应能力@a 一生要有的 100 种自信心

517　1#@a 一生要有的 100 种适应能力

517　1#@a 一生要有的 100 种自信心

说明：文献为双面倒转书，既有统一的题名，又有各自作品的题名，选择总题名作为正题名，各自作品的题名以内容附注的形式进行说明。如有检索意义，可做 517 字段。

例 2：

机读目录格式：

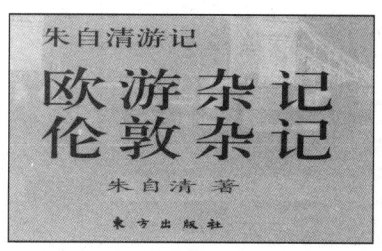

200　1#@a 朱自清游记@b 专著@f 朱自清著

327　1#@a 欧游杂记@a 伦敦杂记

517　1#@a 欧游杂记

517　1#@a 伦敦杂记

题名页

说明：本书为有总题名的合订图书，对于 200 字段没有揭示的子目内容，可以用 327 字段描述，并分别做 517 字段，以便检索。

例 3：

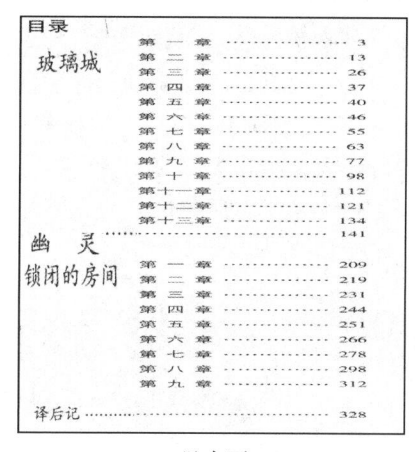

题名页　　　　　　　　　　目次页

机读目录格式：

200　1#@a 纽约三部曲@b 专著@d The New York trilogy@f（美）保罗·奥斯特著@g 文敏译@z eng

327　1#@a 玻璃城@a 幽灵@a 锁闭的房间

517　1#@a 玻璃城

517　1#@a 幽灵

517　1#@a 锁闭的房间

说明：本例为有总题名的三部合订著作，由于合订题名出现在目次中，著录时取总题名为正题名，合订题名在 327 内容附注字段说明，并分别做 517 字段，以便检索。

5. 交替题名

交替题名按规定信息源上的顺序依次著录于正题名之后，原题"一名""又名""或""原名"等连词如实著录，连接词前后用逗号标识。此时 200 字段指示符 1 置 0，表示 200 字段没有检索意义。同时做 517 字段，方便检索。

例1：

题名页

机读目录格式：

200　0#@a 开创蓝海, 原名, 蓝海策略@b 专著@e 15 个台湾企业开创新市场的成功故事@f 朱博湧主编

517　1#@a 开创蓝海

517　1#@a 蓝海策略

说明："交替题名"强调的是同一个文献所具有的两个名称必须同时出现在在编文献的规定信息源中。

例2：

机读目录格式：

200　0#@a 象棋布局宝典, 原名, 象棋布局秘诀@b 专著@f 李艾东, 桔梅著

517　1#@a 象棋布局宝典

517　1#@a 象棋布局秘诀

题名页

例3：

机读目录格式：

200　0#@a 沃尔特·本雅明, 或, 走向革命批评@b 专著@f（英）特里·伊格尔顿著@g 郭国良, 陆汉臻译

517　1#@a 沃尔特·本雅明

517　1#@a 走向革命批评

说明：交替题名用"或"连接，依原题照录。

题名页

例4：

机读目录格式：

200 　0#@a 仙缘,网络原名,道缘儒仙@h 5@b 专著@e 大结
　　　局@f 鬼雨著

517 　1#@a 仙缘

517 　1#@a 道缘儒仙

说明：用"网络原名"连接两个交替题名,依原题照录。

题名页

例5：

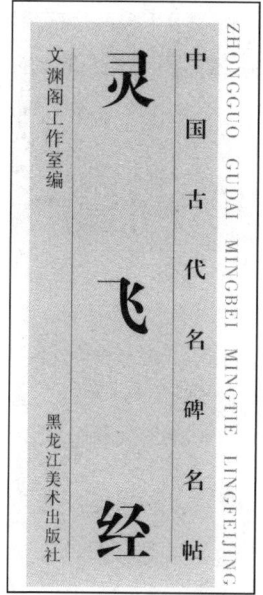

题名页

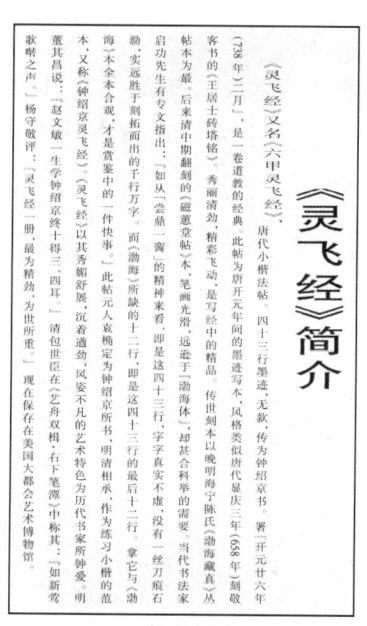

书中简介

机读目录格式：

200 　1#@a 灵飞经@b 专著@f 文渊阁工作室编

312 　##@a 本书又名：《六甲灵飞经》

517 　1#@a 六甲灵飞经

说明：此文献"又名"没有出现在题名页,而是出现在该文献简介中,所以不作为交替书名处理,只能作为附注说明文字,如有检索意义,可做 517 其他题名字段,以方便检索(517 字段略)。

6. 共同题名

正题名由共同题名与从属题名标识和(或)从属题名组成。先著录共同题名,再著录从属题名标识和(或)从属题名。

主要形式为：

200 　1#@a 共同题名@i 从属题名@b 一般文献类型标识@f 责任说明

200 　1#@a 共同题名@e 其他题名信息@h 卷册次@i 从属题名@b 一般文献类型标识

　　@f 责任说明

200　1#@a 共同题名@h 卷册次@i 从属题名@b 一般文献类型标识@f 责任说明

200　1#@a 共同题名@h 卷册次@i 从属题名@b 一般文献类型标识@e 其他题名信息
　　　@f 责任说明

例1：

题名页

机读目录格式：

200　1#@a 轻松学琴 100 课@h 第二册@h 上@b 专
　　　著@f 陈再峰主编

说明：此例重复@h 子字段标明其卷、册次的层次关系。

例2：

机读目录格式：

200　1#@a 检验与临床诊断@i 肝病分册@b 专著
　　　@f 丛玉隆总主编@f 毛远丽，赵景民主编

225　0#@a 检验与临床诊断丛书

说明：从题名页上所描述的形式上分析，它属于多卷书，由于
它有丛书名而丛书题名与多卷书的共同题名相同，故 225 丛书题名
字段指示符 1 置 0，表示不做检索点。

题名页

例3：

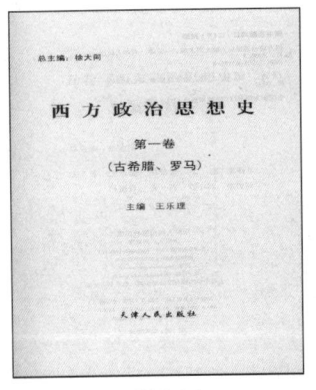

题名页

机读目录格式：

200　1#@a 西方政治思想史@h 第一卷@i 古希腊、罗马
　　　@b 专著@f 徐大同总主编@g 王乐理卷主编

例4：

机读目录格式：

200　1#@a ChemCAD 典型应用实例@h 下
　　　@i 化学工业与炼油工业@b 专著@f 邬
　　　慧雄［等］编

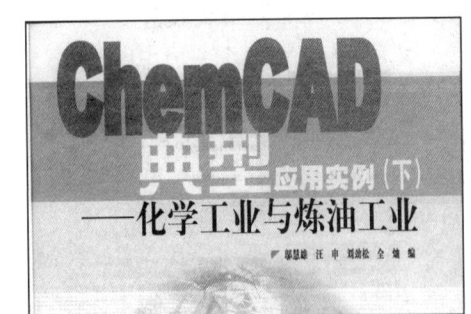

题名页

例5：

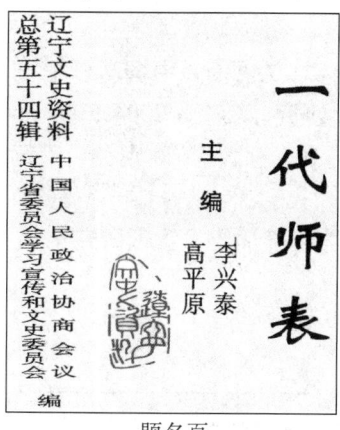

题名页

机读目录格式：

200   1#@a 辽宁文史资料@h 总第五十四辑@i 一代师表
@b 专著@f 中国人民政治协商会议辽宁省委员会
学习宣传和文史委员会编@g 李兴泰, 高平原[册]
主编

517   1#@a 一代师表

说明：此例为一套系列出版物，"一代师表"虽然字体比较大，但从编目工作实际情况出发，有必要将一系列连续编写的出版物集中起来，方便检索。

例6：

机读目录格式：

200   1#@a 朝阳法科讲义@h 第五卷@b 专著
@f 王帅一点校

327   1#@a 商人通例/李浦述@a 商行为/著者
不详@a 公司条例/李浦述@a 票据法/
戴修瓒述；李祖荫疏@a 海船法/李浦
述@a 破产律/陈滋镐述，崔学礼疏

说明：本套多卷书，书名页分卷题名较多，如果将分卷题名著录于 200 字段@i 子字段，书名就显得过于冗长，因此著录在 327 内容附注字段进行揭示，如有检索意义，可做 517 字段（517 字段略）。

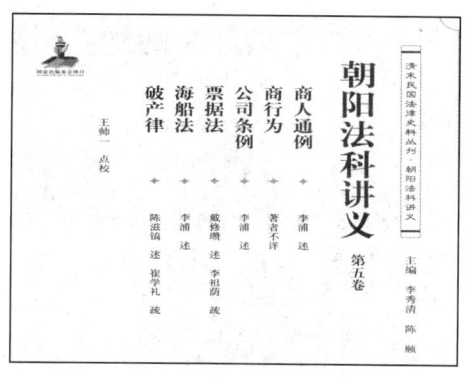

题名页

例7：

秦岭植物志
第一卷
种子植物
（第二册）
中国科学院西北植物研究所编著
科学出版社
1974

题名页

机读目录格式：

200   1#@a 秦岭植物志@h 第一卷@i 种子植物
@h 第二册@b 专著@f 中国科学院西北
植物研究所编著

例8：

机读目录格式：

200   1#@a 机械设计手册@e 单行本@i 减速器
和变速器@b 专著@f 机械设计手册编
委会[编]

机 械 设 计 手 册
单 行 本
减速器和变速器
机械设计手册编委会

题名页

例9：

科学·技术·发展

中国科学学与科学技术管理研究年鉴

2004/2005 年卷

（总第二卷）

中国科学学与科技政策研究会　主办

刘则渊　王续琨　主编

题名页

机读目录格式：

200　1#@a 科学·技术·发展@e 中国科学学与
　　　科学技术管理研究年鉴@h 2004/2005 年
　　　卷（总第二卷）@b 专著@f 刘则渊，王续
　　　琨主编

517　1#@a 中国科学学与科学技术管理研究年鉴

例10：

机读目录格式：

200　1#@a 中国古代著名哲学家评传@i 续编
　　　@h 二@i 魏晋南北朝部分@b 专著@f 方
　　　立天，于首奎编

中国古代著名哲学家评传

续编二

（魏晋南北朝部分）

方立天　
于首奎　编

题名页

例11：

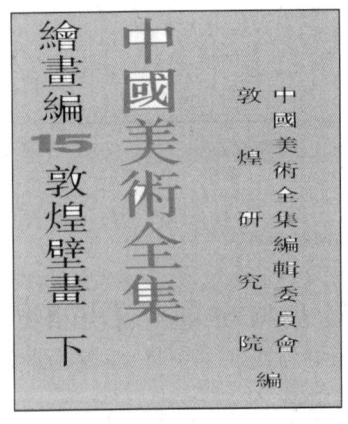

题名页

机读目录格式：

200　1#@a 中国美术全集@i 绘画编@h 15@i 敦煌壁画
　　　@h 下@b 专著@f 中国美术全集编辑委员会，敦
　　　煌研究院编

说明：此例为多层次的多卷书，@i、@h 子字段可重复。

例12：

机读目录格式：

200　1#@a 中国动物志@i 昆虫纲@h 第十二卷@i 直
　　　翅目@i 蚱总科@b 专著@f 中国科学院中国
　　　动物志编辑委员会主编@g 梁铬球，郑哲民
　　　编著

说明：此例包含三个从属题名，而且从属题名为逐层递进关系，依次分别记入@i 子字段。

题名页

例13：

机读目录格式：

200　1#@a《无机化学丛书》@h 第五卷@i 氧　硫
　　　硒分族@b 专著@f 姚凤仪，郭德威，杜明德
　　　［编］

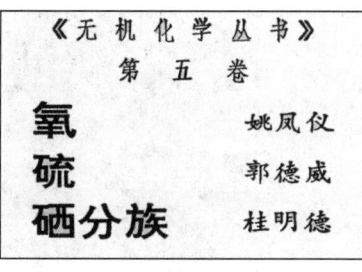

题名页

例14：

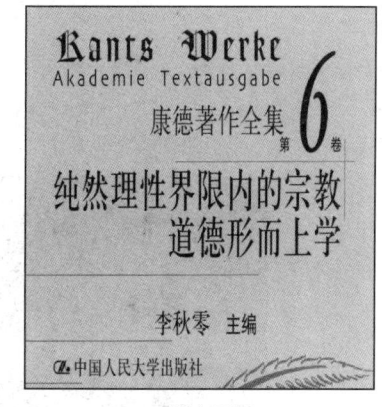

题名页

机读目录格式：

200　1#@a 臧克家全集@h 第十卷@i 文学评论　序跋（一）
　　　序跋（二）@b 专著

例15：

机读目录格式：

200　1#@a 康德著作全集@h 第 6 卷@i 纯然理性界限
　　　内的宗教　道德形而上学@b 专著@f 李秋零
　　　主编

517　1#@a 纯然理性界限内的宗教

517　1#@a 道德形而上学

题名页

综述说明：例13、例14、例15 三例均包括两个及以上从属题名，而且从属题名为并列关系，@i 子字段依原题并列著出。如需要检索，可分别做 517 其他题名字段。

7. 责任者与责任方式

责任说明包括责任者名称和各种责任方式，一般按规定信息源所题形式和顺序著录。责任方式一般按照原书所题著录，有些书未题责任方式，编目人员可依据文献所表述的内容形式选择一种合适的责任方式，并用［］括起。

（1）单一责任者：图书只有一个责任者照原书所题著录。如题名页没有标注明确的责任者，而在书名中包含责任者名称时，200 字段不需反映，应在 7-- 字段进行标识。

例1：

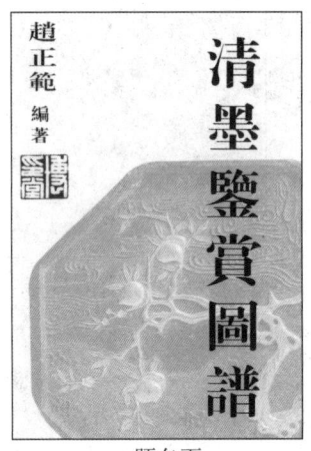

题名页

机读目录格式：

200　1#@a 清墨鉴赏图谱@b 专著@f 赵正范编著

701　#0@a 赵正范@4 编著

例2：

机读目录格式：

200　1#@a 一路唱回故乡@b 专著@f 黄永玉著·绘

701　#0@c（土家）@a 黄永玉@f（1924.7 - ）@4 著@4 绘

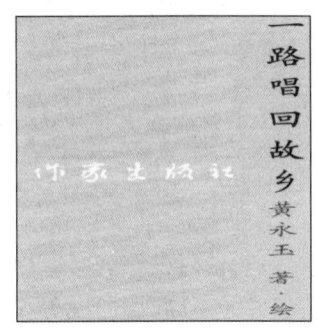

题名页

例3：

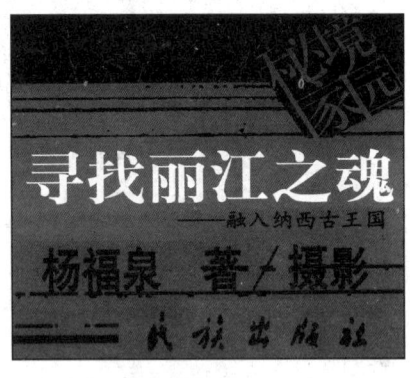

题名页

机读目录格式：

200　1#@a 寻找丽江之魂@b 专著@e 融入纳西古王国@f 杨福泉著/摄影

701　#0@c（纳西）@a 杨福泉@f（1955.9 - ）@4 著@4 摄影

综述说明：例2、例3均为单一责任者同时承担两种责任方式，需依原题照录，7--字段重复@4 子字段。

例 4：

机读目录格式：

200 1#@a 康德书信百封@b 专著@f 李秋零编译

701 #0@c（德）@a 康德@c（Kant，Immanuel@f 1724 – 1804）@4 著

702 #0@a 李秋零@f（1957 – ）@4 编译

题名页

说明：规定信息源没有原著者，著录时 200 字段以编译者为第一责任者，原著者可记入 7--字段。

例 5（图略）：

机读目录格式：

200 1#@a 梦想南极@b 海外中文图书@e 荒冰野地的魅力@d An Antarctic journal@e a place for every dreamer@f 陈维沧（Richard Chen）著@z eng

701 #0@a 陈维沧@4 著

说明：本例责任者圆括内为闽南语通用拼音，200 字段照录，7--字段取规范名称著录。

（2）合著者：同一责任方式里有两个或两个以上责任者时称为合著者。合著者为两人或三人时，全部著录于 200 字段@f 子字段，如超过三人，200 字段只著录列在最前面的一个责任者，其余的用［等］表示，并在 304 字段做附注说明。著录时同一责任方式的不同责任者之间用双字节逗号标识。

例 1：

题名页

机读目录格式：

200 1#@a Powerpoint 2003 办公应用@b 专著@f 范俊弟，李佳，李振宏编著

例 2：

机读目录格式；

200 1#@a 索马里@b 专著@d Somalia@a 吉布提@d Djibouti@f 顾章义，付吉军，周海泓编著@z eng

题名页

综述说明：以上两例为同一责任方式的三个责任者合著的著作，需依原题著录。

例3：

（日）松原淳 西塔薰 渡边正人 渡边胜利／编著

胡素芳／译

题名页

机读目录格式：

200　1#@a Photoshop CS2 纸制品设计范例参考
@b 专著@f（日）松原淳［等］编著@g 胡素芳译

304　##@a 编著者还有：（日）西塔薰，（日）渡边正人，（日）渡边胜利

说明：此例是同一责任方式的责任者超过三人（不包括三人），著录时只选取列在第一位的责任者，并在其后用"［等］"标识，其余责任者在304字段注明。

例4：

机读目录格式：

200　1#@a 承前启后—"2006 中国当代版画名家作品邀请展"作品集@b 专著@f 深圳市宝安区观澜美术馆，深圳市关山月美术馆，广西美术出版社［编］

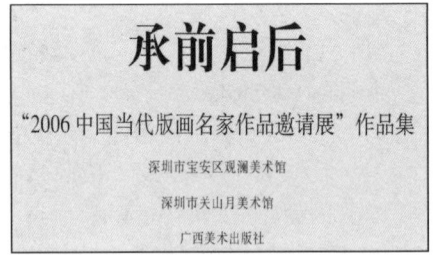

题名页

说明：题名页所题集体责任者并没有责任方式，著录时编目员需根据作品的类型来自拟一个适合此部著作的责任方式，并用［］括起。

（3）不同责任方式的责任者：按规定信息源所题顺序著录，一般不超过四种。常用的责任方式有著、主编、编著、编写、编、撰稿、编纂、译、编译、改编、汇编、书、绘、插图、注释、校、口述、起草、整理、执笔、搜集、制定、提出、作曲、篆刻等。

①注释、改编（改编后体裁改变的著作除外）、翻译的图书以原著者为第一责任者，注释、改编、翻译者为其他责任者。如果题名页未题原著者时，200字段应依原题著录，并查找出原责任者，在7--字段列为第一责任者进行标识。

例1：

题名页

封面

机读目录格式：

200　1#@a 呼啸山庄@b 专著@d Wuthering heights@f（英）艾米莉·勃朗特（Emily Bronte）原著@g Bessie Edmond 改编@g 毛荣贵，朱琳翻译@z eng

例2：

机读目录格式：

200 　1#@a 市场营销理论论争@b 专著@e 理性、现实主义、真实性与客观性@f 谢尔比·D. 亨特著@g 陈启杰［等］译

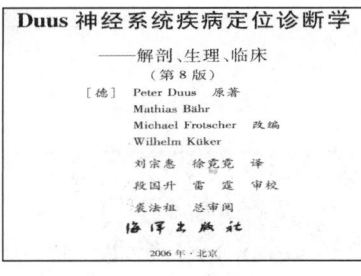

题名页

例3：

题名页

机读目录格式：

200 　1#@a Duus 神经系统疾病定位诊断学@b 专著@e 解剖、生理、临床@f（德）Peter Duus，（德）Mathias Bahr 原著@g（德）Michael Frotscher，（德）Wilhel Kuker 改编@g 刘宗惠，徐霓霓译

说明：翻译的著作责任者只有外文原名时，按题名页原题著录，外国责任者国别用单字节括号标识。

②改编的著作，改编后体裁改变的，应以改编者为第一责任者，原著者著录于附注项。但如果题名页题有原著者时，200 字段应依原题照录。

例1：

机读目录格式：

200 　1#@a 红楼梦@h 卷一@b 专著@f（清）孙温，（清）孙允谟绘

225 　2#@a 彩绘中国古典名著连环画

304 　##@a 本书原著者：（清）曹雪芹

701 　#0@c（清）@a 孙温@f（1818？ -?）@4 绘

701 　#0@c（清）@a 孙允谟@4 绘

说明：本书题名页未题有原著者，200 字段和 7-- 字段不予著录，可将原著者记入 304 字段。

题名页

例2：

题名页

机读目录格式：

200 　1#@a 红玫瑰与白玫瑰@b 专著@e 纸上电影@f 张爱玲原著@g 张狂改编@g 孙萌，晶晶绘图

701 　#0@a 张爱玲@c（女，@f 1920.9 - 1995.9）@4 原著

702 　#0@a 张狂@f（197？ -）@4 改编

702 　#0@a 孙萌@c（美术）@4 绘图

702 　#0@a 晶晶@c（美术）@4 绘图

说明：本书题名页题有原著者，200 字段依原题照录。

③图书有主编者,又有编著者,先著录主编者,后著录编著者;有个人主编者,又有个人编者时,省略个人编者。图书既有集体创作者,又有执笔者时,以集体创作者为第一责任者,执笔者为其他责任者。

例1:

题名页

机读目录格式:

200　1#@a 展示设计@b 专著@f 丁剑超,王剑白主编@g 雷洋编著

例2:

机读目录格式:

200　1#@a 中小企业电子商务之路@b 专著@f 阿里巴巴(中国)网络技术有限公司著@g 汤兵勇,陈梅梅执笔

说明:当一部著作既有集体责任者,又有个人执笔者时,集体责任者为第一责任者,个人执笔者为其他责任者。

题名页

例3:

题名页

机读目录格式:

200　1#@a《黄帝内经》与中医现代临床@b 专著@f 赵进喜主编

说明:既有个人主编者,又有个人编者时,省略个人编者。

例4:

机读目录格式:

200　1#@a 检察实务@b 专著@e 探索与思考@f 阮荣富主编@g 上海市松江区人民检察院编

说明:a. 主编、副主编属于同一责任方式,取担负主要责任的责任者,所以只取主编,副主编省略。

b. 有个人主编者,又有集体编者时,均予以著录。一般情况下个人责任者在前,集体责任者在后,多卷书应视具体情况而定。

题名页

例5：

机读目录格式：

200　1#@a 常见病专家经典处方@b 专著@f 王士才，
赵燕芬，李思虹主编@g 王士才［等］编著

701　#0@a 王士才@4 主编@4 编著

701　#0@a 赵燕芬@4 主编

701　#0@a 李思虹@4 主编

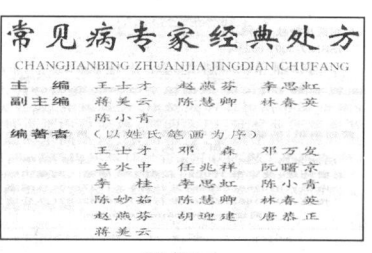

题名页

说明：当主编与编著者为同一个人时，在 200 字段依原题照录，而在 7--字段可省略重复的责任者名称。

例6：

题名页

机读目录格式：

200　1#@a 外国教育通史@h 第 1 卷@b 专著@f 滕大
春主编@g 滕大春，戴本博本卷主编

说明：此例属于多卷书，依据多卷书责任者的选取原则，以总主编为第一责任者，各分卷主编为其他责任者。如果总主编与其中的某分卷主编相同时，依题名页所题照录。

例7：

机读目录格式：

200　1#@a 中国材料工程大典@h 10@i 复合材料工程
@b 专著@f 中国机械工程学会，中国材料研究学
会，中国材料工程大典编委会［编］@g 益小苏，杜
善义，张立同［卷］主编

题名页

说明：取集体责任者为多卷书总编者，各分卷主编为次要责任者。责任者的责任方式未载明可根据著作类型选定。

④不同责任方式的责任者按规定信息源所题顺序著录，一般不超过四种。

例：

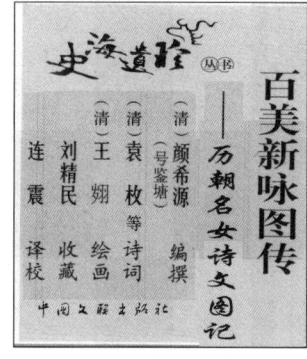

题名页

机读目录格式：

200　1#@a 百美新咏图传@b 专著@e 历朝名女诗文图记
@f（清）颜希源编撰@g（清）袁枚等诗词@g（清）
王翙绘画@g 连震译校

304　##@a 刘精民收藏

说明：五种责任方式，分别是"编撰""诗词""绘画""收藏"以及"译校"，对于此种情况处理方法是要按照题名页所题选择较为主要的四种责任方式著录。

⑤法律、规章、标准等文献一般以制定者、提出者为责任者,审查者、批准者著录于附注项;无制定者、提出者时,以审查者、批准者为责任者。但如果有编写者时,著录编写者,制定者、提出者、起草者、审查者、批准者等不予著录,可在附注项进行说明。

例:

封面,无题名页

书中最后一页

机读目录格式:

094　##@a GB 3501－83

200　1#@a 中华人民共和国国家标准@i 超细水合二氧化钌粉技术条件@b 专著

300　##@a 国家标准局批准

304　##@a 本书无题名页,依封面著录

314　##@a 中华人民共和国冶金工业部提出

711　02@a 冶金工业部@4 提出

说明:上例标准文献的责任者有提出者和批准者,选择标准的提出者为责任者。标准提出者出现在书中最后一页,在 314 字段注明,并做 711 字段责任者检索点。

⑥音乐作品,以词作者为第一责任者,曲作者为其他责任者。

例:

机读目录格式:

200　1#@a 云南风情@b 专著@e 合唱组曲@e 总谱@d The local customs in Yunnan province@e a choral suite @e full score@f 张东辉词@g 田丰曲@z eng

701　#0@a 张东辉@4 词

702　#0@a 田丰@4 曲

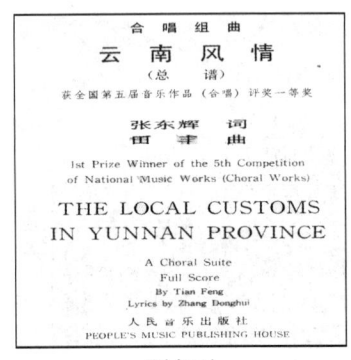

题名页

　　(4)责任者名称前后记载有关于其出身、籍贯、职位、头衔、学位、单位等文字均不著录。但省略后的责任说明含义不清时,应依原样照录。如"费米夫人著""西道罗夫教授著",其中"夫人"字样不能省略,但"教授"字样应省略。

例1：

机读目录格式：

200　1#@a 小公主@b 专著@f（美）柏奈特夫人原著@g 登亚编绘

说明：责任者"柏奈特夫人"如去掉"夫人"字样，容易造成责任者名称不明确，故依原题照录。

题名页

例2：

题名页

机读目录格式：

200　1#@a Cisco VPN 完全配置指南@b 专著@f（美）Richard Deal 著@g 姚军玲，郭稚晖译

304　##@a 责任者姚军玲认证资格号：CCIE #11470

例3：

机读目录格式：

200　1#@a 倾听你的荷尔蒙@b 专著@d Listen to your hormone@f（美）黄颖（Chanel Huang）著@z eng

说明：责任者为美籍华人，"博士""Dr."表示学位，故省略。

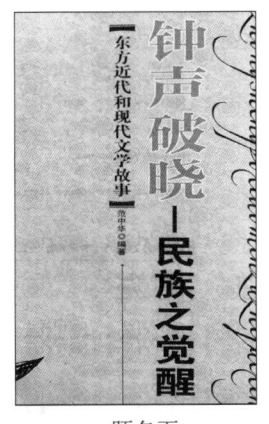

题名页

（5）责任者有笔名、艺名、网名时，200 字段依题名页所题著录，7--字段依名称规范标目著录。

例：

机读目录格式：

200　1#@a 钟声破晓—民族之觉醒@b 专著@e 东方近代和现代文学故事@f 范中华编著

701　#0@a 秋芙@c（女,@f 1965 - ）@4 编著

说明："秋芙"是"范中华"的笔名。200 字段按题名页进行著录，7--字段按名称规范标目著录。

题名页

（6）规定信息源未题责任者，200 字段省略著录责任者子字段，编目人员可将查考出的责任者著录于 7--字段。

例：

题名页

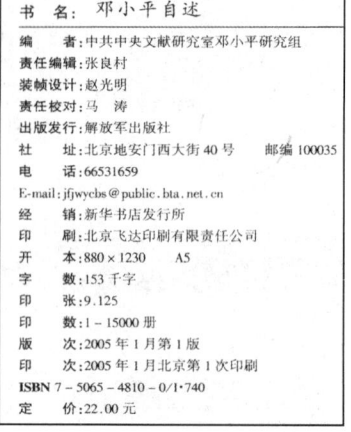

版权页

机读目录格式：

200　1#@a 邓小平自述@b 专著

701　#0@a 邓小平@f（1904 – 1997）@4 著

712　02@a 中共中央文献研究室@b 邓小平研究组@4 编

（7）僧人的著作，按原书所题的法名原样照录，法名前原题冠"释"字，著录于圆括内。

例：

题名页

机读目录格式：

200　1#@a 比丘尼传校注@b 专著@f（梁释）宝唱著@g 王孺童校注

说明：责任者"宝唱"为法名。著录形式为：（朝代 + 释）+ 法名。

（8）清代以前（含清代）的个人责任者，著录时应在姓名前著录朝代名称，并用圆括号括起。题名页责任者没标有朝代的，依原题著录，并将规范名称记入 7--字段。

例1:

机读目录格式:

200 1#@a 史通新校注@b 专著@f（唐）刘知几撰@g 赵
昌浦校注

题名页

例2:

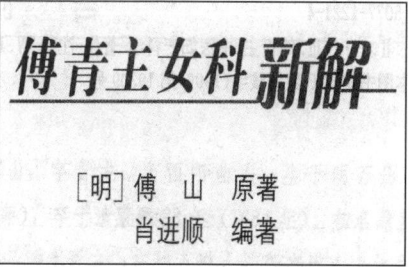

题名页

机读目录格式:

200 1#@a 傅青主女科新解@b 专著@f（明）
傅山原著@g 肖进顺编著

（9）规定信息源所载责任者有误,应依原样著录,同时在304字段附注说明。

例:

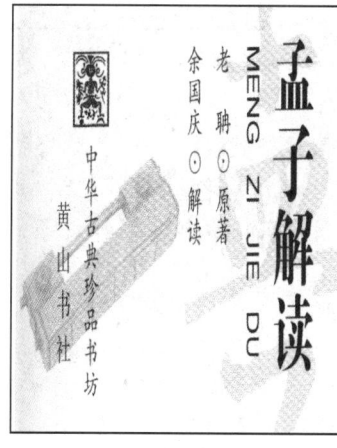

题名页

中华古典珍品书坊·孟子解读	余国庆 解读
策划编辑:任耕云 汤大文
责任编辑:韩开元
出版发行:安徽出版集团 黄山书社(合肥市金寨路381号)
邮政编码:230063
经 销:新华书店
印 刷:安徽国文彩印有限公司
开 本:800×1230 1/32
印 张:6.5
字 数:130千字
版 次:2007年1月第1版 2007年1月第1次印刷
标准书号:ISBN 978-7-80707-531-8
定 价:10.00元

版权页

机读目录格式:

200 1#@a 孟子解读@b 专著@f 老聃原著@g 余国庆解读

304 ##@a 原著者孟子,题名页误题:老聃

701 #0@c（战国）@a 孟子@f（前372？－前289)@4 著

702 #0@a 余国庆@4 解读

（10）图书责任者原题以"本社编"形式出现时,200字段责任说明应按原题著录,但7--

字段应著录该出版社全称,以方便检索;图书责任者原题以"本书编写组"或"书名＋编委会""书名＋课题组"等形式出现时,除常设机构外,一般情况下,200 字段照录,7--字段不做检索点。

例1:

题名页

机读目录格式:

200　1#@a 荀子名言@b 专著@d Aphorisms form XUN ZI @f 本社编选@g 王铭基绘图@g 李晓亮今译@g 朱新林英译@z eng

210　##@a 济南@c 齐鲁书社@d 2006

701　#0@c (战国)@a 荀子@f (前 325 – 前 238)@4 著

702　#0@a 王铭基@4 绘图

702　#0@a 李晓亮@4 今译

702　#0@a 朱新林@4 英译

712　02@a 齐鲁书社@4 编选

例2:

机读目录格式:

200　1#@a 现行建筑结构规范大全@b 专著 @f 本社编

711　02@a 中国建筑工业出版社@4 编

现行建筑结构规范大全

(修订缩印本)

本　社　编

中国建筑工业出版社

题名页

例3:

道路运输危险货物
实用手册

○ 本书编写组　编写

题名页

机读目录格式:

200　1#@a 道路运输危险货物实用手册@b 专著@f 本书编写组编写

例4:

机读目录格式:

200　1#@a 建筑设备安装工程施工质量旁站监理手册@b 专著@f《建筑设备安装工程施工质量旁站监理手册》编写组编

建筑设备安装工程施工质量
旁站监理手册

《建筑设备安装工程施工质量旁站监理手册》
编写组　编

题名页

　　综述说明:例3、例4 责任者"本书编写组""《建筑设备安装工程施工质量旁站监理手册》编写组",无实际检索意义,200 字段照录,711 字段则省略著录。

（11）外国责任者的著录。

①题名页上只题有外国责任者的中译姓名。

例：

机读目录格式：

200　1#@a 泰戈尔诗选@b 专著@d Selected poems of Tagore@f（印）罗宾德拉纳特·泰戈尔著@g 冰心等译@z eng

701　#0@c（印）@a 泰戈尔@c（Tagore, Rabindranath@f 1861 – 1941）@4 著

702　#0@a 冰心@c（女,@f 1900 – 1999）@4 译

题名页

说明：200 字段依题名页著录,7--字段依据名称规范标目著录。

②题名页上只题有外国责任者姓名原文,无中译姓名。

例：

题名页

机读目录格式：

200　1#@a 中学生必须掌握的英语词语@i 短语动词@b 专著@f Howard Sargeant 编著@g 沈萱译

701　#0@c（英）@a 萨金特@c（Sargrent, Howard）@4 编著

702　#0@a 沈萱@4 译

说明：200 字段依题名页著录,题名页未载有外国责任者国别时,可不予著录。7--字段依据名称规范标目著录。

③题名页上只题有外国责任者中译姓名,其他信息源题有姓名原文。

例：

题名页

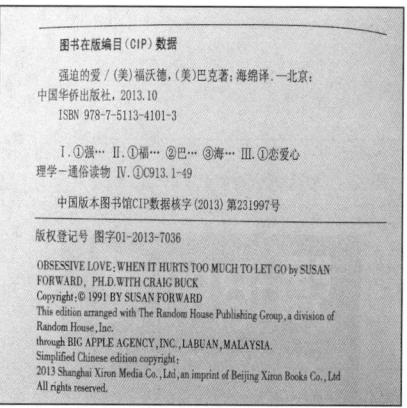

版权页

机读目录格式：

200　1#@a 强迫的爱@b 专著@e 当爱情变成一种执迷、威逼、控制欲@f（美）苏珊·福沃德,（美）克雷格·巴克著@g 海绵译

701   #0@c（美）@a 福沃德@c（Forward，Susan）@4 著

701   #0@c（美）@a 巴克@c（编剧，Buck，Craig）@4 著

702   #0@a 海绵@c（翻译）@4 译

说明：外国责任者姓名原文出现在其他信息源而未出现在题名页，200 字段不予著录，7--字段依据名称规范标目著录。

④题名页上既题有外国责任者姓名原文，又题有中译姓名。

例：

题名页

机读目录格式：

200   1#@a 手斧男孩@h 4@i 寻找鹿精灵@b 专著
　　　@f（美）盖瑞·伯森（Gary Paulsen）著
　　　@g 于海生译

701   #0@c（美）@a 保尔森@c（Paulsen，Gary）@4 著

702   #0@a 于海生@f（197？ －）@4 译

说明：200 字段依题名页著录，姓名原文著录于汉译姓名后圆括号内，圆括号用单字节。7--字段依据名称规范标目著录。"伯森"规范标目为"保尔森"。

⑤外国责任者名称前后带有"Dr""Professor"等诸如学位、头衔等文字均不予著录。但省略后的责任说明含义不清时，应依原样照录。如"费米夫人著"中的"夫人"字样不能省略。

例1：

机读目录格式：

200   1#@a 髋@b 专著@d The hip@f（美）Clement B Sledg
　　　主编@g 赵庆［等］主译@z eng

701   #0@c（美）@a 斯莱奇@c（Sledge，Clement B）@4 主编

702   #0@a 赵庆@c（骨科）@4 主译

说明：主编名称后有"M. D."，表示责任者职称为医学博士，不予著录。

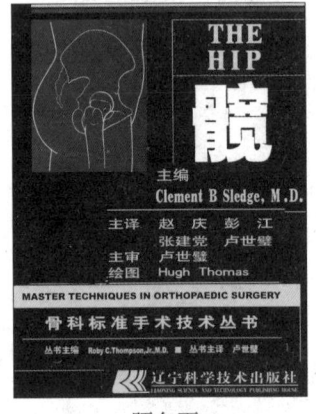

题名页

例2：

题名页

机读目录格式：

200   1#@a 美国负压创面治疗技术@b 专著
　　　@d American negative pressure wound therapy @f John Kam Kit Tse，Richard M. Carlton，Michael S. Mille 主编@g 周常青主译@g 北京大学医学部，CST 科技集团联合编著@z eng

说明：主编名称前冠有"Professor""Dr."，分别表示责任者为教授、博士，均不予著录；名称后的附加内容"MD""DO. FACOS，CWS"亦不予著录。

例3：

机读目录格式：

200 　1#@a 列那狐的故事@b 专著@f（法）玛・阿希・季诺夫人著@g 罗杰主编

题名页

说明："季诺夫人"中的"夫人"字样不能省略，因为省略后的责任说明含义不清。

注意事项：

例：

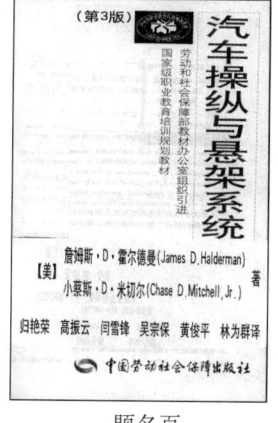

题名页

机读目录格式：

200 　1#@a 汽车操纵与悬架系统@b 专著@f（美）詹姆斯・D・霍尔德曼（James D. Halderman），（美）小蔡斯・D・米切尔（Chase D. Mitchell, Jr.）著@g 归艳荣［等］译

701 　#0@c（美）@a 霍尔德曼@c（Halderman, James D. ）@4 著

701 　#0@c（美）@a 米切尔@c（Mitchell, Chase D. Jr. ）@4 著

702 　#0@a 归艳荣@4 译

说明："Jr"表示此名字在家族中有重名，小辈就要在名字后加"Jr"，代表小辈，此种情况200字段不能省略，需要照录。7--字段依名称规范标目著录。

⑥外国责任者国别以规范简称著录，如果题名页未题外国责任者国别，200字段省略著录。

例：

机读目录格式：

200 　1#@a 格林童话@f（德）格林兄弟著

说明：题名页责任者国别题为"德国"，200字段依规范简称"德"著录。

题名页

205 版本说明

字段定义

本字段记录图书的版本说明、补充版本说明以及与本版有关的责任说明。

出现情况

选择使用,可重复。

指示符

指示符 1:空(未定义)

指示符 2:空(未定义)

子字段

@a 版本说明

本子字段记录图书的版次,即图书排版的次数,用来标明图书版本的重要变更。本子字段不可重复。

@b 补充版本说明

本子字段记录版本说明(@a)补充说明词语。例如某版本内的子版本区分说明、内容差别说明或版本说明的其他表示形式。本子字段可重复。

@d 并列版本说明

版本说明(@a)的另一种语言和文字形式。本子字段可重复。

@f 版本责任说明

本子字段记录版本的第一责任者说明及并列责任者说明。如序言者、题跋者、修订者。本子字段可重复。

@g 其他版本责任说明

本子字段记录对版本负有次要责任的责任说明。如加注释者等说明。本子字段可重复。

字段内容说明

本字段按照著录条例关于版本项的规定著录。编目员补充或修改的版次,应置于方括号[]内。

规定信息源

《普通图书著录规则》(GB/T 3792.2—2006)规定,本字段规定信息源为题名页、版权页。按照规定信息源选取顺序,优先选择题名页,其余版本变化在附注项说明。

著录实例

（1）版本说明的著录。

例1：

机读目录格式：

200 1#@a 无机化学@b 专著@f 党信编

205 ##@a 3 版

说明：版本说明采用数字与"版"字结合的形式出现，数字用阿拉伯数字著录，省略"第"字，形式为"×版"，初版和第一版省略不予著录。版本说明记入 205 字段@a 子字段。

版权页

例2：

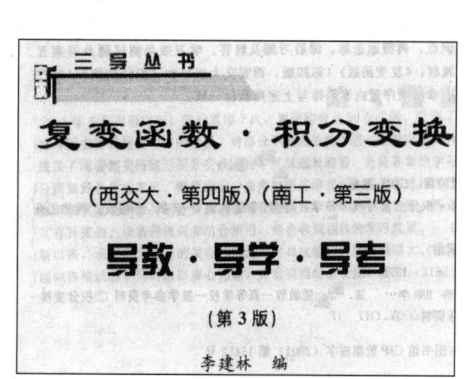

版权页

机读目录格式：

200 1#@a 范石湖集@b 专著@f（宋）范成大著
@g 富寿荪标校

205 ##@a 新 1 版

说明：新版，是指内容有小部分变动、采用了不同的装帧形式和（或）出版权转移后重新出版的图书，因此，205 字段"新 1 版"予以著录，不应省略。

例3：

机读目录格式：

200 1#@a 复变函数·积分变换（西交大·第四版）（南工·第三版）导教·导学·导考@b 专著

说明：版本说明属于题名或其他著录项目的组成部分，版本项不予重复著录。

例 4：

 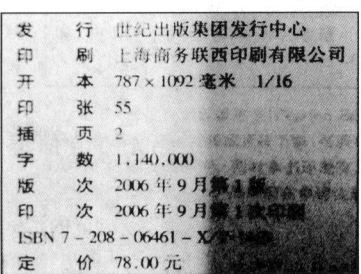

题名页　　　　　　　　　　　　版权页

机读目录格式：

200　1#@a 营销管理@b 专著@d Marketing management@f（美）菲利普·科特勒（Philip Kotler）,（美）凯文·莱恩·凯勒（Kevin Lane Keller）著@g 梅清豪译@z eng

305　##@a 据原书第 12 版译出

说明：翻译著作，题名页题"第 12 版"是指被翻译文献原文的版本，不是中文版的版次，不著录于 205 字段版本项，而在 305 字段进行附注说明。

（2）补充版本说明的著录。

例：

题名页　　　　　　　　　　　　版权页

机读目录格式：

200　1#@a 公民常用法律文书范本@h 8@b 专著@d Legal document models for citizens @h 8@f 孙林编著@z eng

205　##@a 4 版@b 修订版

说明：补充版本说明（@b）主要用于补充说明版次（@a）的。本例版本说明"4 版"取自版权页，补充版本说明"修订版"取自题名页。

（3）无版次变化但有补充版本说明的著录。

例1：

机读目录格式：

200　　1#@a 教材动态全解@i 高二政治@h 上
　　　　@b专著@f 丁永华主编

205　　##@a 修订版

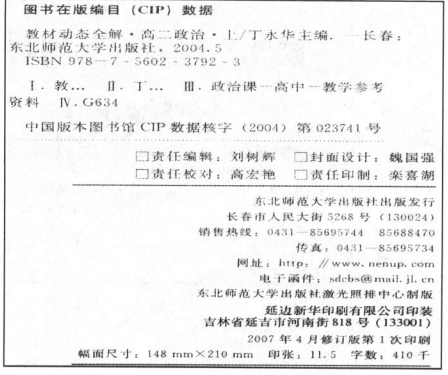

版权页

例2：

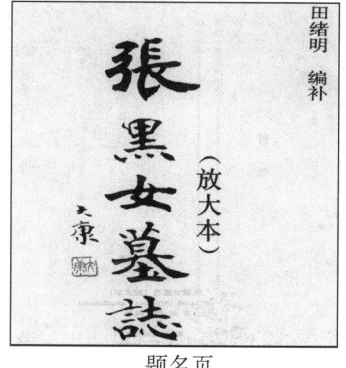

版权页

机读目录格式：

200　　1#@a 胡适词点评@b 专著@f 施
　　　　议对点评

205　　##@a 增订本

说明："@b 补充版本说明"子字段不能独立使用，一书无版次变化说明，只有补充版本说明，如"修订本""增订版"等应置于"@a 版本说明"子字段。

例3：

机读目录格式：

200　　1#@a 张黑女墓志@b 专著@f 田绪明编补

205　　##@a 放大本

题名页

例4：

题名页　　　　　　　　　　　　　版权页

机读目录格式：

200 1#@a 通晓 CAD/CAM@b 专著@d Mastering CAD/CAM@f Ibrahim Zeid 著@g 童秉
枢改编@z eng

205 ##@a 影印版

306 ##@a 英文影印版由清华大学出版社和美国格劳·希尔教育出版（亚洲）公司合作
出版

说明：文献除铅印本和胶印本不需著录外，文献的复制本、手抄本、石印本、影印本等，均著录在 205 字
段，影印说明、出版说明在附注项注明。

例5：

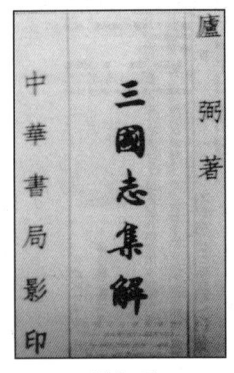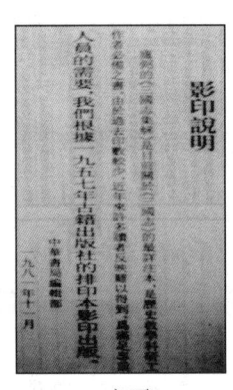

题名页　　　　　　　扉页

机读目录格式：

200 1#@a 三国志集解@b 专著@f 卢弼著

205 ##@a 影印本

305 ##@a 据一九五七年古籍出版社的
排印本影印

（4）版本责任说明的著录。

例1：

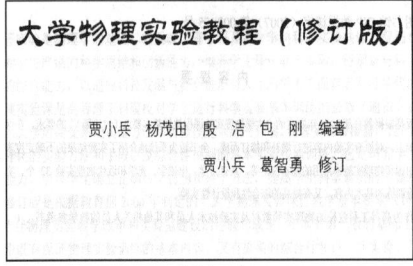

题名页　　　　　　　　　　　　　版权页

机读目录格式：

200 1#@a 大学物理实验教程@b 专著@f 贾小兵［等］编著

205 ##@a 2 版@b 修订版@f 贾小兵，葛智勇修订

说明：如果规定信息源上出现与所著录版本的再创作和一些重要补充材料相关的责任说明，记入 205 字段@f 子字段和@g 子字段。

例 2：

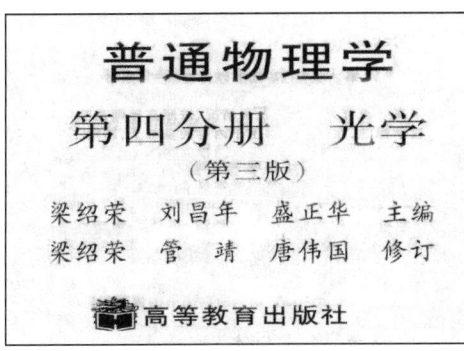

题名页

图书在版编目（CIP）数据

普通物理学. 第四分册, 光学/梁绍荣, 刘昌年, 盛正华主编. —3 版. —北京：高等教育出版社, 2005.12
ISBN 7-04-017772-2
Ⅰ. 普… Ⅱ. ①梁…②刘…③盛… Ⅲ. ①普通物理学-高等学校-教材②光学-高等学校-教材
Ⅳ. O4
中国版本图书馆 CIP 数据核字（2005）第 116704 号

出版发行	高等教育出版社	购书热线	010-58581118
社 址	北京市西城区德外大街 4 号	免费咨询	800-810-0598
邮政编码	100011	网 址	http://www.hep.edu.cn
总 机	010-58581000		http://www.hep.com.cn
		网上订购	http://www.landraco.com
经 销	蓝色畅想图书发行有限公司		http://www.landraco.com.cn
印 刷	涿州市星河印刷有限公司	畅想教育	http://www.widedu.com
		版 次	1988 年 10 月第 1 版
开 本	787×960 1/16		2005 年 12 月第 3 版
印 张	17.25	印 次	2005 年 12 月第 1 次印刷
字 数	320 000	定 价	18.00 元

版权页

机读目录格式：

200 1#@a 普通物理学@h 第四分册@i 光学@b 专著@f 梁绍荣，刘昌年，盛正华主编

205 ##@a 3 版@f 梁绍荣，管靖，唐伟国修订

（5）出现在题名页上有关图书内容特征、体裁特征和适用范围的说明文字，如通俗本、节本、缩写本、南方版、北方版、英汉对照本、少年版、图文版等，不著录于 205 字段版本项，而著录于 200 字段的@e 子字段。

例 1：

题名页

机读目录格式：

200 1#@a 呼啸山庄@b 专著@e 英汉对照@f（英）艾米莉·勃朗特（Emily Bronte）原著@g Bessie Edmond 改编@g 毛荣贵，朱琳翻译@z eng

例 2：

机读目录格式：

200 1#@a 汉代碑刻隶书选粹@e 普及本@h 三@b 专著@f 葛慕森等编

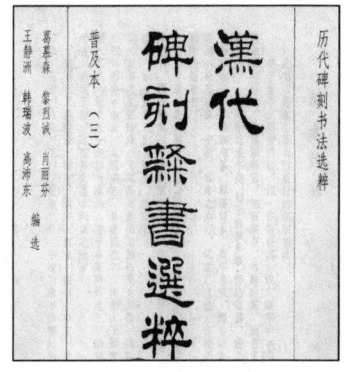

题名页

例3：

题名页

机读目录格式：

200　1#@a 词句知识大储备@b 专著@e 青少年版

（6）并列版本说明的著录。

如果规定信息源上有另一种语言和（或）文字形式的版本说明，记入 205@d 子字段。

例：

机读目录格式：

205　##@a 3 版@d 3rd ed

210　出版发行项

字段定义

本字段记录图书的出版年、出版地和出版者名称。

出版情况

选择使用，不可重复。

指示符

指示符 1：空（未定义）

指示符 2：空（未定义）

子字段

@a　出版发行地

本子字段记录图书出版者的所在地或图书的发行地。若有多个出版地或发行地时，本子字段可重复。

@b　出版发行者地址

如果出版者或发行者不太著名，可用本子字段记录其详细通讯地址，并置于圆括号内。本子字段可重复。

@c　出版发行者名称

出版发行者名称系指出版或发行该图书的出版社、机关团体或个人。当有多个出版者或发行者时，本子字段可重复。发行者名称后需在方括号内注明为［发行者］。

@d　出版发行年

本子字段记录该图书的出版发行年或版权年。若跨年出版，可著录起迄年，中间置"—"号(可著开口年)。本子字段可重复。

@e 印刷地

本子字段记录该图书的印刷地。可重复。

@g 印刷者名称

本子字段记录该图书的印刷者名称。可重复。

@h 印刷年

本子字段记录该图书的印刷年。可重复。

规定信息源

《中国文献编目规则(第二版)》《普通图书著录规则》(GB/T 3792.2—2006)规定,版权页、题名页为本字段规定信息源。

著录实例

1. 出版地或发行地

(1)出版地或发行地是指规定信息源所载出版者或发行者所在的城市名称。其后不著录"市"字样。同时载有出版地和发行地,只著录出版地,不需著录发行地。

例:

机读目录格式:

210　　##@a 哈尔滨@c 黑龙江科学技术出版社@d 2007

数码旅游摄影手册

黄晓娟　吕东诗　著

出 版	黑龙江科学技术出版社
	(150001　哈尔滨市南岗区建设街 41 号)
	电话 (0451) 53642106 电传 53642143 (发行部)
印 刷	辽宁印刷集团美术印刷厂
发 行	全国新华书店
开 本	889×1194　1/32
印 张	5
字 数	120 000
版 次	2007 年 3 月第 1 版　2007 年 3 月第 1 次印刷
印 数	1—4000
书 号	ISBN 978-7-5388-5288-2/TB·117
定 价	30.00 元

版权页

(2)规定信息源载有两个出版地或发行地应一并著录。三个及以上出版地或发行地按规定信息源所题顺序著录第一个出版地或发行地,后加[等],其余在 306 字段出版发行附注说明。

例1:

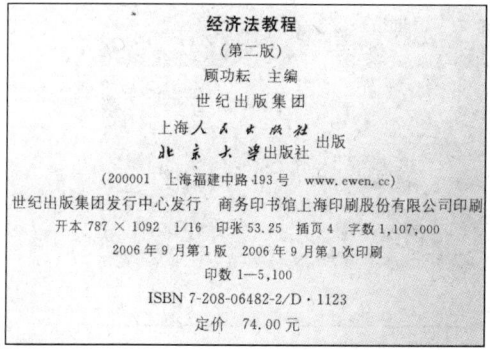

经济法教程
(第二版)
顾功耘　主编
世纪出版集团
上海人民出版社
北京大学出版社 出版
(200001　上海福建中路 493 号　www.ewen.cc)
世纪出版集团发行中心发行　商务印书馆上海印刷股份有限公司印刷
开本 787×1092　1/16　印张 53.25　插页 4　字数 1,107,000
2006 年 9 月第 1 版　2006 年 9 月第 1 次印刷
印数 1—5,100
ISBN 7-208-06482-2/D·1123
定价 74.00 元

版权页

机读目录格式:

210　　##@a 上海@c 上海人民出版社@a 北京@c 北京大学出版社@d 2006

例2：

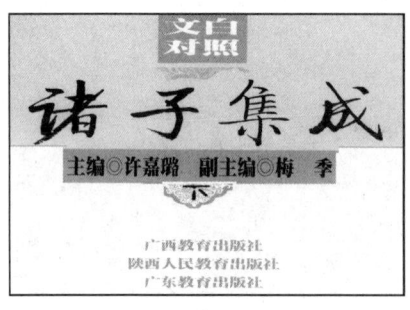

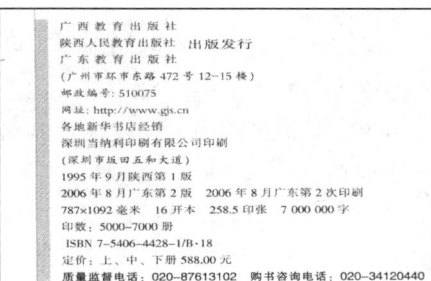

题名页   版权页

机读目录格式：

210 ##@a 南宁［等］@c 广西教育出版社［等］@d 2006

306 ##@a 出版者还有:陕西人民教育出版社、广东教育出版社

（3）图书未载明出版地,应将考证所得出版地著录在方括号内;属于推测著录的出版地,其后加问号,并置于方括号内。具体的出版发行地不详,可著录所在省名或国名。无法推测或考证,在方括号内注明"出版地不详"字样。

例1：

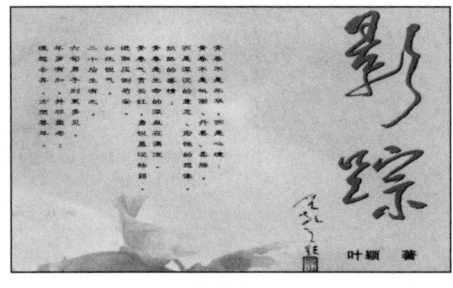

题名页

机读目录格式：

200 1#@a 影踪@b 专著@f 叶颖著

210 ##@a［北京］@c［作者自费出
版］@d［2002?］

说明:在编文献无版权页,未载明出版地,北京为考证所得出版地,故著录在方括号内。

例2：

封面   封底

机读目录格式：

200 1#@a 中国·沈阳@b 专著@d Shenyang China@f 沈阳市人民政府新闻办公室［编］
@z eng

210 ##@a［北京？］@c 新星出版社@d［199－？］

说明：在编文献无版权页、题名页，出版地为推测著录，其后加问号，并置于方括号内。

例3：

机读目录格式：

200 1#@a 李贺歌诗愚解稿@b 专著@f 耿仲琳编著

210 ##@a［出版地不详］@c［出版者不详］@h 2005

说明：在编文献为非正式出版物，无版权页，出版信息无从查考。

李贺歌诗愚解稿

耿仲琳　编著

2005 年 5 月印制

题名页

例4：

错婴恋曲
BOTH OF THEM

原　著：	蕾贝佳·温德斯（Rebecca Winters）
译　者：	墨菡芳
出　版：	现代出版社·禾林图书股份有限公司合作出版
	（北京安外 安华里 504 号 邮编100011）
责任编辑：	张俊国
印　刷：	煤炭工业出版社印刷厂
经　销：	各地新华书店
开　本：	787×1092 1/32 6 印张
版　次：	1996 年 1 月第一版 1996 年 1 月第一次印刷
印　数：	25000 册

Harlequin©，禾林，及 Joey Device（谐角图样）商标为加拿大哈利屋恩恩实业有限公司注册所有。

非经著作权人同意，任何人不得重制、抄袭或转载本书全部或部份内容，或为其他侵害著作权人之行为。

本书情节、人物皆属虚构，如有雷同，纯属巧合。

书　号：	ISBN7－80028－300－3/I·064
定　价：	6.20 元

版权页

机读目录格式：

210 ##@a 北京@c 现代出版社@a 加拿大@c 禾林图书股份有限公司@d 1996

说明：禾林图书股份有限公司具体出版地不详，著录所在国为加拿大。

（4）不为人们熟知或重名的出版地、发行地，应在其后附加所属上级行政区划名称（如省名、国名等）。取自规定信息源的附加名称著录在圆括号内，取自其他信息源的则著录在方括号内。

例：

机读目录格式：

210 ##@a 西安［吉林省］（此例"西安"隶属吉林省）

注意事项：

● 规定信息源所载出版、发行地有误，依原样照录，同时在306 字段出版发行附注说明。

例：

机读目录格式：

210 ##@a 上海@c 人民出版社

306 ##@a 出版地"北京"，误题"上海"

● 出版地或发行地有多种文字，著录与正题名文种相同的出版地或发行地。若这一规定不适用，按规定信息源所载版式或顺序著录最显著或第一个出版地或发行地。

2. 出版者或发行者

（1）出版者或发行者著录于出版地之后，著录于@c 子字段。规定信息源同时载有出版者或发行者,只著录出版者,不著录发行者。

例:

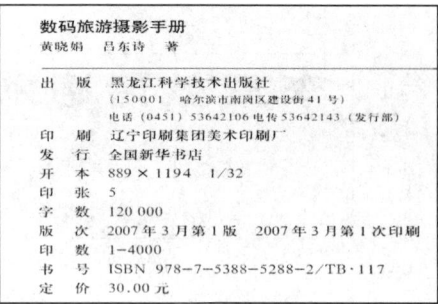
版权页

机读目录格式:

210 ##@a 哈尔滨@c 黑龙江科学技术出版社@d 2007

(2)规定信息源载有两个出版者或发行者,应著录于各自出版地或发行地之后,重复使用@a、@c 子字段。

例1:同一出版地,不同出版社

题名页　　　　　　　　　版权页

机读目录格式:

210 ##@a 北京@c 清华大学出版社@c 北京交通大学出版社@d 2006

例2:不同出版地,不同出版社

机读目录格式:

102 ##@a CN@b 110000@a DE

210 ##@a 北京@c 北京大学出版社

@a 柏林@c 乌特·席勒出版社

@d 1992

版权页

(3)载有三个及以上出版者或发行者,根据规定信息源版式或顺序著录最显著的一个或第一个,其余在附注项说明。

例：

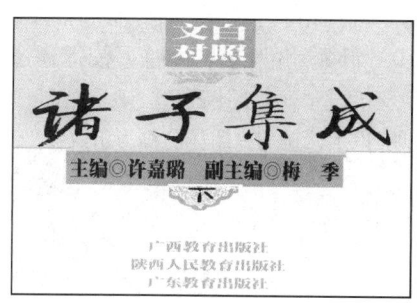

| 题名页 | 版权页 |

机读目录格式：

102　##@a CN@b 450000@b 610000@b 440000

210　##@a 南宁［等］@c 广西教育出版社［等］@d 2006

306　##@a 出版者还有：陕西人民教育出版社、广东教育出版社

说明：在编文献出版地、出版者为三个，只著录一个，其后加"［等］"字。

（4）图书未载明出版者或发行者，应注明"出版者不详"字样，并置于方括号内。

例：

机读目录格式：

200　1#@a 筠楼稿存@b 专著@f 刘正华著

210　##@a 武汉@c ［出版者不详］@d 2005

说明：在编文献无版权页，所有著录信息均取自题名页。

题名页

（5）出版者或发行者为机关团体。

例1：

题名页

版权页

机读目录格式：

210　##@a 北京@c 世界华侨华人社团联合总会@d 2006

例2：

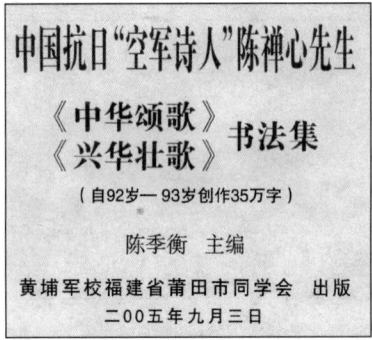

题名页

机读目录格式：

210　##@a 莆田@c 黄埔军校福建省莆田市同学会@d 2005

说明：以上两例均以团体名称为出版者。

（6）出版者或发行者为个人。

例：

机读目录格式：

210　##@a［台湾］@c 许文权［发行者］@d 2004

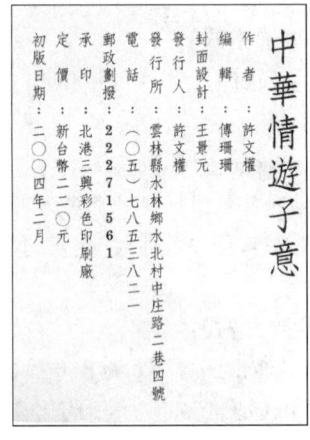

版权页

（7）生活·读书·新知三联书店的著录。

例：

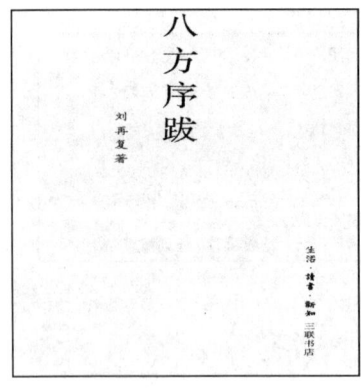

题名页

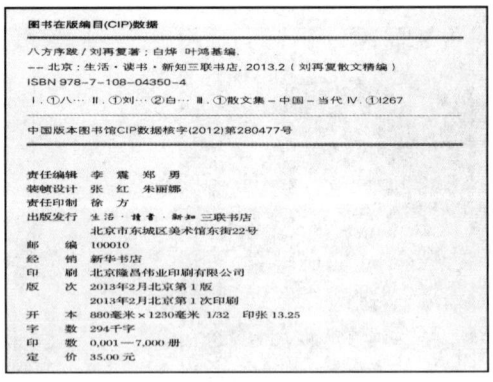

版权页

机读目录格式：

210　##@a 北京@c 生活·读书·新知三联书店@d 2013

说明：出版社名称一般按照规定信息源上所载形式著录，有全称时，不使用简称。

（8）规定信息源出现"出版集团""出版中心"字样时，如有下属实体出版机构，只需著录出版机构实体（标准书号所对应的出版社名称）。

例1：

机读目录格式：

210 ##@a 北京@c 化学工业出版社@d 2006

说明："工业装备与信息工程出版中心"非出版机构实体，不予著录。

版权页

例2：

版权页

机读目录格式：

210 ##@a 北京@c 化学工业出版社@d 2006

说明："职业教育教材出版中心"非出版机构实体，不予著录。

例3：

机读目录格式：

210 ##@a 北京@c 化学工业出版社@d 2006

说明："材料科学与工程出版中心"非出版机构实体，不予著录。

版权页

（9）规定信息源出现"出版集团""出版中心"字样时，如无下属实体出版机构，需著录出版中心或出版集团。

例：

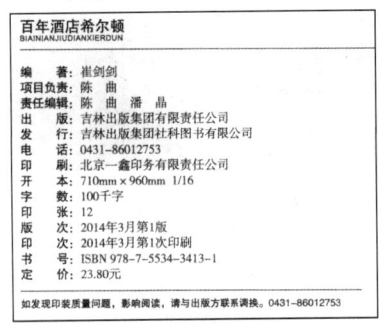

版权页

机读目录格式：

210　　##@a 长春@c 吉林出版集团有限责任公司@d 2014

（10）图书未载明出版者可著录发行者，并在其后注明"发行者"字样，置于方括号内。

例：

机读目录格式：

210　　##@a［台湾］@c 许文权［发行者］@d 2004

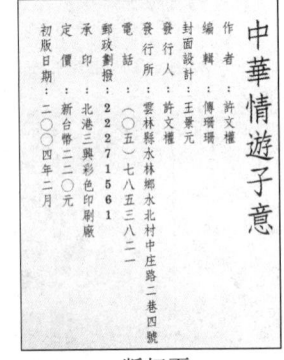

版权页

（11）规定信息源所载出版者或发行者有多种文字，著录与正题名文种相同的出版者或发行者。

例：

题名页

机读目录格式：

200　　1#@a 实用软件工程@b 专著@f 赵池龙，杨林，孙伟编著

210　　##@a 北京@c 电子工业出版社@d 2006

说明：在编文献出版者有中文、英文两种文字，著录与正题名语种——汉语相同的出版者。

注意事项：

规定信息源所载出版、发行者有误，则按照信息源所载形式客观著录，并在 306 字段出版发行附注说明。

例：

机读目录格式：

210 ##@a 北京@c 华天出版社

306 ##@a 出版者应为：华文出版社

3. 出版年或发行年

（1）出版年或发行年著录于出版者或发行者之后，用@d 子字段标识。有出版年不需著录发行年，并省略"年"字。

例：

机读目录格式：

210 ##@a 天津@c 天津教育出版社@d 2006

> **别停下生命的脚步**
>
> | 责任编辑 | 田昕 王轶冰 |
> | --- | --- |
> | 装帧策划 | 先知先行 |
>
> | 作 者 | 艾柯 |
> | --- | --- |
> | 出版发行 | 天津教育出版社 |
> | | 天津市和平区西康路 35 号 |
> | | 邮政编码 300051 |
> | 经 销 | 全国新华书店 |
> | 印 刷 | 河北省三河市南阳印刷有限公司 |
> | 版 次 | 2006 年 5 月第 1 版 |
> | 印 次 | 2006 年 7 月第 2 次印刷 |
> | 规 格 | 32 开（787×1092 毫米） |
> | 字 数 | 180 千字 |
> | 印 张 | 8 |
> | 书 号 | ISBN 7-5309-4670-6/I·185 |
> | 定 价 | 18.80 元 |
>
> 版权页

（2）用公元纪年表示的出版年一律用阿拉伯数字著录，若非公元纪年，依原样照录，在其后注明相应的公元纪年，并置于方括号内。非公元纪年换算公元纪年方法如下：

民国年＋1911＝公元纪年

宣统年＋1908＝公元纪年

（日）昭和年＋1925＝公元纪年

例：

机读目录格式：

210 ##@a 汉口@c 战时戏剧丛书社@d 民国二十七年［1938］

说明：民国二十七年转换成公元纪年需加"1911"，故方括号内为［1938］。

（3）图书未载明出版年，可著录发行年或版权年，并在其后注明"发行"或"版权"字样，置于方括号内。

例：

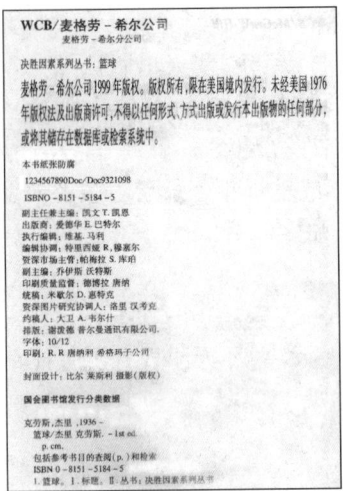

题名页　　　　　　　　　　　　版权页

机读目录格式：

210　##@a 北京@c 北京体育大学出版社@d 1999［版权］

（4）若图书出版年、发行年、版权年等均未载明，可著录推测年代，后加问号，置于方括号内，形式为"［推测年代＋？］"，如［2007？］或［200－？］。如无法推测或考证，可注明"出版年不详"字样，并置于方括号内。

例1：

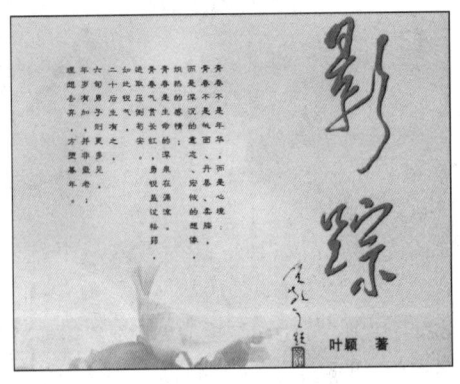

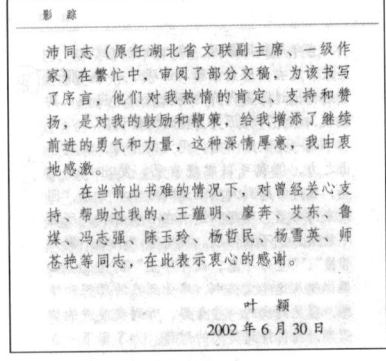

题名页　　　　　　　　　　　　后记

机读目录格式：

210　##@a［北京］@c［作者自费出版］@d［2002？］

说明：在编文献后记落款为 2002 年，故推测出版年可能为 2002 年。

例2（图略）：

机读目录格式：

200　1#@a 沈阳赋@b 专著@f 李仲元撰并书

210　##@a 沈阳@c《中国艺术家》杂志社辽宁编辑部@d［200－？］

说明：在编文献无版权页，出版年代为推测，后加问号，置于方括号内。

例3:

机读目录格式:

210 ##@a［出版地不详］@c［出版者不详］
　　　@d［出版年不详］

说明:在编文献为非正式出版物,无版权页,出版年无从查考。

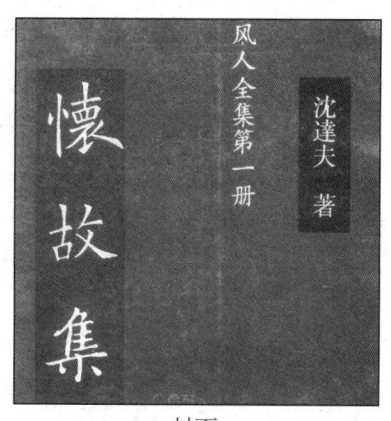

封面

（5）多卷（册）图书,其各卷（册）出版年不相同时,应著录最初及最终出版年,其间用连字符连接。正在出版的多卷（册）图书,只著录第一卷或首次出版年,其后用连字符表示。

例:

茅盾全集 （第一卷） 人民文学出版社出版 新华书店北京发行所发行 北京新华印刷厂印刷 1984年北京第1版 1984年北京第1次印刷	茅盾全集 第二十二卷 人民文学出版社出版 新华书店北京发行所发行 北京市人民文学印刷厂印刷 1993年北京第1版 1993年北京第1次印刷 ISBN 7-0 2-001561-1/Z·128 定价 8.30 元
版权页	版权页

机读目录格式:

200 1#@a 茅盾全集@b 专著

210 ##@a 北京@c 人民文学出版社@d 1984 – 1993

注意事项:

规定信息源所载出版年有误,应依原样照录,并在306字段出版发行附注说明正确出版年。

4. 印刷地、印刷者、印刷年

（1）图书的出版、发行事项不详,可著录印刷地（@e）、印刷者（@g）、印刷年（@h）。当印刷年与出版年相同时,印刷年不予著录。

例:

沈河大事记
沈阳市第二市政印刷厂 （沈河区文翠路四十三号） 字数: 190,000字　　开本: 大32开 印张: 7.5　　　　印数: 300本 1993年12月第一版　1993年12月第一次印刷 辽沈出临图字〔1993〕第106号
版权页

机读目录格式:

210 #@a［出版地不详］@c［出版者不详］@d 1993@e 沈阳@g 沈阳市第二市政印刷厂

（2）图书已载明出版、发行事项，又有必要著录印刷事项时，可依次著录。

例1：

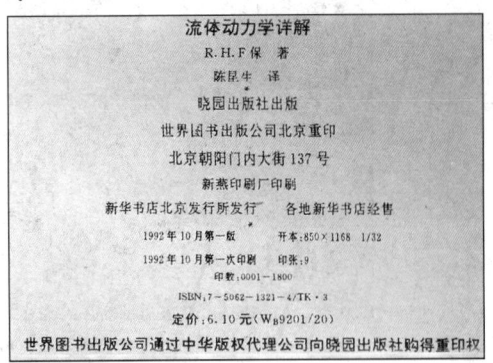
版权页

机读目录格式：

210 ##@a 台北@c 晓园出版社@d 1992@e 北京@g 世界图书出版公司

例2：

题名页

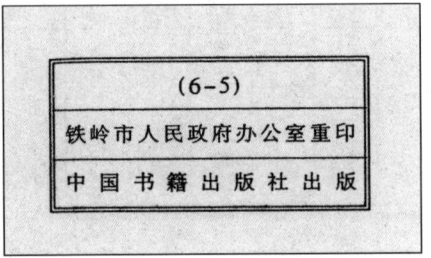
版权页

机读目录格式：

210 ##@a［北京］@c 中国书籍出版社@d 民国二十二年［1933］@e 铁岭@g 铁岭市人民政府办公室@h［重印年不详］

说明：图书已载明出版、发行事项，又有必要著录印刷事项时，印刷事项著录于出版发行事项之后，即记入@e、@g 子字段。本例为一出版社重印另一出版社的图书，先著录原出版者，后著录重印者。

（3）跨年度印刷和重印的图书，应著录印刷年和重印年，后加"印"和"重印"。

例1：

机读目录格式：

210 ##@a 北京@c 人民文学出版社@d 1993@h 2006 印

说明：在编文献为 2006 年第 1 次印刷，非重印。

往事与随想
Wang Shi Yu Sui Xiang
〔俄〕赫尔岑 著
项星耀 译

人民文学出版社出版
http://www.rw-cn.com
北京市朝内大街 166 号 邮编：100705
北京铭成印刷有限公司印刷 新华书店经销
字数 1329 千字 开本 880×1230 毫米 1/32 印张 47.875 插页 3
1993 年 5 月北京第 1 版 2006 年 9 月第 1 次印刷
印数 1—8000
ISBN 7-02-005472-2
定价 77.00 元
版权页

例2：

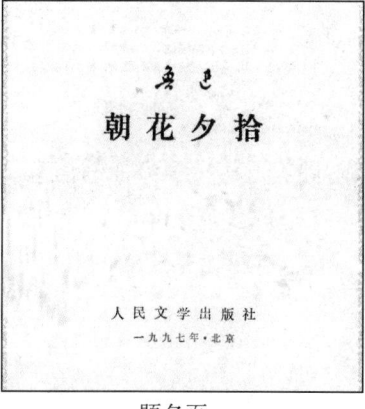

题名页　　　　　　　　版权页

机读目录格式：

210　##@a 北京@c 人民文学出版社@d 1979@h 1997 重印

说明：在编文献版权页题为1997年第5次印刷，可著录为"重印"。

(4)版权页只题有印刷年，未题出版年，可按下例方法处理。

例1：

机读目录格式：

210　##@a 哈尔滨@c 黑龙江科学技术出版社
　　　@d［2003］@h 2006 重印

说明：版权页只有印刷年，应记入@h 子字段，出版年是笔者通过网上查考补充的，所以应著在[ ]内。

例2：

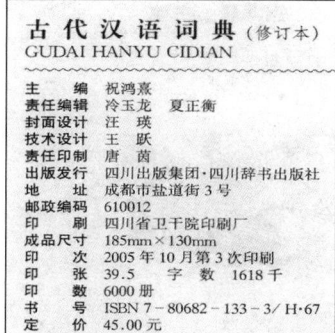

版权页

机读目录格式：

210　##@a 成都@c 四川辞书出版社@h 2005
　　　重印

说明：版权页只有印刷年，出版年无从查考时，直接著录印刷年@h 子字段。

215　载体形态项

字段定义

本字段记录在编文献的数量及其单位标识、尺寸、附件等形态特征方面的信息。

出现情况

选择使用,可重复。

指示符

指示符 1:空(未定义)

指示符 2:空(未定义)

子字段

@a　文献数量及特定文献类型标识

本子字段记录特定文献类型的名称、数量和单位,如图书和印刷乐谱的页数、卷册数,印刷乐谱的音乐表演说明等。可重复。

@c　其他形态细节

本子字段记录其他子字段之外的文献载体形态数据,如图书上出现的各种图表或其他物理细节等。不可重复。

@d　尺寸

本子字段记录文献的线性尺寸和/或与使用该文献有关的设备的尺寸规格,如图书的物理尺寸大小。可重复。

@e　附件

本子字段记录分离于文献主体部分并辅助主件使用的附加资料,如图书中附的图表张册、实物盘片等。可重复。

字段内容说明

本字段的数据应该按照著录条例关于载体形态项的规定著录。对于中文图书书目记录,建议本字段为必备。

规定信息源

整部图书及附件。

著录实例

1. @a 文献数量及特定文献类型标识的著录

数量指图书的页数、卷(册)数等,用阿拉伯数字著录;数量单位选择合适的术语,如页、叶、张、幅、册等。特定文献类型标识如函套、卷轴、文件夹等。

（1）单册书一般只记页数而不记册数。

例1：

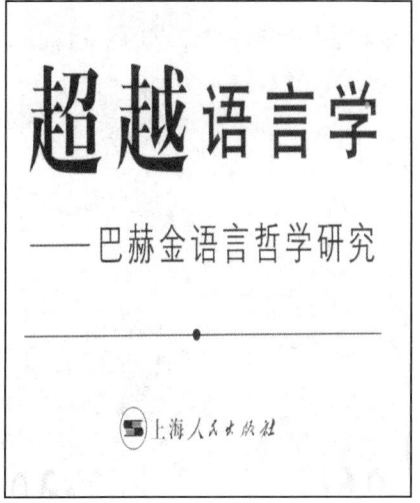

机读目录格式：

215　##@a 246 页@d 21cm

例2：

机读目录格式：

215　##@a 271 页@c 图表@d 26cm

说明：《机械设计手册:单行本》为一套多卷书，"齿轮传动"为其分卷书名,目次页显示该分卷为本套书的第16篇。该书页数显示为"16—271"页,"16"为"第16篇",是本书的篇次,著录时不予著录。

（2）当图书无编页或编页混乱无法记页时，则著录为"1 册"。

例1：

机读目录格式：

215　##@a 1 册@c 照片@d 18×18cm

说明：本例中该书无页码。

例2：

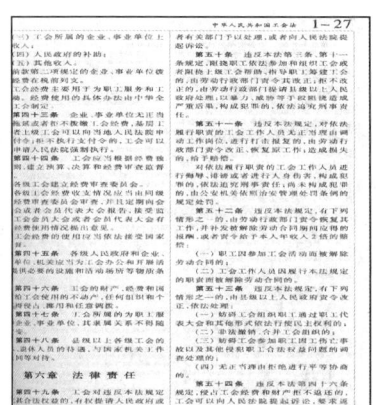

机读目录格式：

215　##@a 1 册@d 19cm

说明：本例中该书页码混乱。

（3）多卷（册）图书综合著录，各分卷（册）连续编页时，先著录总册数，后著录总页数，并将总页数置于圆括号内。圆括号为单字节。

例1：

机读目录格式：

215 ##@a 2 册(287 页)@d 24cm@e 1 光盘

说明：该书分为上、下卷，著录为 2 册，有总页数。

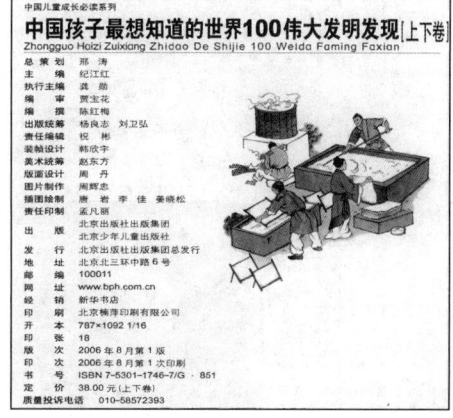

例2：

机读目录格式：

215 ##@a 4 册(53,2286 页)@d 21cm

说明：该书为多卷书，有总页数。总页数含正文前的页数"53"。

例3：

机读目录格式：

215 ##@a 6 册(4155 页)@c 图,肖像@d 21cm

说明：该书为多卷书，有总页数。

(4)多卷(册)图书综合著录,各分卷(册)单独编码时,在总册数后的圆括号内依次著录各册页数,中间用";"隔开。若多卷(册)图书的分卷(册)超过三册时,不需著录页码,只需著录总册数。

例1：

书名	蒋介石研究（上、下）
作者	台湾 李敖
出版	中国友谊出版公司
发行	中国友谊出版公司
经销	新华书店
印刷	北京京华印刷制版厂
规格	635×965毫米 16开本
	65印张 680千字
版次	2006年9月第1版
印次	2006年9第1次印刷
书号	ISBN 7-5057-2216-6/C·331
定价	78.00元

机读目录格式：

215 ##@a 2 册(493;524 页)@c 照片@d 23cm

说明：该书为多卷书，各册单编页码。

例2：

机读目录格式：

215 ##@a 3 册(377;337;398 页)@d 24cm

说明：该书为多卷书，各册单编页码。

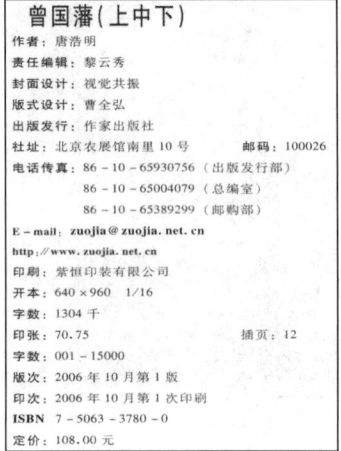

例3：

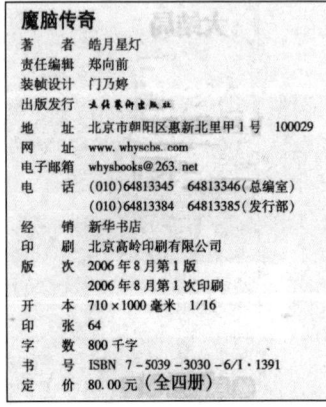

机读目录格式：

215 ##@a 4 册@d 24cm

说明：多卷书整套著录，各册均单编页码，超过三册，仅著录总册数。

（5）多卷（册）图书分散著录，只著录各卷（册）页数。各卷（册）页数与整套图书连续编码时，著录其起讫页码，起讫页码之间使用连字符"－"。

例：

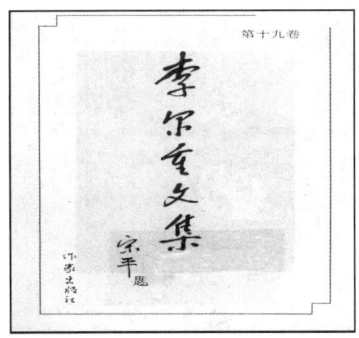 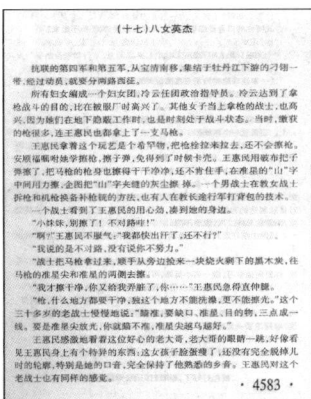 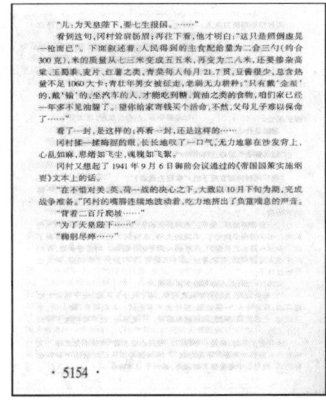

正文第一页	正文最后一页

机读目录格式：

215 ##@a 4583 – 5154 页@c 照片@d 21cm

（6）如果正文前后单编页码，当页数超过 10 页，且较重要时，应依次著录正文前页数、正文页数、正文后页数，中间用"，"分隔，其中"，"为半角。

例1：

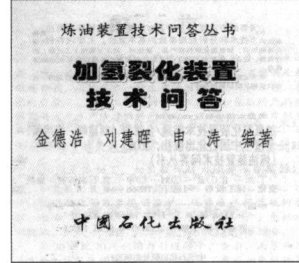 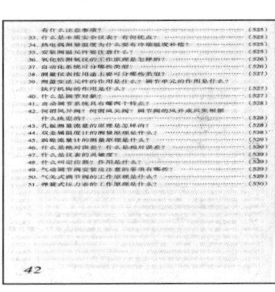 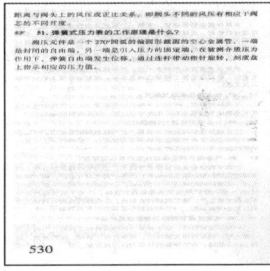

正文前页数	正文页数

机读目录格式：

215 ##@a 42,530 页@d 21cm

例2：

 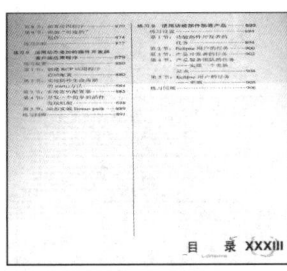 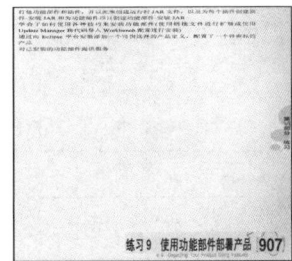

正文前页数	正文页数

机读目录格式：

215 ##@a 33,907 页@d 26cm@e 1 光盘

说明：正文前单编页码，正文前的页数为罗马数字——XXXⅢ，应改为阿拉伯数字著录。

例3：

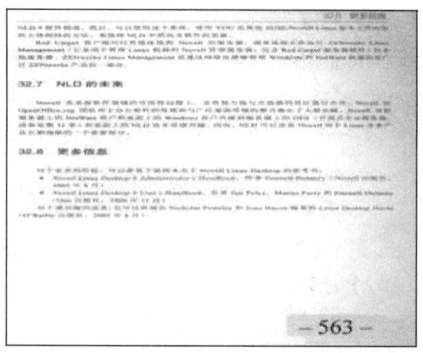

正文前页数1

正文前页数2

正文页数

机读目录格式：

215 ##@a 11,17,563 页@d 26cm

说明：正文前划分为两部分，均单编页码。

例4：

译本序2页(正文前)

目录3页(正文前)

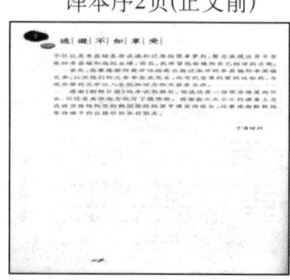

推荐辞10页(正文前)

前言4页(正文前)

正文页数(219页)

机读目录格式：

215 ##@a［19］,219 页@d 23cm

说明：正文前共分为 4 个部分,均单编页码,著录时可将其相加,著录其总页数,并用方括号括起。

例5：

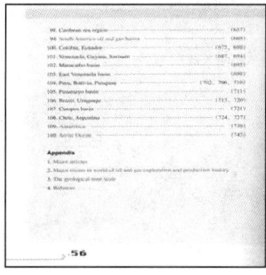
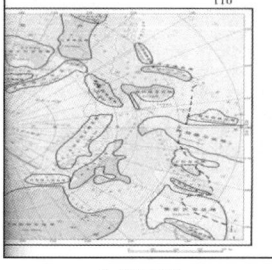
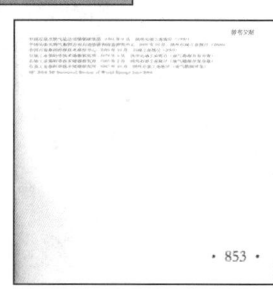

上册正文前页数　　　　　上册页数　　　　　下册页数

机读目录格式：

215 ##@a 2 册(56,110;853 页)@c 照片,地图,肖像@d 29cm

说明：本书正文前页码与正文页码用",",间隔。本书上下册单编页码,中间用";"间隔。

例6：

正文前页数

正文页数　　　　　　　　　正文后页数

机读目录格式：

215 ##@a 11,212,58 页@d 24cm

说明：正文前、正文后均单编页码。

（7）合订著作，页数连续编码，著录总页数。

例：

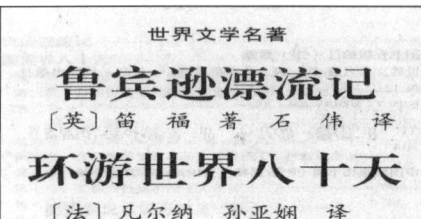

机读目录格式：

215　##@a 363 页@d 20cm

说明：该书为两部著作合订，连续编页。

（8）合订著作，分编页码，页数应依次著录，中间用"，"分隔。三部以上著作合订，则著录为 1 册。

例：

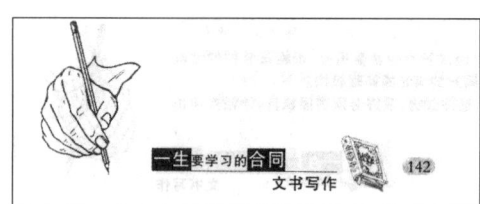

机读目录格式：

215　##@a 202，142 页@d 21cm

说明：该书为两部著作合订，均单独编页。

（9）未装订的散页图书或分册出版的另装函图书，除著录页数或册数外，应注明函数，并置于圆括号内。

例：

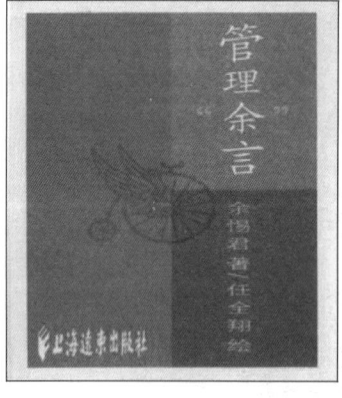
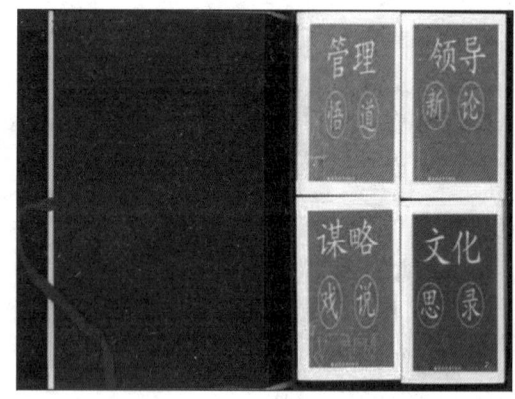

函套题名　　　　　　　　　　1函4册

机读目录格式：

200　1#@a 管理"余"言@b 专著@f 余惕君著@g 任全翔绘

215　##@a 4 册（1 函）@d 23cm

307　##@a 函套内 4 册（11cm）

327　1#@a 谋略戏说@a 领导新论@a 文化思录@a 管理悟道

（10）原书分数册出版，后合订为 1 册出版，将原订册数置于圆括号内。

例：

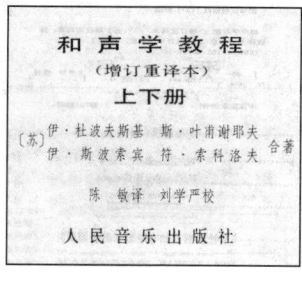
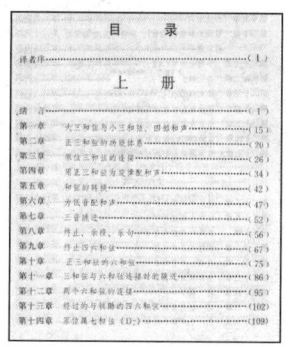
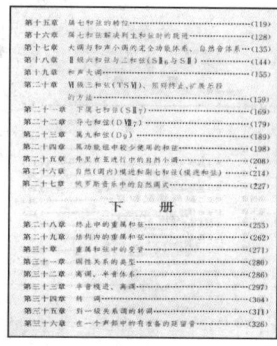

机读目录格式：

215　##@a 570 页（原订 2 册）@d 20cm

说明：此书原分 2 册出版，后合订为 1 册出版，将原订册数置于圆括号内。

（11）图书页码仅有一面印刷或虽两面印刷却双面仅标有一个共同数码的著录方法。

例：

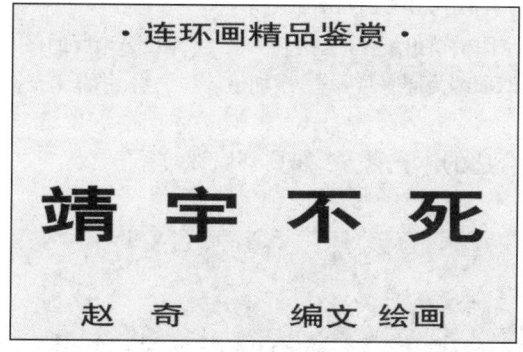

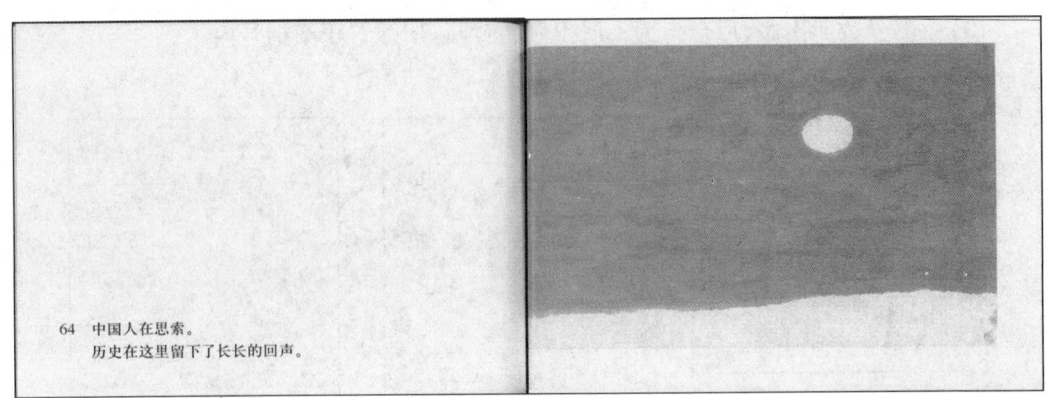

64　中国人在思索。
历史在这里留下了长长的回声。

此种情况有两种著录方法：

机读目录格式之一：

215　　##@a 64 叶@d 20×22cm

说明：2000 年 8 月由华艺出版社出版的《中文图书机读目录格式使用手册》指出，书中纸张两面印刷的著录为页数，只有一面印刷的或虽两面印刷却双面仅标一个共同数码的（类似古籍）著录为叶数。

机读目录格式之二：

215　　##@a［2×64］页@d 20×22cm

说明：2005 年 4 月由北京图书馆出版社（今国家图书馆出版社）出版的《中国文献编目规则（第二版）》指出，页数按单面编码计算；双面编为同一页码者，应加倍计算页数，并置于方括号内。单面印刷，一面空白的图书，其页数不加倍计算。

（12）数量单位选择合适的术语著录，如页、叶、张、幅、册等。

例：

机读目录格式:

215　　##@a 14 幅@d 14×38cm

注意事项:

• 图书页数有印刷错误,应依原样照录,将更正后的页数著录在载体形态附注 307 字段(例1)。

• 图书中每一页有多栏时,按栏编号而不是按页编号,著录总栏数,同时在附注项说明每页的栏数(例2)。

• "图版"著录于 215 字段@a 子字段的末尾,没有标注出页码的图版,要数出页数,并置于方括号内(例3)。

例1:

机读目录格式:

215　　##@a 218 页@d 21cm

307　　##@a 图书实际页数为 213 页

例2:

机读目录格式:

215　　##@a 632 栏@d 26cm

307　　##@a 每页 2 栏

例3:

机读目录格式:

215　　##@a 399 页,105 页图版@d 26cm

215　　##@a 257 页,[30 页]图版@d 21cm

2. @c 其他形态细节的著录

(1)书中有图。

例:

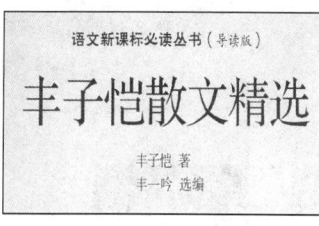

图　　　　　　　　　图

机读目录格式:

215　　##@a 259 页@c 图@d 20cm

（2）书中有照片。

例：

照片

机读目录格式：

215　　##@a 138 页@c 照片@d 19cm

（3）书中有照片和图。

例：

照片　　　　　　　　　图

机读目录格式：

215　　##@a 190,178 页@c 照片,图@d 20cm

说明：照片和图之间用全角逗号。

（4）书中有剧照。

例：

剧照　　　　剧照

机读目录格式：

215　　##@a 185 页@c 剧照@d 26cm

（5）书中有折图。

例：

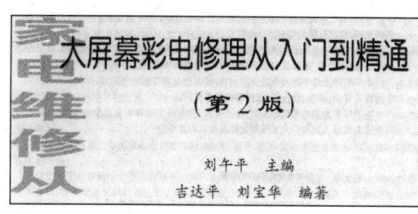

机读目录格式：

215　　##@a 11,327 页@c 折图
　　　　@d 26cm

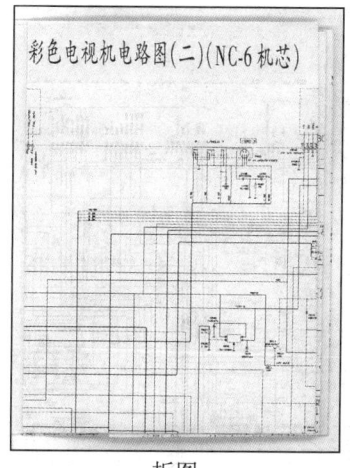

折图

（6）书中有附图。

例：

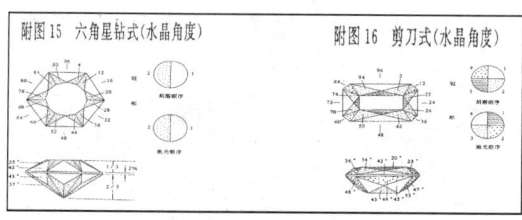

附图

机读目录格式：

215　　##@a 126 页@c 附图@d 26cm

说明:附图是指出现在图书正文后的图,而非附件。附件是与图书紧密相关而物理上分离的附属部分。

（7）书中有图、地图。

例：

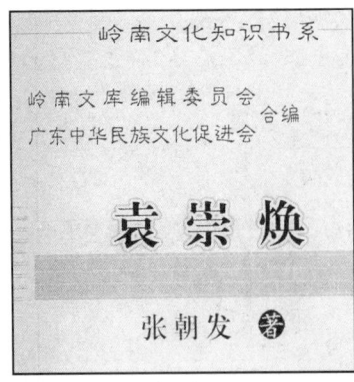

图

图

地图

机读目录格式：

215　　##@a 117 页@c 图，地图@d 21cm

（8）书中有肖像、图。

例：

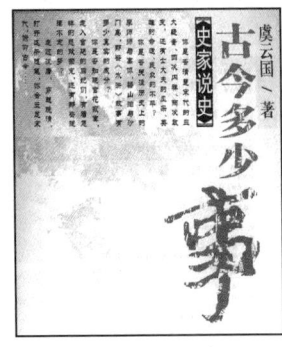

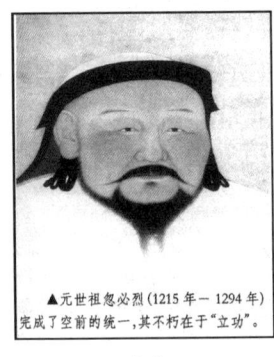

肖像

肖像

图

图

机读目录格式：

215　##@a 240 页@c 肖像，图@d 24cm

（9）书中有肖像、照片。

例：

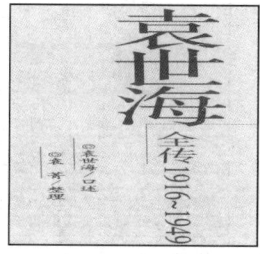

肖像

照片

照片

机读目录格式：

215　##@a 502 页@c 肖像，照片@d 25cm

（10）书中有表格。

例：

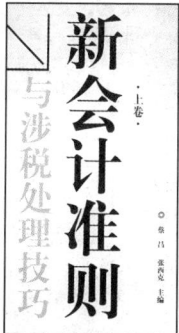
表格

机读目录格式：

215　##@a 2 册（728 页）@c 表格@d 26cm

（11）书中有图又有表。

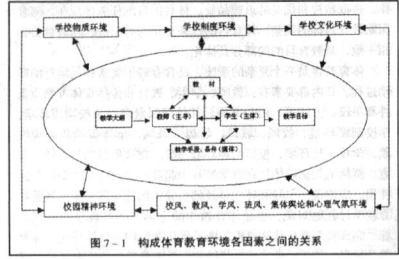

图表

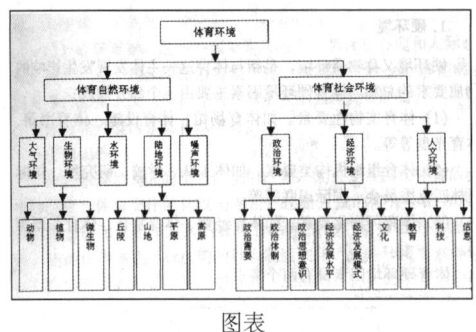

图表

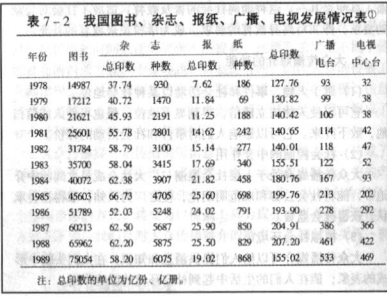

表格

机读目录格式：

215　##@a 326 页@c 图表@d 20cm

（12）书中有照片及图表。

例：

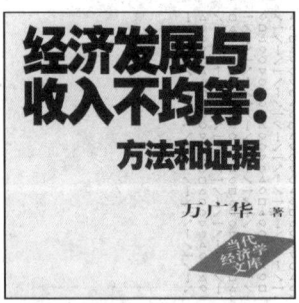

照片

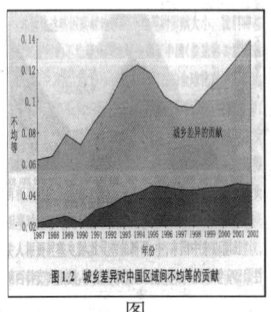

图

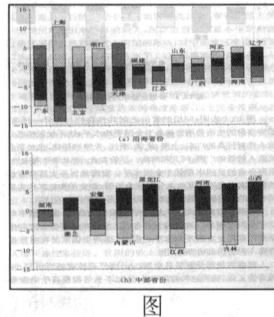

图

表格

机读目录格式：

215 ##@a 366 页@c 照片,图表@d 21cm

(13)书中有图且连续编页。

例:

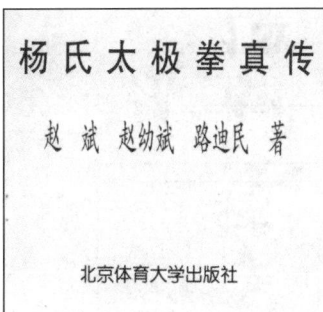
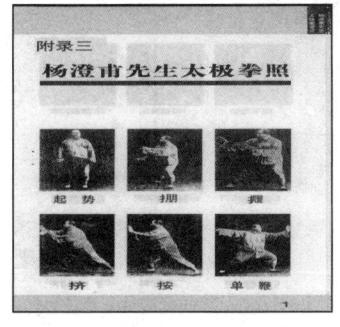
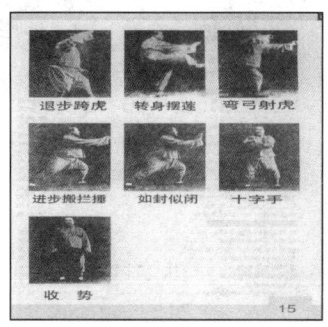

照片　　　　　　　　　照片

机读目录格式：

215 ##@a 352 页@c 照片(15 页)@d 20cm

(14)书中有图版(特殊情况)。

例:

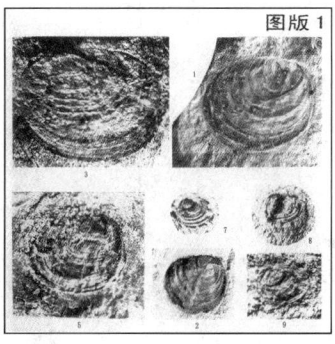

图版　　　　　　　　　图版

机读目录格式：

215 ##@a 399 页,105 页图版@d 26cm

说明:"图版"著录于 215 字段@a 子字段的末尾,没有标注出页码的图版,要数出页数,并置于方括号内。如:215 ##@a 257 页,[30 页]图版@d 21cm。

注意事项:

(1)自然科学图书,除文字部分外,同时采用一些图来配合说明其内容,这些图不必著录。

例1:

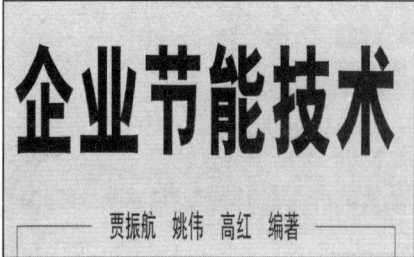

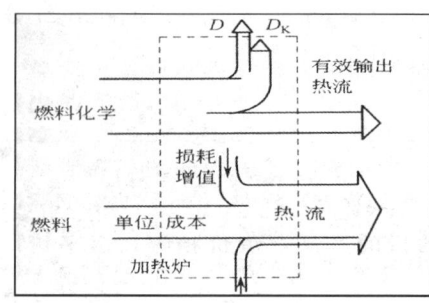

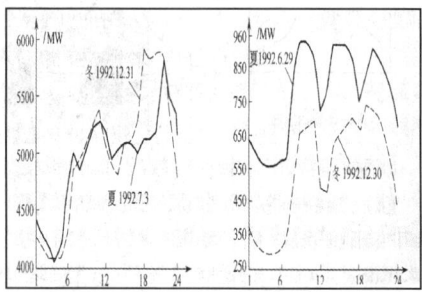

机读目录格式:

215　##@a 495 页@d 24cm

例2:

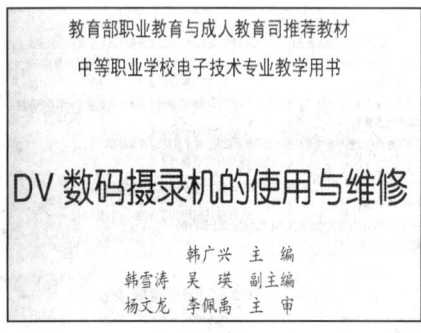

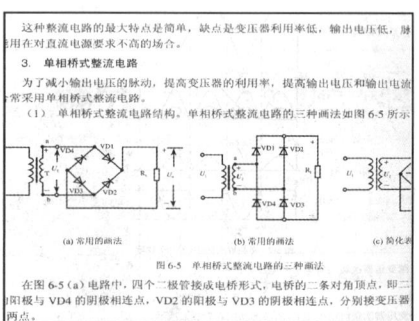

机读目录格式:

215　##@a 273 页@d 26cm

(2)自然科学图书中的图并非一概不予著录,以下情况,则可以著录。

例1:

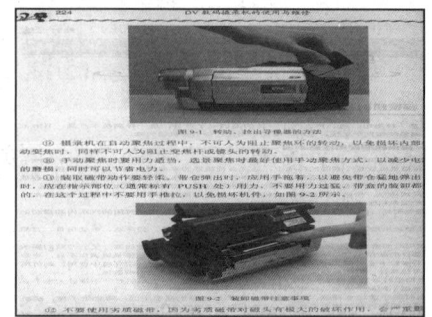

机读目录格式:

215　##@a 292 页@c 图@d 26cm

例2：

机读目录格式：

215 ##@a 162 页@c 图@d 26cm

例3：

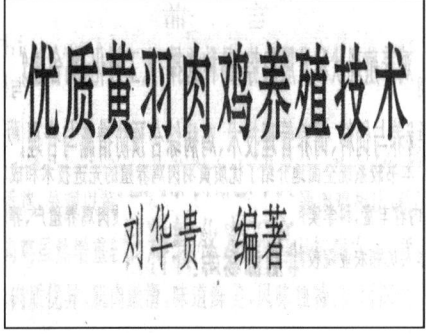

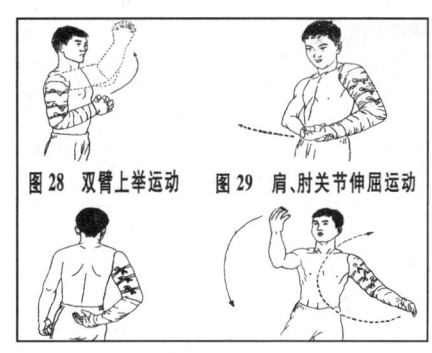

机读目录格式：

215 ##@a 242 页@c 图@d 21cm

例4：

机读目录格式：

215 ##@a 250 页@c 图@d 19cm

(3)题名或其他题名信息已指明为"图册""插图""漫画""摄影集"等,则本字段不予重复著录。

①题名含图

例1：

机读目录格式：

200　1#@a 图说体育竞技史@b 专著@e 从奥林匹亚到奥林匹克@f 陈仲丹编著

215　##@a 253 页@d 29cm

例2：

机读目录格式：

200　1#@a 田径裁判法图解@b 专著@f 李铁录主编

215　##@a 314 页@d 21cm

②其他题名信息含图

例1：

机读目录格式：

200　1#@a 中华养生宝典@b 专著@e 养生语录白话图本@f 倪泰一，易洪波编译

215　##@a 15,580 页@d 24cm

例2：

机读目录格式：

200　1#@a 随园食单@b 专著@e 图文版@f（清）袁枚著

215　##@a 84 页@d 24cm

例3：

机读目录格式：

200　1#@a 彷徨@b 专著@e 插图本@f 鲁迅［著］

215　##@a 180 页@d 21cm

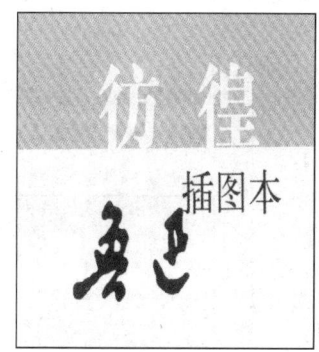

(4)美术绘画技巧、作品方面的图书，一般情况下，图不必著录。

例1：

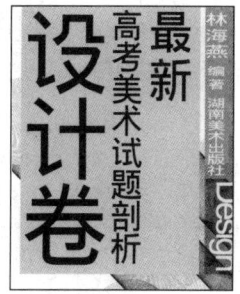

机读目录格式：

215　##@a 72 页@d 29cm

例2：

机读目录格式：

215　##@a 63 页@d 41cm

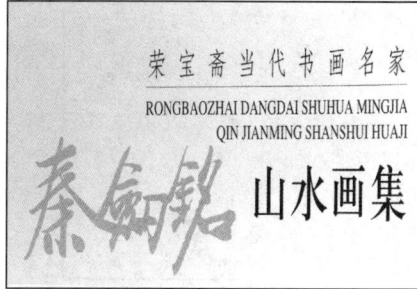

例3：

机读目录格式：

215　##@a 121 页@c 照片@d 31cm

说明：本书含作者照片。

（5）只有文字和数字的图表、小插图等可不必著录。

例1：

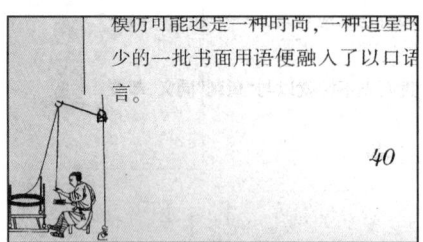

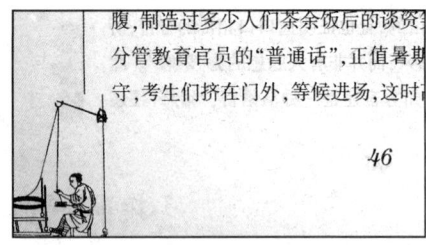

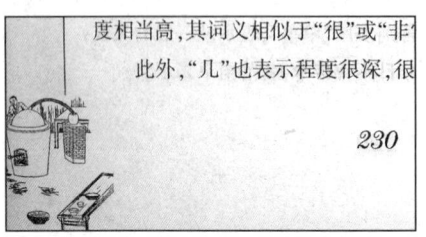

小插图

机读目录格式：

215　##@a 318 页@d 21cm

说明：小插图在页脚，而且多处重复。

例2：

小插图

机读目录格式：

215　##@a 223 页@d 21cm

（6）书中含有多种类型的图时，可依次著录，用逗号分隔；种类超过三种，可统一著录为"图"。

例1：

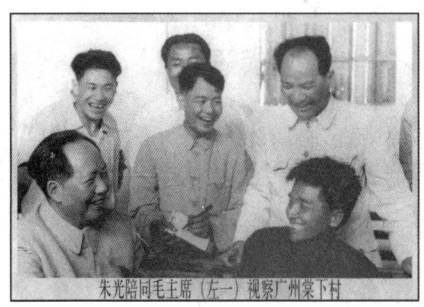
照片

肖像

插图

机读目录格式：

215　##@a 2 册(538;417 页)@c 照片,肖像,插图@d 29cm@e 1 光盘

说明：本书含有三种类型的图,可依次著录。

例2：

照片

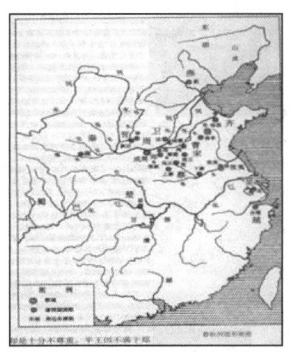
地图

摹真图文

画像

机读目录格式：

215　##@a 447 页@c 图@d 23cm

说明：本书含有四种类型的图，可统一著录为"图"。

3. @d 尺寸的著录

图书尺寸一般著录书脊高度，采用阿拉伯数字形式，以厘米（用 cm 表示）为单位著录。

（1）图书标准尺寸的著录（图书标准尺寸的著录，可以版权页"开本"所题为依据）。

例1：

版权页

机读目录格式：

215　##@a 326 页@d 19cm

　说明：版权页载有"787×1092 毫米　1/32"时，一般情况下书高为 19cm。

例2：

机读目录格式：

215　##@a 10,727 页@c 图表@d 20cm

说明：版权页载有"850×1168 毫米　1/32"时，一般情况下书高为 20cm。

版权页

例3：

版权页

机读目录格式：

215　##@a 29,291 页@d 21cm

说明：版权页载有"880×1230 毫米　1/32"时，一般情况下书高为 21cm。

例4：

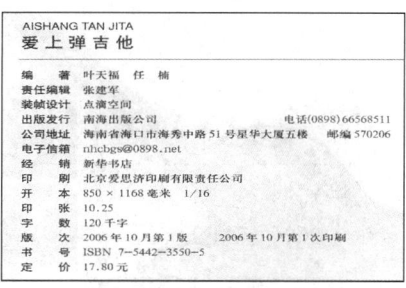

版 次	2007年3月第1版 2007年3月第1次印刷
开 本	787毫米×1092毫米 1/16 印张20.625
字 数	484千字
印 数	1～4000册
定 价	25.00元

ISBN 978-7-5606-1780-0/TK·0002

版权页

机读目录格式：

215 ##@a 318 页@c 图表@d 26cm

说明：版权页载有"787×1092毫米 1/16"时，一般情况下书高为26cm。

例5：

机读目录格式：

215 ##@a 154 页@c 图@d 28cm

说明：版权页载有"850×1168毫米 1/16"时，一般情况下书高为28cm。

AISHANG TAN JITA
爱上弹吉他

编 著	叶天福 任楠
责任编辑	张建军
装帧设计	点滴空间
出版发行	南海出版公司 电话(0898)66568511
公司地址	海南省海口市海秀中路51号星华大厦五楼 邮编570206
电子信箱	nhcbgs@0898.net
经 销	新华书店
印 刷	北京爱思济印刷有限责任公司
开 本	850×1168毫米 1/16
印 张	10.25
字 数	120千字
版 次	2006年10月第1版 2006年10月第1次印刷
书 号	ISBN 7-5442-3550-5
定 价	17.80元

版权页

例6：

新 华 字 典
〔1992年重排本〕
汉语拼音字母音序排列
（附部首检字表）

ISBN 7-100-00042-4/H·16

1957年6月新1版	开本787×1092 1/64
1990年2月第7版	字数626千
1993年7月第8版	印张11 3/4
1995年10月沈阳第4次印刷	印数1-100,000

定价:6.50元

版权页

机读目录格式：

215 ##@a 86,661 页@d 13cm

说明：版权页载有"787×1092毫米 1/64"时，一般情况下书高为13cm。

注意事项：

上述各例是比较标准的尺寸，著录有其规律可循。但并非绝对，如与实际有出入，应以图书实际尺寸为准，取整数著录。不足1厘米的尾数以1厘米计算。

例：

出版发行	海燕出版社
地 址	郑州市经七路21号
邮政编码	450002
经 销	河南省新华书店
印 刷	河南省瑞光印务股份有限公司
开 本	32开 850×1168 印张：5.5印张 字数：45千字
版 次	2006年9月第1版
印 次	2006年9月第1次印刷
定 价	10.00元

版权页

该书开本虽为"32 开 850×1168"，实际尺寸为 18.5cm，著录为 19cm。

（2）图书非标准尺寸的著录（对于非标准尺寸形式，我们可以进行实际测量，按其实际尺寸予以著录）。

例1：

机读目录格式：

215 ##@a 262 页@d 23cm

215 ##@a 17,380 页@d 25cm

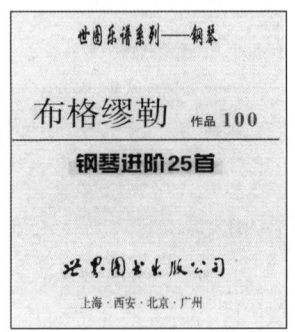

机读目录格式：

215 ##@a 770 页@c 图表@d 27cm

215 ##@a 34 页@d 30cm

说明：当宽度小于高度时，一般只著录高度。

例2：

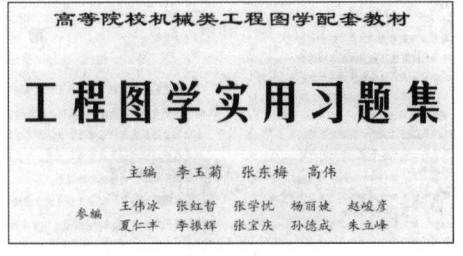

机读目录格式：

215 ##@a 20,559 页@d 19×26cm

215 ##@a 92 页@d 26×37cm

说明：当宽度大于高度时，应先著录高度，后著录宽度，形式为：高度×宽度。

例3：

机读目录格式：

215　##@a 15 幅@d 38×18cm

说明：当宽度不及高度的1/2时,亦应先著录高度,后著录宽度,形式为:高度×宽度。

例4：

机读目录格式：

215　##@a 1 册@c 照片@d 18×18cm　　　　215　##@a 48 页@d 29×29cm

说明：当宽度等于高度时,高度与宽度同时著录,形式为:高度×宽度。

(3)尺寸著录的特殊情况。

例：

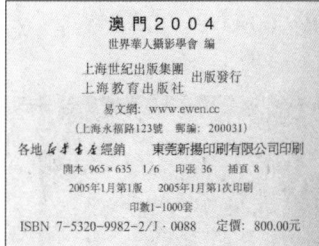  

A，30cm　　　　　　　　　　　B，30cm

C，21×26cm

D，9×26cm

机读目录格式：

200　1#@a 澳门 2004@b 专著@f 杨绍明主编
　　　@g 印俊，牛晓雪，花馨英文翻译@g 喻
　　　惠娟葡文翻译

215　##@a 4 册@d 30cm@d 21×26cm@d 9×26cm

307　##@a A,30cm;B,30cm;C,21×26cm;D,9×26cm

327　1#@a A,文化瑰宝@a B,盛世莲花@a C,灵
　　　珠奇灿@a D,濠境意象

说明：多卷(册)图书综合著录，各单册尺寸不同时，可依
次著录，重复@d 子字段；多于三种，著录其最小至最大尺寸，
中间用连字符"－"，如：215　##@a 4 册@d 13－27cm。

4. @e 附件的著录

本字段记录与图书紧密相关而物理上分离的附属部分。如图表张册、实物盘片等。可
重复。附件的著录使用简短的附件名称。附件的数量用阿拉伯数字表示，单位可用张、袋、
册、片、页、叶等。

(1)附光盘。

例1：

书名页

封底

附光盘

机读目录格式：

010　##@a 7-5045-5783-8@d CNY30.00

215　##@a 214 页@c 图表@d 25cm@e 1 光盘

307　##@a 附光盘:ISBN 7-88707-202-6 ISRC CN-M08-06-0009-0

例2：

附光盘1

附光盘2

机读目录格式：

010 ##@a 7-121-03475-1@d CNY52. 00

215 ##@a 460 页@d 26cm@e 2 光盘

307 ##@a 附光盘：ISBN 7-89485-105-1

例 3：

附光盘

机读目录格式：

010 ##@a 7-900424-54-7@d CNY24. 00

215 ##@a 120 页@c 图@d 15×17cm@e 1 光盘

说明：光盘 ISBN 号与图书 ISBN 号相同，不必在 307 字段注明。

例 4：

附光盘（8cm）

机读目录格式：

215 ##@a 50 页@d 30cm@e 1 光盘(8cm)

（2）附挂图。

例：

 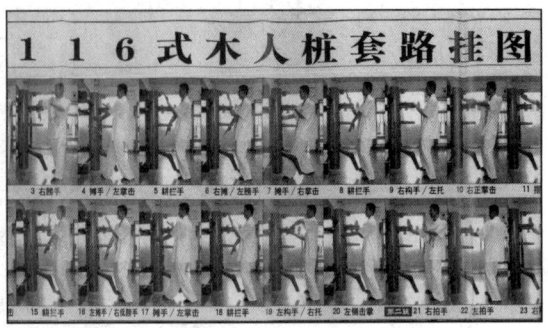

附挂图，局部

机读目录格式：

215　##@a 267 页@c 图@d 21cm@e 1 挂图（52×74cm）

307　##@a 挂图全称:《116 式木人桩套路挂图》

（3）附书。

例1：

 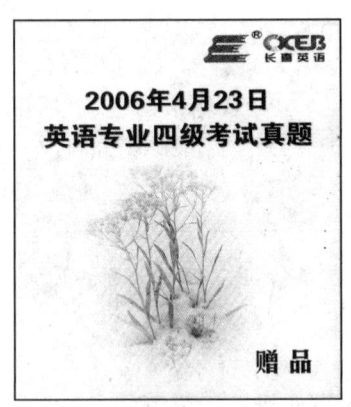

附书

机读目录格式：

215　##@a 334 页@c 图@d 23cm@e 1 试题（32 页；19cm）

307　##@a 试题全称:《2006 年 4 月 23 日英语专业四级考试真题》

说明:附件本身的特征可按一般著录方法适当加以描述，但需将著录内容置于圆括号内。附件的详细信息可在 307 字段说明。

例2：

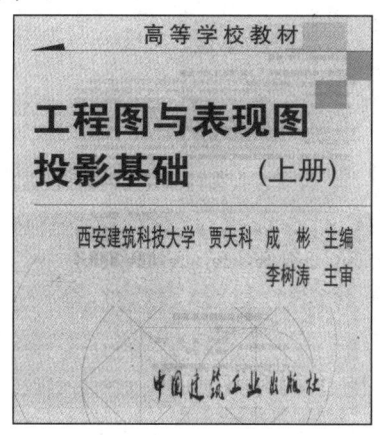
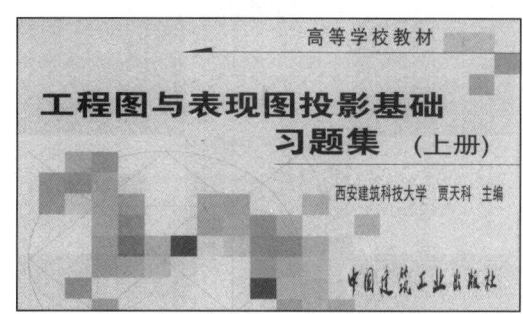

附书

机读目录格式：

215　##@a 252 页@d 26cm@e 1 习题集(107 页；21×28cm)

说明：附件题名与图书题名一致，无须在307字段说明。

例3：

机读目录格式：

215　##@a 253 页@d 25cm@e 1
　　　手册(175 页；16cm)

307　##@a 手册全称：《词汇助记
　　　与段落诵读手册》

附书

例4：

附书

机读目录格式：

215　##@a 301 页@d 23cm@e 1
　　　手册(85 页)

307　##@a 手册全称：《〈经济法
　　　概论(第二版)〉操作与习
　　　题手册》

附书

机读目录格式:

200　　1#@a 欲望都市@b 专著@d Sex and the city@f(美)坎迪斯·布什奈尔(Candace Bushnell)著@g 孟繁峰译@z eng

215　　##@a 304 页@c 剧照@d 21cm@e 1 英文本(201 页)

说明:附件尺寸与图书相同,附件尺寸不必著录。

(4)同时附光盘和书。

例 1:

附光盘　　　　　　　　　　　　　附书

机读目录格式:

010　　##@a 7-5027-6597-2@d CNY88.00

215　　##@a 16,548 页@c 图@d 26cm@e 1 光盘@e 1 手册(24 页;20cm)

307　　##@a 附光盘:ISBN 7-900204-03-2

307　　##@a 手册全称:《网页设计师配色迷你手册》

说明:光盘的标准编号及手册的具体名称可在 307 字段注明。

例2:

附书 　　　　　　 附光盘

机读目录格式:

010 ##@a 7-300-07344-1@d CNY24.00

215 ##@a 264 页@d 23cm@e 1 光盘@e 1 册(52 页)

307 ##@a 附光盘:ISBN 7-900693-51-3

307 ##@a 附件题名:《成本会计模拟实验用纸》

225 丛书项

字段定义

本字段按图书上出现的形式和顺序,记录丛书题名和其他题名信息、丛书责任说明以及并列丛书信息。

出现情况

选择使用,若图书属多种丛书,本字段可重复。

指示符

指示符 1:题名形式指示符

丛书的规范检索点形式应记录在 410 字段,采用多层次著录方法时,应记录在 461 字段,这个指示符指明该丛书著录和 410 或 461 字段记录的检索点形式是否相同。

0 = 不相同(与 4--字段不同)

本字段的丛书著录和检索点形式不相同。即本丛书著录也可做检索点,但不是规范形式。

1 = 不做检索点(没有对应的 4--字段)

本丛书著录不做检索点。

2 = 相同(与 4--字段相同)

本字段的丛书著录和规范的检索点形式相同。

指示符 2:空(未定义)

子字段

@a 正丛书名

本子字段记录图书上所载形式的正丛书名。不可重复。

@d　并列丛书名

本子字段记录其他语种和文字形式的并列丛书名。可重复。

@e　其他丛书题名信息

本字段记录丛书副题名和其他说明题名文字。可重复。

@f　丛书责任说明

本子字段记录对丛书负有责任的责任者名称。可重复。

@h　子丛书编次

本子字段记录丛书编次。对多层分集和并列分集编次。可重复。

@i　子丛书名

本子字段记录子丛书名,对多层分集题名编名。可重复。

@v　卷标识

本子字段记录丛书的卷编号或其他标识。可重复。

@x　丛书的 ISSN 号

本子字段记录丛书的 ISSN 号,该号由 9 个字符组成,前 4 个数字和后 4 个数字有一短横连接。当丛书和子丛书有各自的 ISSN 号时,本子字段可重复。

@z　并列丛书名语种

本子字段记录并列丛书名语种代码。有多个并列丛书名时,本子字段可重复。

字段内容说明

本字段著录的数据,是该记录著录对象所属的丛书描述数据。丛书属多层次出版物,应该按照著录条例关于丛书的规定著录。有丛书项的记录是最高层以下的记录。当同一信息在规定信息源之间有差异,按规定的选取顺序著录。

著录规定

子丛书编次一律按图书的原题著录,卷标识使用阿拉伯数字。卷标识著录在最低层。

规定信息源

题名页、版权页、封面、书脊、封底。

著录实例

现以 225 字段指示符的控制加以说明。

1. 225 字段指示符 1 填 0 的情况(即本字段的丛书著录和检索点形式不相同)

例 1:

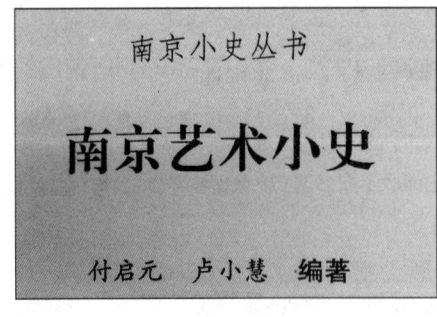

题名页　　　　　　　　　　封底

机读目录格式：

200　1#@a 南京艺术小史@b 专著@f 付启元，卢小慧编著

225　0#@a 南京小史丛书@h 第 1 辑

461　#0@1 2001#@a 南京小史丛书

说明：本例从 225 字段来看，应该是两层的关系，单册记录《南京艺术小史》的中间层是"第 1 辑"，它只是物理层次上的划分，原则上不做中间层记录。所以 225 字段指示符置"0#"，用 461 字段直接连接总集。

例 2：

机读目录格式：

200　1#@a 庙宇@b 专著@f 李秋香主编@g 陈志华撰文

225　0#@a"乡土瑰宝"系列

461　#0@1 2001#@a 乡土瑰宝系列

说明：①当丛书题名中含有标点符号、空格时，应客观地描述著录对象，225 字段依原题照录，同时去掉标点符号及空格记入 46-字段，以便检索。

②此种情况全国图书馆联合编目中心采取另外一种著录方式，即 46-字段与 225 字段内容保持一致，标点符号不予省略，225 字段指示符 1 填 2。

2. 225 字段指示符 1 填 1 的情况（即本丛书著录不做检索点）

例 1：

题名页

封底

机读目录格式：

200　1#@a 交托之重@e 范博宏论家族企业传承@h 01@b 专著@f 康轩文化编著

225　1#@a 极视丛书

例2:

封底

机读目录格式:

200　1#@a 名家名画@i 张卫水墨静物作品@b 专著@f 贾德江主编@g 张卫绘画

225　1#@a 20 元系列丛书

308　##@a 丛书名取自封底

说明:丛书名无内容特征和实际的检索意义,丛书名不做检索点,不需生成46-字段。

例3:

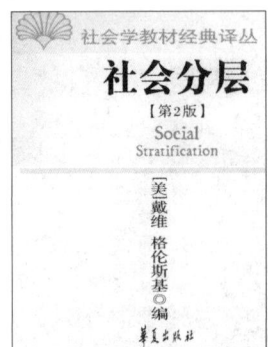

机读目录格式;

200　1#@a 社会分层@b 专著@f (美)戴维·格伦斯基编

225　1#@a 社会学教材经典译丛

说明:丛书名中带有明显的丛书标志——译丛,但不具有检索意义,因此不做检索点,不需生成46--字段。

例4:

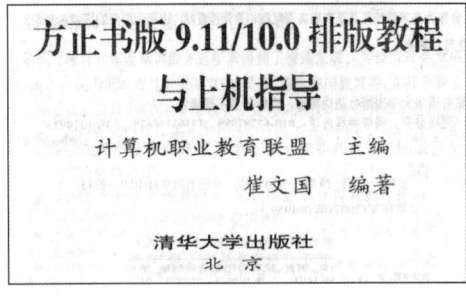

书名页

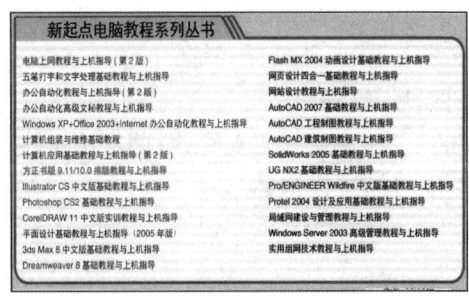

封底

机读目录格式:

200　1#@a 方正书版 9.11/10.0 排版教程与上机指导@b 专著@f 计算机职业教育联盟

主编@g 崔文国编著

225　1#@a 新起点电脑教程系列丛书

3.225 字段指示符 1 填 2 的情况（即本字段的丛书著录和规范的检索点形式相同）

（1）正丛书名的著录。

例：

机读目录格式：

200　1#@a 诗词学论稿@b 专著@e 邓红梅遗集@f 邓红梅著

225　2#@a 随园文史研究丛书

461　#0@1 2001#@a 随园文史研究丛书

题名页

（2）并列丛书名的著录。

例：

机读目录格式之一（省略著录并列丛书名）：

200　1#@a 威海古韵@b 专著@d Ancient delights of Weihai@f 何长峰绘画/撰文@z eng

225　2#@a 故园画忆系列

461　#0@1 2001#@a 故园画忆系列

机读目录格式之二：

200　1#@a 威海古韵@b 专著@d Ancient delights of Weihai@f 何长峰绘画/撰文@z eng

225　1#@a 故园画忆系列@d Memory of the old home in sketches@z eng

说明：并列丛书名著录在@d 子字段，如果建立相应的丛编记录，则应将并列丛书名著录于丛编记录的 200 字段，在 225 字段省略著录。由于全国图书馆联合编目中心建立相应的丛编记录，所以在 225 字段省略著录并列丛书名。

（3）其他丛书题名信息的著录。

例 1：

机读目录格式：

200　1#@a 伊索寓言@b 专著@f 崔钟雷主编

225　2#@a 彩绘世界经典书系@e 注音美绘典藏版

461　#0@1 2001#@a 彩绘世界经典书系@e 注音美绘典藏版

说明：其他丛书题名信息著录在正丛书名之后，记入@e 子字段。

例2：

题名页

真诚地希望这套《语文新课标·名著阅读书系》（专家+名师解读版）对广大的中、小学生朋友能够实用、有用、好用、管用。

前言

机读目录格式：

200　1#@a 中国神话故事@b 专著@f 赵禹冰编著

225　2#@a 语文新课标·名著阅读书系@e 专家名师解读版

461　#0@1 2001#@a 语文新课标·名著阅读书系@e 专家名师解读版

说明：①图书的其他题名信息标识的很不明确时，尤其是分不清楚是对图书正题名的解释说明还是对正丛书名的解释说明时，应参照书内前言、序跋等进行分析、判断，从而选择合适的位置进行著录。

②本书其他丛书题名信息据前言确定，是对正丛书名的补充、说明。

（4）丛书责任者的著录。

例：

题名页

封面

机读目录格式之一：

200　1#@a 清末民国沈阳故宫史事钩沉@b 专著@f 邓庆著

225　2#@a 沈阳故宫文库

308　##@a 文库主编:武斌

461　#0@1 2001#@a 沈阳故宫文库

机读目录格式之二：

200　1#@a 清末民国沈阳故宫史事钩沉@b 专著@f 邓庆著

225　1#@a 沈阳故宫文库@f 武斌主编

说明：丛编责任者著录在@f 子字段，如果建立相应的丛编记录，则应将丛编责任者著录于丛编记录的200 字段，225 字段省略著录。全国图书馆联合编目中心一般采用第一种做法。

（5）子丛书编次的著录。

例：

机读目录格式：

200　　1#@a 五（2）班麻烦了@b 专著@f 宋瑞著

225　　2#@a 快乐少年@h 第四辑@i 整蛊校园

462　　#0@l 2001#@a 整蛊校园

说明： 子丛书编次著录于@h 子字段，对于多层分集和并列分集编次，可重复。

注意事项：

例：

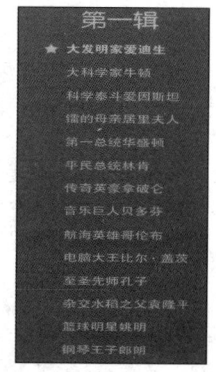

折页

机读目录格式为：

200　　1#@a 大发明家爱迪生@b 专著@f 薛涛著

225　　0#@a 中国孩子的好榜样@h 第一辑

461　　#0@l 2001@a 中国孩子的好榜样

说明： 单册记录《大发明家爱迪生》的中间层是"第一辑"，它只是物理层次上的划分，原则上不做中间层记录。所以 225 字段指示符置"0#"，用 461 字段直接连接总集。

（6）子丛书名的著录。

例1：

机读目录格式：

200　　1#@a 大自然的怒吼@b 专著@f 宋健华主编

225　　2#@a 走进科普世界丛书@i 神奇的宇宙空间

462　　#0@l 2001#@a 神奇的宇宙空间

说明： 分丛编有独立检索意义。

例2：

封面

机读目录格式为：

200　1#@a 图说人类的健康与环境@b 专著@f 阚男男，王颖主编

225　2#@a 中华青少年科学文化博览丛书@i 环保卷

462　#0@1 2001#@a 中华青少年科学文化博览丛书@i 环保卷

例3：

机读目录格式：

200　1#@a 木偶奇遇记@b 专著@e 中英对照@f 科洛迪著@g 李晓童译

225　2#@a 名著名篇双语对照丛书@i 听书系列

462　#0@1 2001#@a 名著名篇双语对照丛书@i 听书系列

说明：分丛编没有独立检索意义。

(7)卷标识的著录(卷标识无论原题为何种数字形式，均统一使用阿拉伯数字著录，卷标识为汉字"甲种"等则照录；卷标识连续编号，中间用短横连接，非连续编号应依次著录，之间用半角逗号分隔)。

例1：

机读目录格式：

200　1#@a 大狼托克打电话@b 专著@f 王正选，安武林主编

225　2#@a《小学生拼音报》精品选@v 2

461　#0@1 2001#@a《小学生拼音报》精品选@v 2

说明：卷标识原题为罗马数字"Ⅱ"。

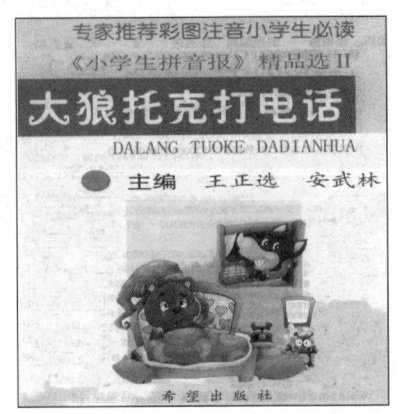

例2：

机读目录格式：

200　1#@a 自由与律法之光@b 专著@e 摩西史诗《出埃及记》鉴赏@f（以）摩西原著@ 王汉川译注

225　2#@a 生命树书系@v 5

461　#0@1 2001#@a 生命树书系@v 5

说明：卷标识原题为"伍"，汉字的大写数字形式。

例3：

机读目录格式：

200　1#@a 紫玉钗@b 专著@f 高阳著

225　2#@a 高阳作品@v 10

461　#0@1 2001#@a 高阳作品@v 10

说明：卷标识原题为汉字的大写数字形式"拾"。

例4：

机读目录格式：

200　1#@a 射雕英雄传@b 专著@f 金庸著

225　2#@a 金庸作品集@v 5-8

461　#0@1 2001#@a 金庸作品集@v 5-8

说明：卷标识连续编号。

例5：

书名页

机读目录格式：

200 1#@a 听李镇西老师讲课@b 专
　　　著@f 李镇西著

225 2#@大夏书系@i 名师课堂@v 1

462 #0@1 2001#@a 名师课堂@v 1

说明：卷标识出现在封底折页。

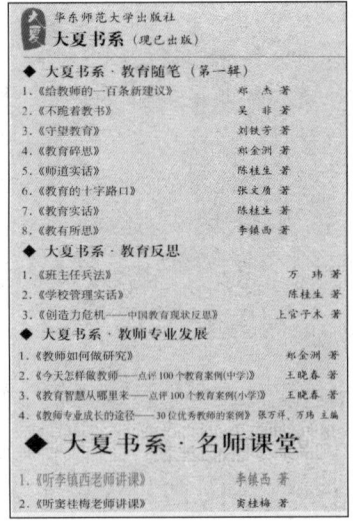

封底折页

例6：

封底

机读目录格式：

200 1#@a 从此不怕背单词@i 巧记词根词缀@b 专著@f 叶硕著

225 2#@a 新经典智库@i 爱上英语丛书@v 014

308 ##@a 主丛编编号 059

462 #0@1 2001#@a 爱上英语丛书@v 014

说明：图书既有主丛书名、主丛书编号，又有分丛书名、分丛书编号，在著录时应将主丛书编号著录在 308 丛书附注字段，子丛书编号著录在 225 字段中的@v 子字段。

（8）一部图书同时具有两个丛书名，并且二者之间属并列关系，都具有检索意义，需重复著录 225 字段。

例：

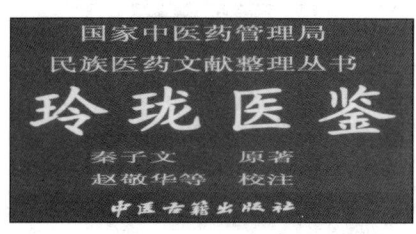 

封面　　　　　　　　　　　　　　封底

机读目录格式：

200 　1#@a 玲珑医鉴@b 专著@f 秦子文原著@g 赵敬华等校注

225 　2#@a 国家中医药管理局民族医药文献整理丛书

225 　2#@a 湖北民族学院医学文库

461 　#0@1 2001#@a 国家中医药管理局民族医药文献整理丛书

461 　#0@1 2001#@a 湖北民族学院医学文库

（9）同一丛书题名在规定信息源中不相同时的著录。

例：

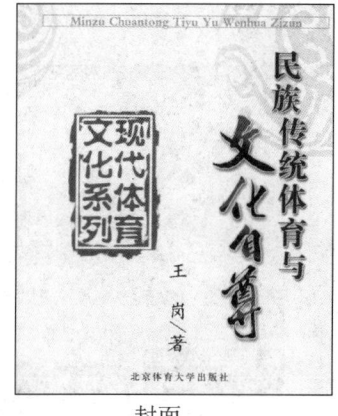 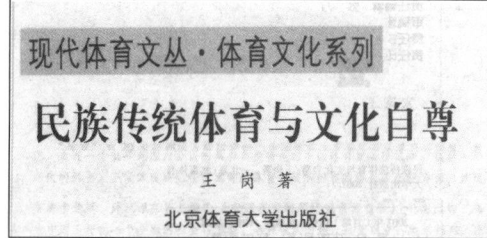

封面　　　　　　　　　　　　　　题名页

机读目录格式：

200 　1#@a 民族传统体育与文化自尊@b 专著@f 王岗著

225 　2#@a 现代体育文丛@i 体育文化系列

308 　##@a 封面、书脊丛书名题:现代体育文化系列

462 　#0@1 2001#@a 体育文化系列

说明:题名页丛书名与封面丛书名不相同,依据题名页著录,并在 308 字段说明。

（10）丛书名不带丛书标识,但在内容形式上表现为丛书时的著录。

例：

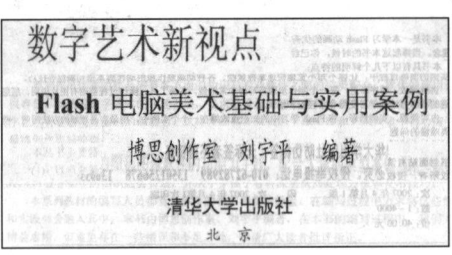

机读目录格式：

200　1#@a Flash 电脑美术基础与实用案例@b 专著@f 刘宇平编著

225　2#@a 数字艺术新视点

461　#0@1 2001#@a 数字艺术新视点

说明：不带明显"丛书"字样的题名，从封底可看出为一套系列书。

注意事项：

　　图书出版印刷时为了美观，将封面、封底装饰的多样化、复杂化，某些宣传文字或策划者、单位等易被误认为是丛书名，不予著录。

例：

　　　　书名页　　　　　　　　　　　封底　　　　　　　　　　封底折页

机读目录格式：

200　1#@a 爱上维尼熊男生@b 专著@f 小米拉著

说明：依据封底折页所题"选题策划：天下青春工作室"确定封底所题"天下青春"不是丛书名，不需著录。

3-- 附注块

使用字段

附注块的字段均以自由行文形式,补充或说明其他块的字段内容。在附注块的各字段中可使用各种标点符号。

中文图书著录附注块使用下列字段:

300	一般性附注
304	题名与责任说明附注
305	版本与书目史附注
306	出版发行附注
307	载体形态附注
308	丛编附注
310	装订及获得方式附注
312	相关题名附注
314	知识责任附注
320	书目、索引附注
324	原作版本附注
325	复制品附注
327	内容附注
328	学位论文附注
330	提要或文摘附注
333	使用对象附注
334	获奖附注
345	采访信息附注
393	系统外字符附注

300   一般性附注

字段定义

本字段记录在编图书其他各专指的附注字段不能涵盖的附注内容。可以记录在编图书或与其相关文献的任何方面的附注。

出现情况

选择使用,可重复。

指示符

指示符 1:空(未定义)

指示符 2：空（未定义）

子字段

@a 附注内容：不可重复。

字段结构

300 ##@a 一般性附注

字段内容说明

凡不能在 301—393 专指字段著录的附注内容，均可著录本字段。附注文字应简洁明了，尽可能采用固定导语和规范用语。若有多个一般性附注时，依次著录，重复 300 字段。

规定信息源

图书任何信息源。

著录实例

1. 图书性质、范围附注

例 1：

封面　　　　　　　　　　　　　　　　　封面

机读目录格式：

300 ##@a 高校土木工程专业规划教材　　　300 ##@a 沈阳市旅游学校校本教材

说明：著录信息源为封面。

例 2：

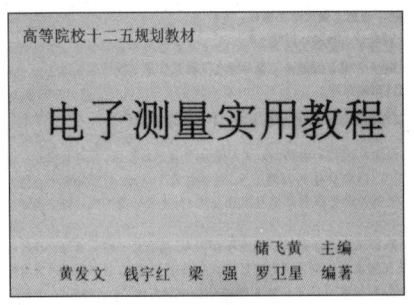

题名页　　　　　　　　　　　　　　　　题名页

机读目录格式：

300 ##@a 高等院校十二五规划教材　　　300 ##@a 高等学校教材

说明：著录信息源为题名页。

例3:

机读目录格式:

300 ##@a 全国中等职业技术学校数控加工专业教材　国家级职业教育规划教材　劳动保障部培训就业司推荐

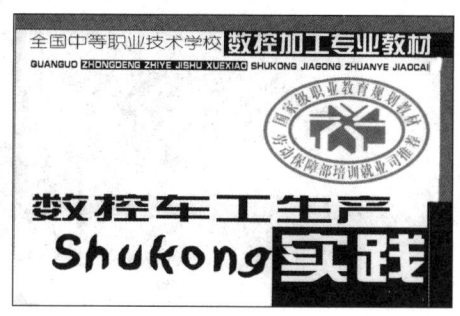

封面

说明:本书封面中的附注内容除"全国中等职业技术学校数控加工专业教材"外,封面中的圆形印章中的说明文字"国家级职业教育规划教材　劳动保障部培训就业司推荐"也是附注说明文字可一起录入300字段,两部分之间用空格标识。

例4:

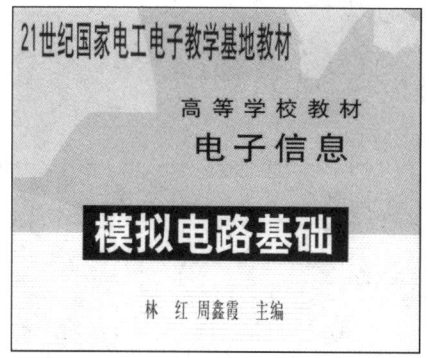

封面

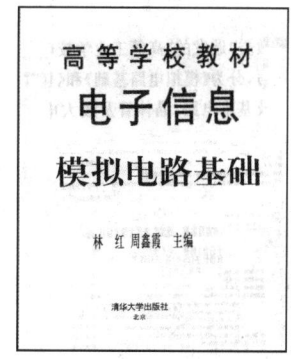

题名页

机读目录格式:

300 ##@a 21世纪国家电工电子教学基地教材　高等学校教材　电子信息

说明:本书封面中的附注说明文字较题名页中的附注说明文字全面,300字段依据封面著录。

例5:

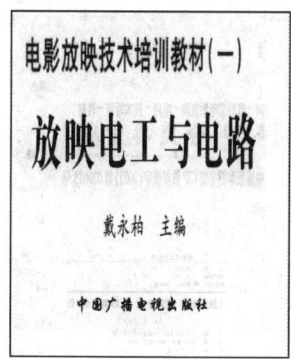

机读目录格式:

300 ##@a 1＋X 职业技术·职业资格培训教材

300 ##@a 电影放映技术培训教材(一)

说明:附注文字中的标点符号照录。

例6：

封面

封面

机读目录格式：

300　##@a 高等职业教育物流管理专业系列教材

300　##@a 高等学校食品专业系列教材

说明："×××系列教材"一般情况下均录入 300 字段，不按丛书处理。

例7：

封面

题名页

机读目录格式：

300　##@a 实用外语读本

300　##@a 健康养生推荐读本

例8：

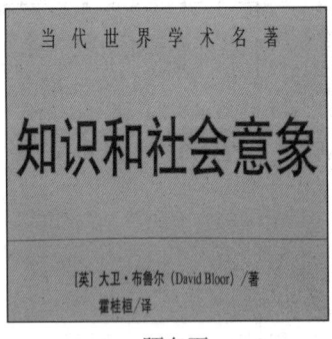

题名页

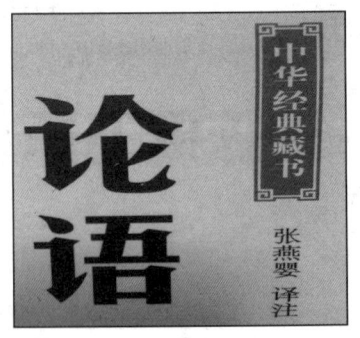

题名页

机读目录格式：

300　##@a 当代世界学术名著

300　##@a 中华经典藏书

封面

机读目录格式：

300　　##@a 世界经济黄皮书

2. 图书语种、改编或翻译附注

例1：

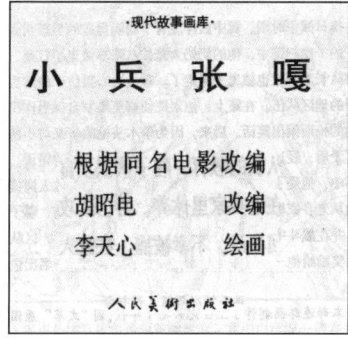

连环画

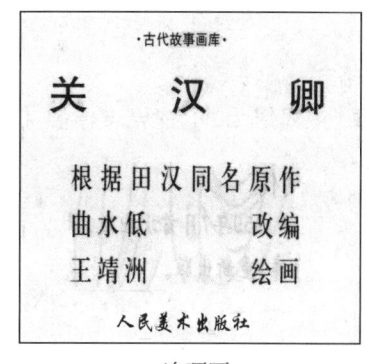

连环画

机读目录格式：

300　　##@a 根据同名电影改编

300　　##@a 根据田汉同名原作［改编］

连环画

机读目录格式：

300　　##@a 根据（英）柯南道尔同名小说［改编］

说明： 编目员自拟文字著录于方括号内。

例2：

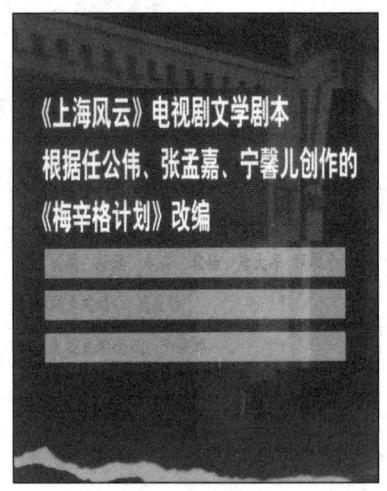

封面   封底折页

机读目录格式：

300   #@a《上海风云》电视剧文学剧本根据任公伟、张孟嘉、宁馨儿创作的《梅辛格计
       划》改编

说明：附注内容取自封底折页。

例3：

题名页

机读目录格式：

300   ##@a 俄语简易读物

300   ##@a 本书根据苏联儿童出版社 1952 年出版的《铁木儿和他的队伍》，参考几种原
       文课本删节而成

说明：重复使用 300 字段。

3. 图书内容相关附注

例1：

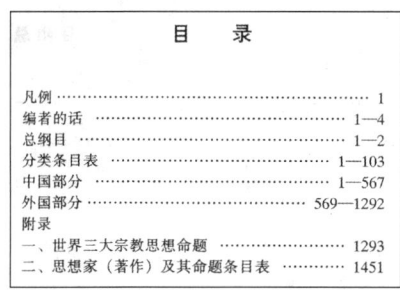

目次页

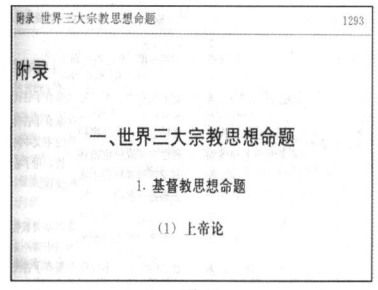

附录

机读目录格式：

300 ##@a 书末附录一：世界三大宗教思想命题 附录二：思想家（著作）及其命题条目表

例2：

封面

封面

机读目录格式：

300 ##@a 根据最新会计制度及出纳职业技能要求编写

300 ##@a 根据上海市职业指导培训中心颁布的心理咨询师《培训计划》和《培训大纲》编撰

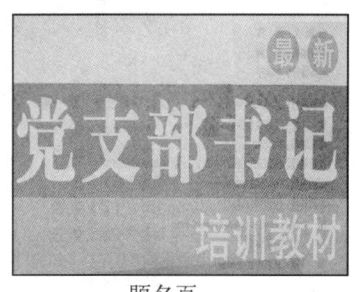

题名页

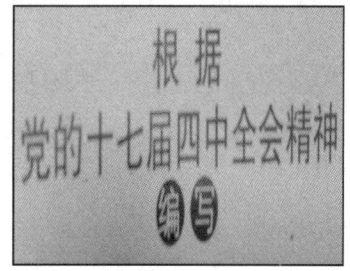

封面折页

机读目录格式：

300 ##@a 根据党的十七届四中全会精神编写

例 3：

题名页

机读目录格式：

300 ##@a 本书与人民教育出版社《中日交流标准日本语》（新版）初级（上）配合使用

4. 其他附注
例 1：

封面

机读目录格式：

300 ##@a 南京师范大学"十五""211 工程"建设项目

题名页   书内页

机读目录格式：

300 ##@a 本书的出版得到上海外国语大学 211 工程重点学科建设项目、上海外国语大学上海市一流学科"政治学"学科建设项目、上海市高等学校智库"上海外国语大学中东研究所"建设项目经费支持

例2：

河南地质调查与
研究通报

2006 年卷
（上　册）

河南省地质学会　主办
河南省地质调查院　协办

上海交通大学新媒体与社会研究中心
上海发展战略研究所谢耘耕工作室　主办

New Media and Society (No.9)

新媒体与社会

〔第九辑〕

机读目录格式：

300　##@a 河南省地质学会主办河南省
地质调查院协办

300　##@a 上海交通大学新媒体与社会研
究中心、上海发展战略研究所谢耘
耕工作室主办

例3：

中华人民共和国主席令
第五十二号

《中华人民共和国义务教育法》已由
中华人民共和国第十届全国人民代表大
会常务委员会第二十二次会议于 2006 年 6 月
29 日修订通过，现将修订后的《中华人民
共和国义务教育法》公布，自 2006 年 9 月
1 日起施行。

中华人民共和国主席　胡锦涛
2006 年 6 月 29 日

书内页

中华人民共和国主席令
第十四号

《中华人民共和国兵役法》已由中华人民共和国第六届
全国人民代表大会第二次会议于一九八四年五月三十一日通
过，现予公布，自一九八四年十月一日起施行。

中华人民共和国主席　李先念
一九八四年五月三十一日

书内页

机读目录格式：

300　##@a《中华人民共和国义务教育
法》自 2006 年 9 月 1 日起施行

300　##@a《中华人民共和国兵役法》
自一九八四年十月一日起施行

说明：这两部著作在书内均附有法律的施行时间，可在 300 字段说明。

例4：

题名页

题名页

机读目录格式：

300　##@a 饮冰室藏

300　##@a 线装藏书馆

说明:此类附注多见于字帖、碑帖、古籍文献等。

5. 与图书内容形式无关,属于一般宣传、广告性的文字说明,可著录于附注项或不予著录

(1)需要著于附注项的实例

例:

题名页

题名页

机读目录格式:

300 ##@a 中国电影百年纪念

300 ##@a 为纪念 2006 中国俄罗斯年、2007 俄罗斯中国年而作

(2)不需要著于附注项的实例

例:

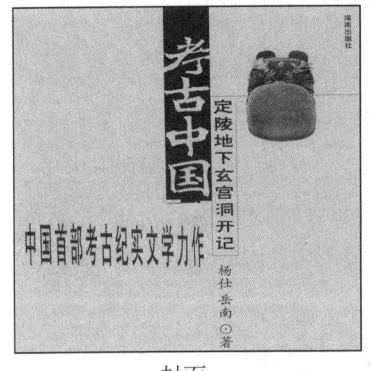

封面

封面

封面

说明:"中国首部考古纪实文学力作""诺贝尔文学奖得主代表作""美国 90 后美少女魔幻之作"均属于广告、宣传性文字,300 字段可不予著录。

注意事项:

凡不能在 301—393 专指字段著录的附注内容,均可著录本字段。"使用对象附注"记入 333 字段,"获奖附注"记入 334 字段。如果不采用 333、334 字段,则将上述内容著录于本字段。

304 题名与责任说明附注

字段定义

本字段记录有关在编图书 200 字段的题名和责任说明的附注。

出现情况

选择使用,可重复。

指示符

指示符 1:空(未定义)

指示符 2:空(未定义)

子字段

@a 附注内容:不可重复。

字段结构

304 ##@a 题名与责任说明附注

字段内容说明

本字段包含的内容主要是对 200 字段的补充说明。例如,在编文献的正题名不是取自规定信息源时,应在 304 字段说明正题名的出处;对于在 200 字段省略著录的责任者,应在 304 字段说明被省略的部分以及出现在题名页上的其他与 200 字段相关的信息。如果有多条附注,应将每条附注分别记入一个重复的 304 字段。

著录实例

(1)与 200 字段有关的题名补充说明

例 1:

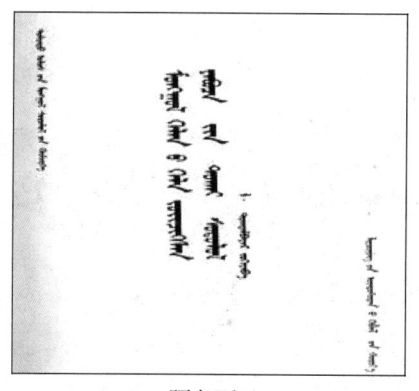

题名页   在版编目

机读目录格式:

200 1#@a 蒙古语语法化过程研究@b 专著@f 套格敦白乙拉著

304 ##@a 书名及责任者取自 CIP 数据

说明:本书题名页、正文、版权页都是蒙古文,只有在版编目是中文,所以全部著录信息均取自图书在版编目(CIP)数据。

例 2：

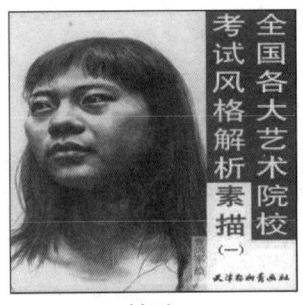

封面

版权页

机读目录格式：

200　1#@a 全国各大艺术院校考试风格解析@i 素描@h 一@b 专著@f 曹兴军绘

304　##@a 本书无题名页，依封面著录

说明：本书无题名页，版权页著录信息不完整，200 字段据封面著录。

例 3：

题名页

机读目录格式：

200　1#@a 大学@b 专著@f 曾参著@c 中庸@f 子思著 @c 尚书@f 伏生传授

304　##@a 合订著作还有：周易／周文王等著

说明：由两个或两个以上著作组成的无总题名的图书，按规定信息源所题顺序依次著录。若题名超过 3 个，只著录前 3 个，未予著录的其他题名和责任说明在 304 字段附注说明。

例 4：

题名页

题名页

机读目录格式：

304　##@a 附：2002－2006 年律师考试、司法考试分类真题解析

304　##@a 附：中老年朋友喜爱的歌曲 100 首

机读目录格式：

304 ##@a 含各类考级必弹曲目

说明：本例中著录对象的附注出现在题名页上，因为不是对正题名的补充说明，所以不著录在 200 字段@e 子字段。但它们是说明题名内容的，所以记入 304 字段。

题名页

例 5：

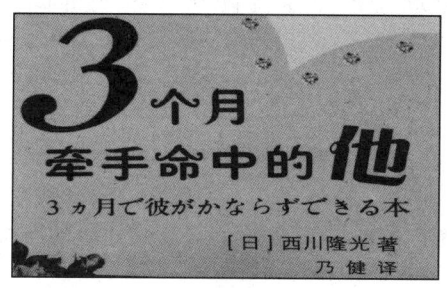

机读目录格式：

200 1#@a 拉鲁斯百科全书@e 彩图中文版@h 第一卷@b 专著

304 ##@a 法文共同题名：Larousse encyclopedique

说明：并列共同题名不做 510 字段。

例 6：

题名页 题名页

机读目录格式：

200 1#@a 3 个月牵手命中的他@b 专著
@f（日）西川隆光著@g 乃健译

304 ##@a 有日文并列题名

200 1#@a 铁木儿和他的队伍@b 专著
@f 盖达尔著@g 周春祥注释

304 ##@a 有俄文并列题名

说明：这两种书的题名页均带有正题名的日文、俄文并列题名，由于日文、俄文著录时较复杂，又很少有人从日文、俄文进行检索，所以著录时只需在 304 字段进行说明即可。

例 7：

机读目录格式：

200 1#@a 解迷李德与红军长征@b 专著

304 ##@a 谜,题名页误题：迷

540 1#@a 解谜李德与红军长征

说明：在编文献题名页所载题名出现错误时,200 字段照录,正确题名在 304 字段附注说明。

例8：

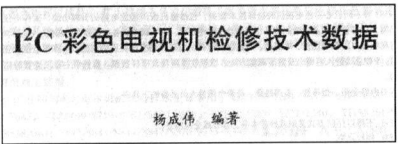

题名页

题名页

机读目录格式：

304　##@a 题名中"2"为"I"右上角标

304　##@a 并列题名中"20"后"th"为
　　　　其右上角标

说明：在编文献题名页所载题名中有无法描述的图形及符号时，可在 304 字段进行附注说明。

（2）与 200 字段有关的责任者补充说明

例1：

中文版 Microsoft® Windows® 2000
培训教程

[美] Microsoft Corporation 著

卓越 王红 译

题名页

机读目录格式：

200　1#@a 中文版 Microsoft Windows 2000
　　　培训教程@b 专著@f（美）Microsoft-
　　　Corporation 著@g 卓越，王红译

304　##@a 著者汉译名：微软公司

711　02@a 微软公司@4 著

说明：本书题名页著者为美国微软公司的英文原名，可在 304 字段注明其中文译名，711 字段规范著录责任者名称。

例2：

扮靓我家
DRESS UP MY HOME
e-jjj.com 编

题名页

题名页

机读目录格式：

200　1#@a 扮靓我家@b 专著@d Dress
　　　up my home @ f e-jjj. com 编
　　　@z eng

304　##@a 编者为网名：e 家家居网

711　02@a e 家家居网@4 编

200　1#@a 人类危险，小心轻放@b 专著
　　　@f 果壳 guokr. com 著

304　##@a 著者为网名：果壳网

711　02@a 果壳网@4 著

说明：责任者为网站的名称，可在 304 字段注明网站的汉字名称，并在 711 字段规范著录责任者名称。

例3：

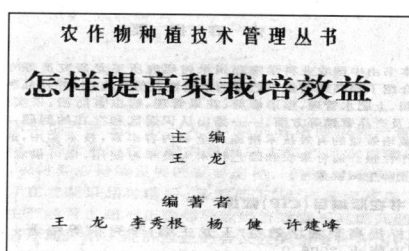

题名页

机读目录格式：

200　1#@a 怎样提高梨栽培效益@b 专
　　　著@f 王龙主编@g 王龙［等］
　　　编著

304　##@a 编著者还有:李秀根、杨健、
　　　许建峰

200　1#@a 牛津临床精神病学手册@b 专
　　　著@f David Semple［等］原著
　　　@g 唐宏宇,郭延庆主译

304　##@a 原著者还有:Roger Smyth、
　　　Jonathan Burns、Rajan Darjee、
　　　Andrew Mcintosh

例4：

题名页

机读目录格式：

200　1#@a 奥运项目规则和礼仪@b 专
　　　著@f 北京市体育局［等］组织
　　　编写

304　##@a 组织编写者还有:首都精神
　　　文明建设委员会办公室、北京市
　　　科学技术协会、共青团北京市委
　　　员会

200　1#@a 中华人民共和国食品卫生法
　　　释义@b 专著@f 全国人大常委
　　　会法制工作委员会经济法室
　　　［等］编著

304　##@a 编著者还有:全国人大教科
　　　文卫委员会人口卫生体育研究
　　　室、中华人民共和国卫生部卫生
　　　监督司、中华人民共和国卫生部
　　　政策法规司

　　说明:题名页同一责任方式责任者超过三个(不含三个)时,200 字段只选取第一个责任者著录,并后加"［等］"字,其他责任者名称则著录在 304 字段。

例5：

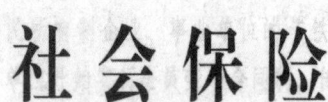

题名页

题名页

机读目录格式：

304　##@a 编写者侯登华,题名页误题：
　　　　候登华

304　##@a 上彊村民,题名页误题：上疆
　　　　村民

说明：《社会保险》一书题名页主编及编写者姓氏分别题为"侯"和"候"，"侯"为姓，"候"错误。《宋词三百首　元曲三百首》一书题名页个人责任者姓氏题"上疆"，经查"上彊"为复姓，"上疆"错误。

例6：

题名页

机读目录格式：

200　1#@a 俗话闽北@b 专著@f 黄睦平［著］

304　##@a 黄睦平,笔名：老木

701　#0@a 黄睦平@4 著

说明："老木"为黄睦平笔名，出现在题名页，可在304字段说明，同时，7--字段取名称规范标目著录。

305　版本与书目沿革附注

字段定义

本字段记录图书版本及书目沿革等方面的说明或补充。

出现情况

选择使用,可重复。

指示符

指示符1：空（未定义）

指示符 2：空（未定义）

子字段

@a　附注内容：不可重复。

字段内容说明

　　本字段记录有关图书版本及书目史的说明。如，影印本的原版、出版授权、出版转让、转印，及题名页、版权页和封面等处有关版本形式的说明等。

著录实例

　　例 1：

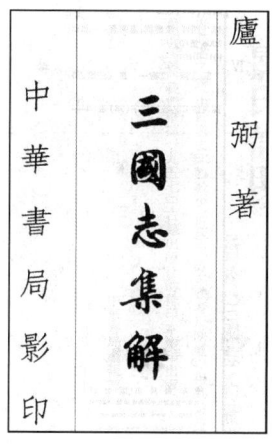 

|　　　　　　　题名页　　　　　　　　　　　　　　　扉页|

机读目录格式：

305　　##@a 据一九五七年古籍出版社的排印本影印

说明：影印说明取自扉页。

　　例 2：

|　　　题名页　　　　　　　　　　　　版权页|

机读目录格式：

305　　##@a 据原书第 12 版译出

说明：翻译著作，题名页所题"第 12 版"，是指翻译著作原来的版本，并非中文版版次，故在 305 字段补充说明。

例3：

题名页

改变心理学的四十项研究（第6版,英文版）

◆ 著 〔美〕罗杰·霍克
  策 划 刘 力 陆 瑜
  责任编辑 刘丽丽
  装帧设计 陶建胜

◆ 人民邮电出版社出版发行 北京市丰台区成寿寺路11号
  邮编 100164 电子邮件 315@ptpress.com.cn
  网址 http://www.ptpress.com.cn
  电话（编辑部）010-84937150 （市场部）010-84937152
  三河市李旗庄少明印装厂印刷
◆ 新华书店经销
◆ 开本：787×1092 1/16
  印张：22.25
  字数：350千字 2014年7月第1版 2014年7月第1次印刷
  著作权合同登记号 图字：01-2012-7663
  ISBN 978-7-115-35357-3

定价：58.00元

版权页

机读目录格式：

205 ##@a 影印版

305 ##@a 据原书第6版影印

说明：翻译著作,题名页所题"第6版",是翻译著作原来的版本,并非中文版版次。据版权页所题确定该书为影印版。

例4：

本书译自1930年英国梅休因有限公司出版的亚当·斯密的《国民财富的性质和原因的研究》第五版,英文原名为 AN INQUIRY INTO THE NATURE AND CAUSES OF THE WEALTH OF NATIONS, 简称为《国富论》,英文书名简称为 THE WEALTH OF NATIONS

版权页

机读目录格式：

305 ##@a 据1930年英国梅休因有限公司出版的亚当·斯密的《国民财富的性质和原因的研究》第五版译出

例5：

题名页

Elizabeth Gaskell
WIVES AND DAUGHTERS

本书根据 Penguin Books Ltd., 1986年版译出

版权页

机读目录格式：

305 ##@a 本书根据 Penguin Books Ltd., 1986年版译出

例6：

正文　　　　　　　　　　　　　　　书内释文

机读目录格式：

205　##@a 影印本

305　##@a 本书诗词的释文部分为铅印版

说明：本书正文部分为手书古诗词的影印形式，但后面释文部分是铅印形式。

例7：

机读目录格式：

305　##@a 由美国业余无线电转播联
　　　　盟授权出版

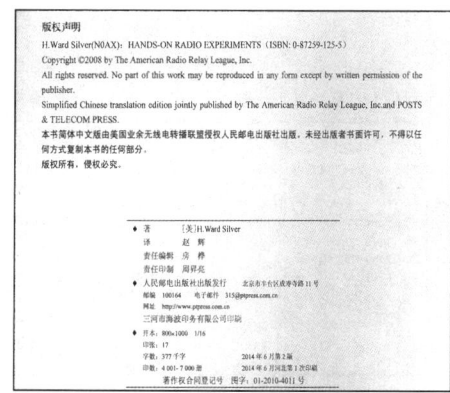

版权页

例8：

封面

机读目录格式：

305　##@a 大耳朵图图动画片正版授权

综述说明：例7、例8的305字段均是对出版授权的解释说明，信息源取自版权页和封面。

306　出版发行附注

字段定义

记录图书出版发行的说明或补充。

出现情况

选择使用,可重复。

指示符

指示符 1:空(未定义)

指示符 2:空(未定义)

子字段

@a　附注内容:不可重复。

字段内容说明

记录有关图书出版发行的说明,如出版地、出版者和出版年的说明或印刷错误以及发行方式或限制等。

著录实例

例 1:

> Larry L. Peterson and Bruce S. Davie : Computer Networks: A Systems Approach, Fourth Edition (ISBN-13: 978-0-12-370548-8 ISBN-10: 0-12-370548-7).
>
> Copyright © 2007 by Elsevier Inc. All rights reserved.
>
> Authorized Simplified Chinese translation edition published by China Machine Press
>
> ISBN: 978-981-259-918-6
>
> Copyright © 2009 by Elsevier (Singapore) Pte Ltd. All rights reserved.
>
> Printed in China by China Machine Press under special arrangement with Elsevier (Singapore) Pte Ltd. This edition is authorized for sale in China only, excluding Hong Kong SAR and Taiwan. Unauthorized export of this edition is a violation of the Copyright Act. Violation of this Law is subject to Civil and Criminal Penalties.
>
> 本书简体中文版由机械工业出版社与Elsevier(Singapore)Pte Ltd.在中国大陆境内合作出版。本版仅限在中国境内(不包括中国香港特别行政区及中国台湾地区)出版及标价销售。未经许可之出口,视为违反著作权法,将受法律之制裁。

版权页

机读目录格式:

306　##@a 本书简体中文版由机械工业出版社与 Elsevier(Singapore)Pte Ltd. 在中国大陆境内合作出版

例 2:

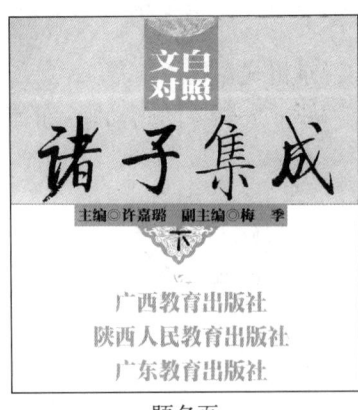

题名页

广西教育出版社

陕西人民教育出版社　出版发行

广东教育出版社

(广州市环市东路 472 号 12-15 楼)

邮政编号:510075

网址:http://www.gjs.cn

各地新华书店经销

深圳当纳利印刷有限公司印刷

(深圳市坂田五和大道)

1995 年 9 月陕西第 1 版

2006 年 8 月广东第 2 版　2006 年 8 月广东第 2 次印刷

787×1092 毫米　16 开本　258.5 印张　7 000 000 字

印数:5000~7000 册

ISBN 7-5406-4428-1/B·18

定价:上、中、下册 588.00 元

版权页

机读目录格式:

210　##@a 南宁[等]@c 广西教育出版社[等]@d 2006

306　##@a 出版者还有:陕西人民教育出版社、广东教育出版社

例3：

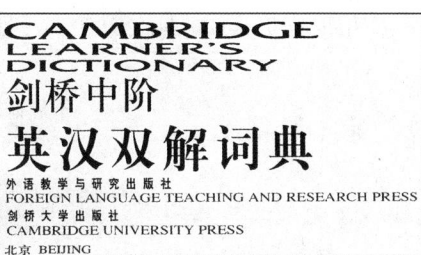

出版人：	李朋义
责任编辑：	徐 宁
封面设计：	袁 璐
出版发行：	外语教学与研究出版社
社 址：	北京市西三环北路19号 (100089)
网 址：	http://www.fltrp.com
印 刷：	杭州富春印务有限公司
开 本：	880×1230 1/32
印 张：	39.25 彩插：0.5
版 次：	2005年9月第1版 2005年9月第1次印刷
书 号：	ISBN 7−5600−4718−1
定 价：	56.90元

题名页　　　　　　　　　　　　版权页

机读目录格式：

210 ##@a 北京@c 外语教学与研究出版社@d 2005

306 ##@a 题名页、封面出版者还题有:剑桥大学出版社

说明:210 字段的规定信息源为版权页、题名页,当出版者有差异时,依版权页所题著录,同时采用 306 字段予以说明。

例4：

题名页　　　　　　　　　　　　版权页

机读目录格式：

210 ##@a 北京@c 北京联合出版公司@d 2013

306 ##@a 题名页出版者题:北京联合出版社

例5：

机读目录格式：

210 ##@a 南昌@c 二十一世纪出版社@d 2006

306 ##@a 原出版者:株式会社小学馆

彩色电视珍藏版(口袋本)

神奇宝贝 第二辑

原出版者:株式会社小学馆

原作:(日)田尻 智 监修:(日)石原恒和 翻译:碧日

出版发行:二十一世纪出版社(南昌市子安路75号 330009)

版权页

例6：

党建读物出版社出版发行

(北京万寿路西街甲7号 邮编:100036 电话:010−68219430)

保定市印刷厂印刷

830×1240毫米 32开本 8.25印张 237千字

2006年4月第1版 2006年4月第1次印刷

印数:1−5000

ISBN 7−80098−847−3/D・720 定价:22.00元

(内部发行)

版权页

机读目录格式：

306 ##@a 内部发行

说明:此例是对发行方式的补充说明。

注意事项:

规定信息源所载出版地、出版者、出版年有误,应依原样照录,同时在 306 字段做出版发行附注说明。

例:

机读目录格式:

210　##@a 上海@c 人民出版社

306　##@a 出版地"北京",误题"上海"

307　载体形态附注

字段定义

记录图书载体形态方面的补充说明或详细说明。

出现情况

选择使用,可重复。

指示符

指示符 1:空(未定义)

指示符 2:空(未定义)

子字段

@a　附注内容:不可重复。

字段内容说明

记录有关图书物理形态的说明。如,页数的印刷错误、尺寸和附件说明等。

著录实例

例1:

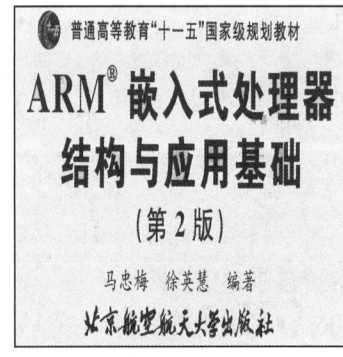

题名页

附光盘

机读目录格式:

010　##@a 978-7-81077-843-5@d CNY34.00

307　##@a 附光盘:ISBN 978-7-900669-98-8

说明:光盘的 ISBN 号与图书的 ISBN 号不一致。

例2:

封面 附光面

机读目录格式:

307 @a 附光盘:ISRC CN-A64-06-328-00

说明:在编图书所附光盘的 ISRC 号著录在本字段。

例3:

封面 附书

机读目录格式:

200 1#@a 新编大学英语综合辅导@h 1@b 专著@f 杨跃主编

215 ##@a 253 页@d 25cm@e 1 手册(175 页;16cm)

307 ##@a 手册全称:《词汇助记与段落诵读手册》

说明:附件题名与图书题名不一致,在 307 字段予以揭示。

例 4：

封面

附光盘

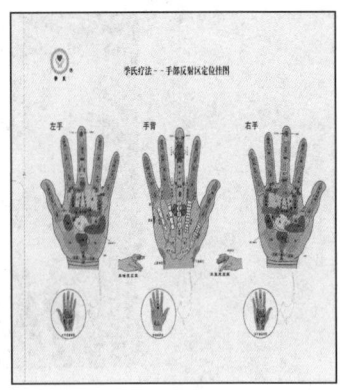

附挂图

机读目录格式：

215 ##@a 252 页@d 24cm@e 1 光盘@e 1 挂图（39×54cm）

307 ##@a 附光盘：ISBN 978-7-88765-941-5 ISRC CN-M46-11-0079-0

307 ##@a 挂图全称：《季氏疗法—手部反射区定位挂图》

说明：本书除附 1 张光盘外，还附 1 张 39×54cm 的挂图，均需在 307 载体形态附注字段进行说明，分别记入一个重复的 307 字段；光盘既有 ISBN 号（光盘的 ISBN 号与图书的 ISBN 号不一致），又有 ISRC 号时，两者均予以著录，采用中间空一格的形式。

例 5：页数的印刷错误（图略）

机读目录格式：

215 #@a 159 页@d 21cm

307 ##@a 图书实际页数为 156 页

说明：图书页数有印刷错误，应依原样照录，将更正后的页数著录在载体形态附注 307 字段。

308 丛编附注

字段定义

本字段记录在编文献所属丛编或曾经所属丛编的附注。

出现情况

选择使用，可重复。

指示符

指示符 1：空（未定义）

指示符 2：空（未定义）

子字段

@a 附注内容：不可重复。

字段内容说明

本字段主要是对 225 字段的进一步补充说明。对于未记入 225 字段的丛编题名、编号等,在 308 字段说明。

著录实例

例1:

机读目录格式:

225　2#@a 养生馆@i 特效养生@v 02

308　##@a 主<u>丛</u>编编号 5

说明:既有主丛编编号又有分<u>丛</u>编编号,将主丛编编号著录在 308 字段。

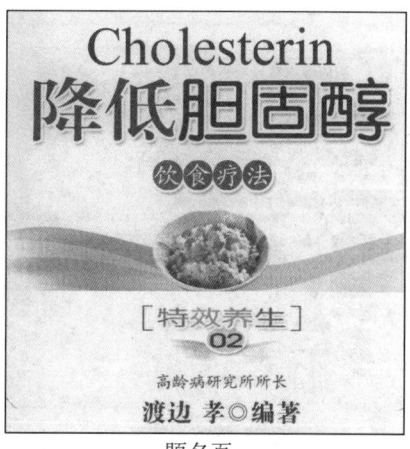

题名页　　书脊

例2:

题名页　　　　　　　　　　　　　　　　逐页

机读目录格式:

225　2#@a 迪克猫应试作文系列

308　##@a <u>丛书</u>名取自逐页

例3:

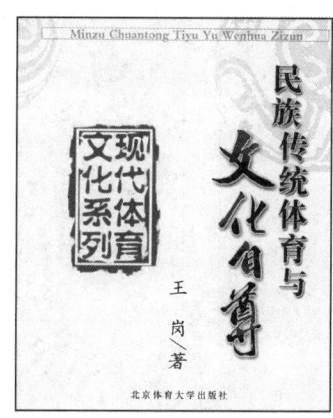

题名页　　　　　　　　封面

机读目录格式:

225　2#@a 现代体育文<u>丛</u>@i 体育文化系列

308　##@a 封面、书脊<u>丛书</u>名题:现代体育文化系列说明:题名页、封面及书脊所题丛书名有差异时,以题名页所题为准,并在308字段加以说明。

例4:

题名页

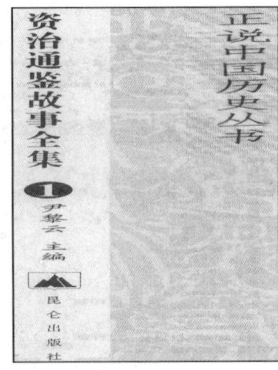

扉页

机读目录格式:

225　2#@a 正说中国历史系列@e 插图版

308　##@a 扉页丛书名:正说中国历史丛书

说明:扉页丛书名与题名页丛书名不相同。

例5:

机读目录格式:

225　2#@a 史说中国历史大系

308　##@a 题名页丛书名题:史说中国

说明:题名页所题丛书名不够完整,按封底折页所题著录。

题名页

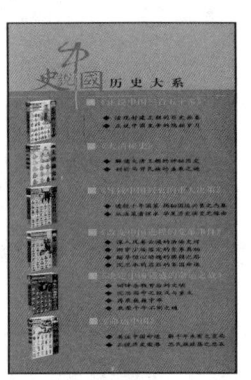

封底折页

例6:

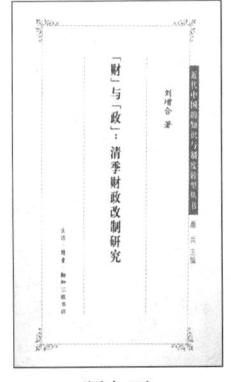

题名页

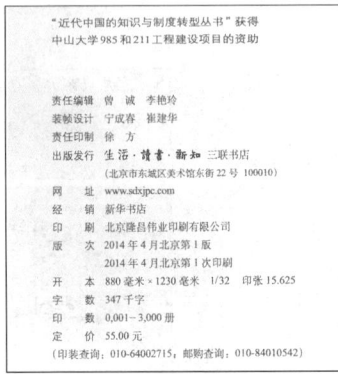

版权页

机读目录格式:

225　2#@a 近代中国的知识与制度转型丛书

308　##@a 本套丛书获得中山大学985和211工程建设项目资助

例 7：

机读目录格式：

225 2#@a 沈阳故宫文库

308 ##@a 文库主编：武斌

说明：丛编责任者著录在 225 字段@f 子字段，但如果建立相应的丛编记录，则应将丛编责任者著录于丛编记录的 200 字段，225 字段省略著录，丛编责任者可在 308 字段附注说明。

封面

310　装订及获得方式附注

字段定义

记录图书装订和获得方式的补充说明或详细说明。

出现情况

选择使用，可重复。

指示符

指示符 1：空（未定义）

指示符 2：空（未定义）

子字段

@a　附注内容：不可重复。

字段内容说明

记录有关图书装订和获得方式的说明。如有多条附注，则应将每条附注分别记入一个重复的 310 字段。

著录实例

例 1：

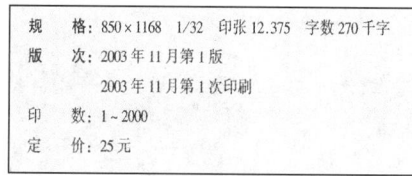

版权页

封底

机读目录格式：

010 ##@a 7-5359-3475-7@b 精装@d CNY25.00

310 ##@a 本书封底价格：CNY29.00

说明：当图书定价出现差异时，以版权页所题为准，其他信息源所题定价，著录于 310 字段。

例2：

题名页　　　　　　　　　　　　　题名页

机读目录格式：

200　　1#@a 我与"开明"@b 专著@a 我与"中青"@f 王久安著

310　　##@a 双向倒转装订

说明：双面都可以阅读的图书，310 字段做如上说明。

例3：赠送图书的著录（图略）

机读目录格式：

310　　##@a 著者自刊，赠送

说明：在编文献获得方式的附注记入 310 字段。

312　　相关题名附注

字段定义

　　记录图书题名页以外其他位置出现的题名文字和说明。

出现情况

　　选择使用，可重复。

指示符

　　指示符 1：空（未定义）

　　指示符 2：空（未定义）

子字段

　　@a　附注内容：不可重复。

字段内容说明

　　（1）本字段主要记入非题名页上出现的与题名有关的附注。

　　（2）如果其他题名需做检索点，如封面题名、卷端题名、逐页题名、书脊题名等，可通过 5--字段（相关题名块）生成相关题名附注，不必重复填写 312 字段。

著录实例

例1：

题名页   版权页

机读目录格式：

200   1#@a 唐诗三百首@b 专著@e 千古的绝唱@e 彩版@f 蔡志忠编绘

312   ##@a 版权页题名:蔡志忠漫画中国经典《唐诗三百首》

517   1#@a 蔡志忠漫画中国经典《唐诗三百首》

例2：

题名页   版权页

机读目录格式：

200   1#@a 当身体还剩下 1/4 时@b 专著@f 段云球著

312   ##@a 版权页题名:当身体还剩下四分之一时

517   1#@a 当身体还剩下四分之一时

例3：

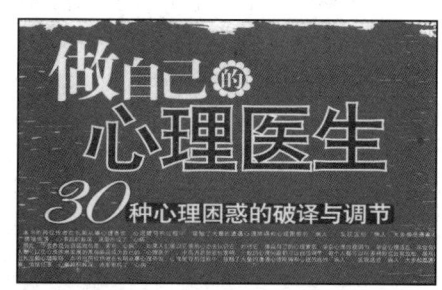

题名页   封面

机读目录格式：

200   1#@a 做自己的心理医生@b 专著@e 现代人的心理困惑与自我调适之道@f 赵雪波，黄凤英著

312   ##@a 封面其他题名信息:30 种心理困惑的破译与调节

517   1#@a 现代人的心理困惑与自我调适之道

517   1#@a 30 种心理困惑的破译与调节

说明:封面其他题名信息与书名页不同,记入 312 字段,有检索意义,做 517 字段。

例 4：

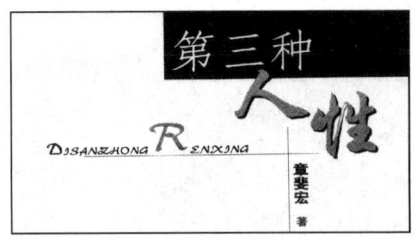

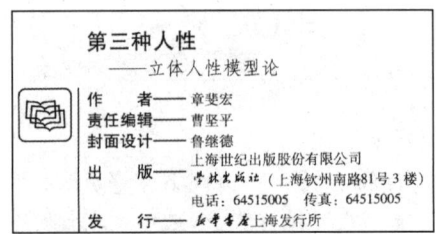

题名页   版权页

机读目录格式：

200   1#@a 第三种人性@b 专著@f 章斐宏著

312   ##@a 版权页其他题名信息:立体人性模型论

517   1#@a 立体人性模型论

说明:未出现在题名页上的其他题名信息不著录在 200 字段@e 子字段,如有必要,可在 312 字段附注说明。

例 5：

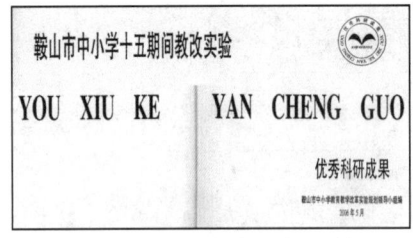

题名页（此图为对开的两页）   版权页

机读目录格式：

200   1#@a 鞍山市中小学十五期间教改实验优秀科研成果@b 专著@f 闫海涛主编@g 鞍山市中小学教育教学改革实验规划领导小组编

312   ##@a 版权页题名:优秀科研成果

说明:版权页题名无检索意义,不做 517 字段。

例6：

题名页

本书原出版者为大吉出版股份有限公司,中文原书名为:《纤女爱找茶》。
版权代理:中国图书进出口(集团)总公司版权部。经授权由安徽科学技术出版社在中国大陆地区独家出版发行。

版权页

机读目录格式:

200　1#@a 喝出水润亮泽肌肤@b 专著@f 唐芩编著

312　##@a 本书原名:纤女爱找茶

517　1#@a 纤女爱找茶

例7：

题名页

版权页

机读目录格式:

200　1#@a 旧爱重提@b 专著@f 乖乖冰著

312　##@a 本书原名:孽情

517　1#@a 孽情

说明:一书题名页以外其他信息源出现的原书名在312字段著录,同时做517字段,以供检索。

例8：

新编基础化学实验（Ⅰ）
——无机及分析化学实验
倪哲明　主编
浙江工业大学基础化学部　编

题名页

New Basic Chemistry Experiment（Ⅰ）
—— Inorganic and Analytical Chemistry Experiment
新编基础化学实验(Ⅰ)
——无机及分析化学实验
倪哲明　主编
浙江工业大学基础化学部　编

封面

机读目录格式:

200　1#@a 新编基础化学实验@h Ⅰ@i 无机及分析化学实验@b 专著

312　##@a 封面英文题名:New basic chemistry experiment. (Ⅰ), Inorganic and analytical chemistry experiment

510　1#@a New basic chemistry experiment@h (Ⅰ)@i Inorganic and analytical chemistry experiment@z eng

说明:因英文题名只在封面出现,不著录在 200 字段@d 子字段,而在 312 字段附注说明,同时做 510 字段,以供检索。

例9:

题名页　　　　　　　封底

机读目录格式:

200　1#@a 金融服务贸易规制与监管研究@b 专著@e 基于入世过渡期后银行业局势的探讨@f 韩龙著

312　##@a 封底英文题名:Regulatory and supervisory perspectives of trade in financial services:reflections on banking after transformation

510　1#@a Regulatory and supervisory perspectives of trade in financial services@e reflections on banking after transformation @z eng

说明:出现在封底上的并列题名,应著录在 312 字段,并做 510 字段,以便检索。

例 10:

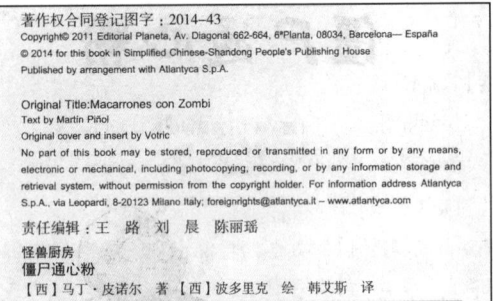

题名页　　　　　　　　版权页

机读目录格式:

200　1#@a 僵尸通心粉@b 专著@f（西）马丁·皮诺尔著@g（西）波多里克绘@g 韩艾斯译

312　##@a 版权页西班牙文题名:Macarrones con zombi

510　1#@a Macarrones con zombie@z spa

说明:翻译著作,外文原名出现在版权页,应著录在 312 字段,同时做 510 字段,以供检索。

例11：

题名页

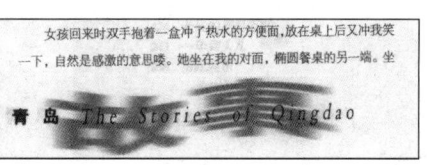
逐页

机读目录格式：

200 1#@a 青岛故事@b 专著@f 薛原编

312 ##@a 逐页英文题名：The stories of Qingdao

510 1#@a Stories of Qingdao@z eng

说明：逐页英文题名不做515字段，在312字段说明，并做510字段。

314　知识责任附注

字段定义

记录对图书负有知识责任的个人或团体的文字说明。

出现情况

选择使用，可重复。

指示符

指示符1：空（未定义）

指示符2：空（未定义）

子字段

@a　附注内容：不可重复。

字段内容说明

本字段包含304字段以外的其他有关在编文献知识责任的附注。如有多条附注，则应将每条附注分别记入一个重复的314字段。

著录实例

例1：

机读目录格式：

314 ##@a 张晓华，东北师范大学世界中古史研究所教授，硕士生导师。中国世界中世纪史研究会理事，历史学博士。发表咨询报告数篇，专业论文30余篇。

作者简介

张晓华，东北师范大学世界中古史研究所教授，硕士生导师。中国世界中世纪史研究会理事。历史学博士。师从朱寰教授，长期从事世界三大宗教比较及当代中国宗教与社会的调查研究，曾出版《世界三大宗教史纲》（1994）、《佛教景教初传中国历史的比较研究》（2001，台湾）等著作。发表咨询报告数篇，专业论文30余篇。

封面折页

例2：

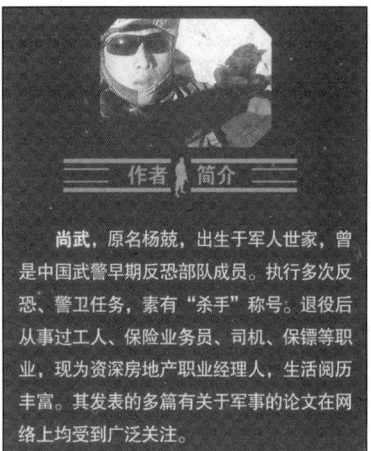

封面折页

机读目录格式：

314 ##@a 尚武,原名杨兢,出生于军人世家,曾是中国武警早期反恐部队成员。执行多次反恐、警卫任务,素有"杀手"称号。退役后从事过工人、保险业务员、司机、保镖等职业,现为资深房地产职业经理人,生活阅历丰富。其发表的多篇有关于军事的论文在网络上均受到广泛关注。

例3：

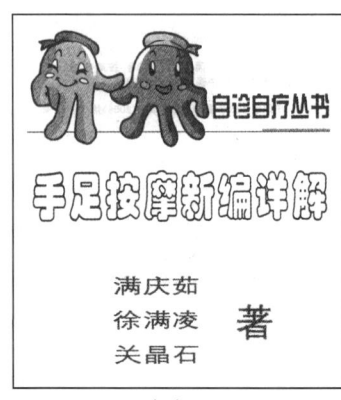

书名页

封面

机读目录格式：

200 1#@a 手足按摩新编详解@b 专著@f 满庆茹,徐满凌,关晶石著

314 ##@a 封面责任方式题为:编著

例4：

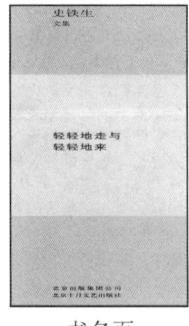

书名页

版权页

机读目录格式：

200　1#@a 轻轻地走与轻轻地来@b 专著

300　##@a 史铁生文集

314　##@a 版权页题：史铁生著

701　#0@a 史铁生@f（1951－2010）@4 著

说明：未出现在题名页上的责任者，不著录在 200 字段，如有必要在 314 字段附注说明，在 7--字段做检索点。

例 5：

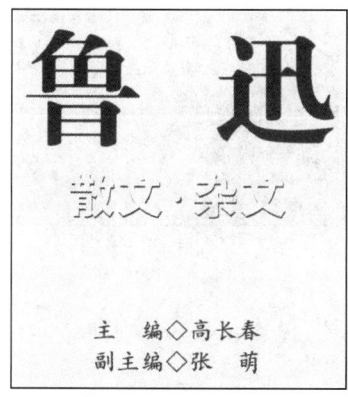
书名页

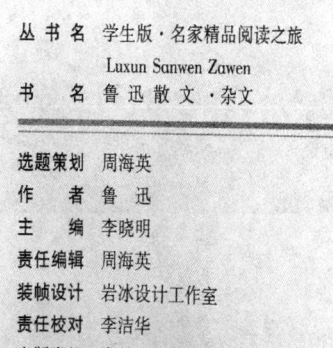
版权页

机读目录格式：

200　1#@a 鲁迅散文·杂文@b 专著@f 高长春主编

314　##@a 版权页题：作者：鲁迅　　主编：李晓明

701　#0@a 鲁迅@f（1881－1936）@4 著

702　#0@a 高长春@4 主编

例 6：

习近平谈治国理政

外文出版社

题名页

图书在版编目 (CIP) 数据

习近平谈治国理政 / 习近平著.
-- 北京：外文出版社，2014
ISBN 978-7-119-09087-0
Ⅰ. ①习… Ⅱ. ①习… Ⅲ. ①习近平－讲话－学习参考
资料②中国特色社会主义－社会主义建设模式－学习参考
资料 Ⅳ. ① D2-0 ② D616
中国版本图书馆CIP数据核字(2014)第220405号

版权页

机读目录格式：

200　1#@a 习近平谈治国理政@b 专著

314　##@a 著者取自图书在版编目数据

701　0#@a 习近平@f（1953－）@4 著

说明：314 字段除著录责任者简介外，还记录除题名页以外其他信息源出现的对图书负有知识责任的个人或团体的文字说明。

例7：

题名页   书内页

机读目录格式：

200   1#@a 黑脸@b 专著@f 一合著

314   ##@a 书内页题作者原名:赵义和

701   #0@a 一合@4 著

320   书目、索引附注

字段定义

    记录图书内部是否有书目或索引的说明文字。

出现情况

    选择使用,可重复。

指示符

    指示符 1:空(未定义)

    指示符 2:空(未定义)

子字段

    @a   附注内容:不可重复。

字段内容说明

    记录图书是否含有书目或索引的说明文字,并注明所在页码,并在 105 字段中索引指示符使用"1"予以揭示。

著录实例

例：

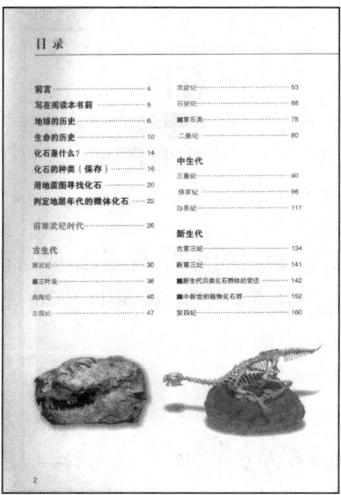
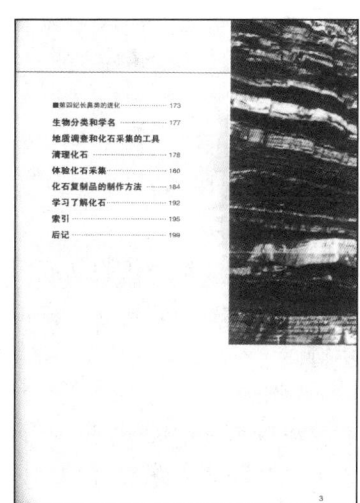

目录　　　　　　　　　　　　目录

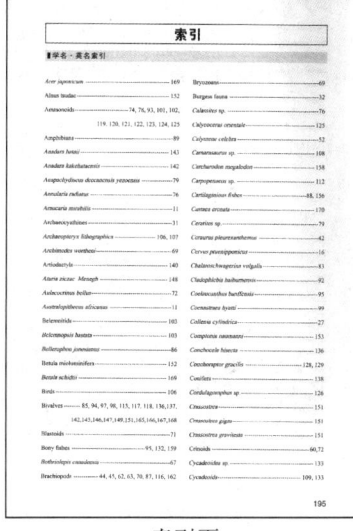
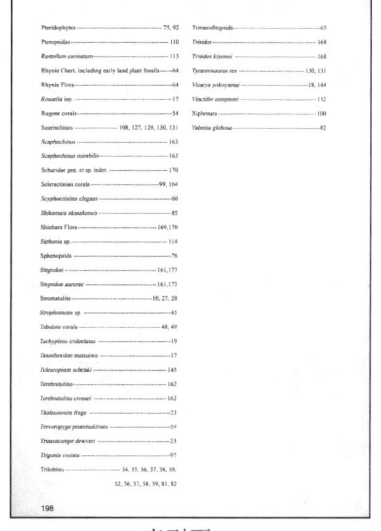

索引页　　　　　　　　　　　索引页

机读目录格式：

105　##@a a###z###001yy

320　##@a 本书第 195 – 198 页附有索引

324　原作版本附注

字段定义

　　本字段是有关复制品原作版本的附注。当在编文献为复制品时,本字段记录原版本文献的信息。

出现情况

选择使用,可重复。

指示符

指示符 1:空(未定义)

指示符 2:空(未定义)

子字段

@a 附注内容:不可重复。

字段内容说明

当在编文献为仿制品或缩微制品时,将原作版本附注记入本字段。本字段通常含有"复制自"等导语,可以由 455 字段自动生成,并使用 ISBD 中的规定标识符进行描述。

示例

例 1:

机读目录格式:

324 ##@a 摹真:晋天福七年(942 年)刻本

例 2:

机读目录格式:

324 ##@a 影印自:明嘉靖壬午刻本

325 复制品附注

字段定义

本字段是有关复制品的附注。当在编文献为原版文献时,本字段记录其复制品的信息。

出现情况

选择使用,可重复。

指示符

指示符 1:空(未定义)

指示符 2:空(未定义)

子字段

@a 附注内容:不可重复。

字段内容说明

当在编文献为原作版本时,将摹真本或缩微制品等复制品的附注记入本字段。本字段通常含有"复制为"等导语,可以由 456 字段自动生成,并使用 ISBD 中的规定标识符进行描述。

示例

例 1:

机读目录格式:

325 ##@a 本记录所著录的文献为《四部丛书》的复制品,16mm 缩微胶卷

例2:

机读目录格式:

325 ##@a 复制为:东明闻见录［缩微品］:一卷

327 内容附注

字段定义

记录图书所包含内容的说明文字。

出现情况

选择使用,可重复。

指示符

指示符1:完整程度指示符

表示本字段是否完整地记录了图书的全部内容。

0 = 不完整

1 = 完整

指示符2:结构指示符

= 非结构式附注

1 = 结构式附注

子字段

@a 附注内容:可重复。

@b 一级子章节(部分):可重复。

@c 二级子章节(部分):可重复。

@d 三级子章节(部分):可重复。

@e 四级子章节(部分):可重复。

@f 五级子章节(部分):可重复。

@g 六级子章节(部分):可重复。

@h 七级子章节(部分):可重复。

@i 八级子章节(部分):可重复。

@p 页码:可重复。

@z 其他信息:可重复。

字段内容说明

本字段可以采用结构式和非结构式两种形式。如果附注的内容有层次且有必要表示其层次等级时,采用结构式附注,否则采用非结构式。

著录实例

例 1：

题名页　　　　　　　　附加题名页　　　　　　　　附加题名页

机读目录格式：

200　1#@a 新中国军旅大事纪实@b 专著@e 军事档案@f 张麟，程秀龙著

327　1#@a 上篇，台海风云@a 下篇，援越抗法、援越抗美及边境扫雷行动

517　1#@a 台海风云

517　1#@a 援越抗法、援越抗美及边境扫雷行动

说明：①327 字段内容附注完整，指示符 1 取"1"；同时，采用非结构形式，指示符 2 取"#"。

②内容子目有检索意义，记入 517 字段，以供检索。

例 2：

杭州佛教文献丛刊

赵一新　总编

武林西湖高僧事略

等八种

［宋］　释元敬　释元复　撰

　　　　魏得良　标点

　　　　徐吉军　审订

题名页

第 2 册总目

武林西湖高僧事略 …………………… ［明］吴之鲸（1）

续武林西湖高僧事略 ……………… ［宋］元敬元复（27）

杭州山水寺院名胜志 ……………… ［明］释袾宏（37）

胜莲社约 …………………………… 徐映璞（163）

云栖纪事 …………………………… ［明］虞淳熙（171）

孝义无碍庵录 ……………………… ［明］佚　名（246）

护国寺元人诸天画像赞 …………… ［明］傅　岩（261）

小云栖放生录 ……………………… ［清］与　楷（285）

目录

机读目录格式：

200　1#@a 武林西湖高僧事略@b 专著@e 等八种@f （宋释）元敬，（宋释）元复撰@g 魏得良标点

327　1#@a 武林西湖高僧事略@a 续武林西湖高僧事略@a 杭州山水寺院名胜志@a 胜莲社约@a 云栖纪事@a 孝义无碍庵录@a 护国寺元人诸天画像赞@a 小云栖放生录

说明：合订图书等八种的内容子目有检索意义，可做 517 字段（517 字段略）。

例3：

题名页

目次页

机读目录格式：

200　1#@a 浮生六记@b 专著@f（清）沈复，冒襄著@f 周颖，刘同军注

327　1#@a 浮生六记@a 影梅庵忆语

517　1#@a 影梅庵忆语

说明：著作由两部分组成，而题名页只选取其中一篇的题名作为本著作的题名，另一部著作可在327内容附注字段注明，并做517字段以供检索。

例4：

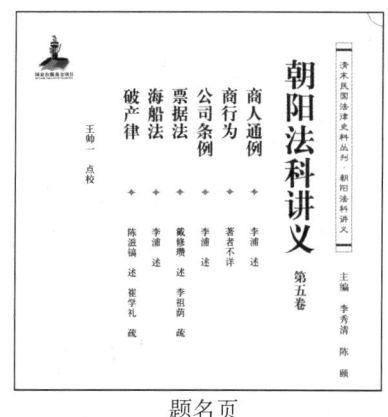

题名页

机读目录格式：

200　1#@a 朝阳法科讲义@h 第五卷@b 专著@f 王帅一点校

327　1#@a 商人通例/李浦述@a 商行为/著者不详@a 公司条例/李浦述@a 票据法/戴修瓒述；李祖荫疏@a 海船法/李浦述@a 破产律/陈滋镐疏；崔学礼疏

说明：本套多卷书，书名页分卷题名较多，如果将分卷题名著录于200字段@i 子字段，书名就显得过于冗长，因此著录在327内容附注字段进行揭示。如有检索意义，可做517字段（517字段略）。

例5：

机读目录格式：

200　1#@a 沈从文全集@h 第15卷@i 诗歌@b 专著

327　0#@a 箪人谣曲@a 忧郁的欣赏@a 絮絮@a 浮雕@a 乐章@a 匡庐诗草@a 井冈山诗草@a 赣游诗草

说明：在编文献为多卷书，本诗歌卷包含十余首诗歌，327内容附注字段未完整记录图书的全部内容，因此指示符采用"0#"形式。

题名页

例 6(图略):

机读目录格式:

200　1#@a 中国文献编目规则@f 国家图书馆《中国文献编目规则》修订组编

327　11@a 第二部分　标目法@b 第二十一章　总则@p 331@b 第二十二章　个人名
　　　　称标目@p 333@b 第二十三章　团体/会议名称标目@p 351@b 第二十四章　题
　　　　名标目@p 369@b 第二十五章　参照@p 377

说明:采用结构形式时,指示符 2 取"1"。"11"表示附注内容完整,"01"表示附注内容不完整。@a 子
字段填写最高层级中的内容,"@b—@i"子字段分别填写第一至第八不同层级的章节内容,@p 子字段是所
对应的"@a—@i"所在页的页码,@z 是所对应的"@a-@i"的相关信息,如责任者等。

328　学位论文附注

字段定义

本字段记录图书是否为学位论文的说明文字。也可记录所授学位、学位授予机构、学位
授予时间等。

出现情况

选择使用,可重复。

指示符

指示符 1:空(未定义)

指示符 2:结构指示符

　　　　# = 无可用信息

　　　　0 = 结构式附注

　　　　1 = 非结构式附注

子字段

@a　附注内容:不可重复。

字段内容说明

(1)学位名称与级别包括学士、硕士和博士学位,应按照 GB/T 6864—2003《中华人民共
和国学位代码》中的名称著录。

(2)学科专业名称按照国务院学位委员会办公室和教育部研究生工作办公室 1997 年修订的
《博士硕士学位和培养研究生的学科专业目录》中的规范名称著录,著录在学位名称与级别之后。

(3)学位授予单位应著录具有学位授权的机构名称。

(4)学位授予日期一律用阿拉伯数字著录。

示例

例 1:

机读目录格式:

328　#1@a 博士论文:城市规划与设计．现代景观规划设计;同济大学,2003

例 2:

机读目录格式:

328   #1@a 理学博士论文:物理化学;北京大学,2000

330   提要或文摘附注

字段定义

记录图书的内容提要或文摘。

出现情况

选择使用,如需要做多个语种的提要时,可重复。

指示符

指示符 1:空(未定义)

指示符 2:空(未定义)

子字段

@a   附注内容:不可重复。

字段内容说明

当图书的题名(包括其他题名信息)不能完整反映文献内容特征时,应依据文献所载提要,采取简介法予以概括。基本原则是凡哲学、社会科学、自然科学、工程技术等学术著作,一般都应编写内容提要。但以下类型的图书,可以省略内容提要:

(1)低幼读物。

(2)题名已清楚说明文献内容的各类教科书、教学参考用书、画册、字帖、菜谱、摄影集、乐谱等。

(3)在 327 字段(内容附注)中已经揭示清楚的内容。

(4)小说类(主要指不容易概括故事情节的长篇小说)。

(5)中华人民共和国法律、法规、条例单行本。

著录方法

(1)古籍类:侧重说明卷、集数目,版本源流变化等。

(2)方志类:说明时限、地域范围、重要附录等。

(3)词典类:指明专业适用范围,特殊编排、查阅方法、重要附录等。

(4)传记类:侧重说明传主从事的专业、主要成果和著作等。

(5)文集类:说明类别及相关人物、时间、地点、收入篇数和涉及领域等。

(6)科技类:有难度时,可抄录与题名联系紧密的、重要的章节名等。

(7)报告文学类:说明所报道的主题、时间、空间等。

著录要求

(1)客观、简要地介绍图书内容,不含个人见解和评论,少用或不用宣传修饰性词语。

(2)注意语句通顺流畅,逻辑连贯,简明准确。

(3)正确使用标点符号。

(4)根据不同文献的特点撰写,以充分揭示作品的实质内容为原则,字数可以控制在50—120 字左右。

著录实例

例 1:

封面折页

机读目录格式:

330 ##@a 本书搜集了大量国内外卓越企业的人力资源管理方面的制度、文案、表单,对国内外知名人力资源专家学者的先进理论进行介绍和提炼,同时还借鉴了国内外各类知名企业的人力资源管理经验和操作规范。

说明:此图例为在编文献封面的折页,可以从这里归纳该书的内容提要。

例 2:

机读目录格式:

330 ##@a 本书内容分"外宣工作概览"、"外宣翻译特点"、"外宣译者的素质"等 6 章 24 节,从应用翻译学、对外传播学、跨文化交际学的视角出发,理论阐述与实证分析紧密结合地集中研讨了外宣翻译的主要特点、基本原理和翻译策略。

版权页

说明:此图例为在编文献版权页,可以从这里归纳该书的内容提要。

333 使用对象附注

字段定义

本字段记录在编文献使用对象或适用对象的附注。

出现情况

选择使用,可重复。

指示符

指示符 1:空(未定义)

指示符 2:空(未定义)

子字段

@a 附注内容:不可重复。

字段结构

　　333　##@a 使用对象或适用对象附注

字段内容说明

　　本字段填写的在编文献适用读者,要与 100 字段中读者对象类型代码相一致。

规定信息源

　　图书任何信息源。

著录实例

　　(1)图书的使用对象附注

　　例1:

机读目录格式:

333　##@a 电影放映技术培训教材(一)　　　　333　##@a 机动车检验人员培训教材

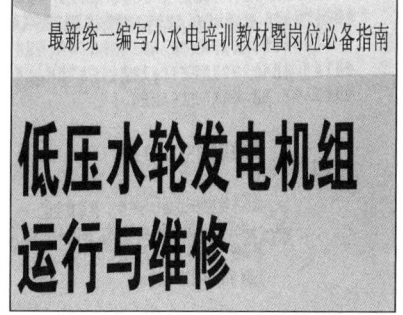 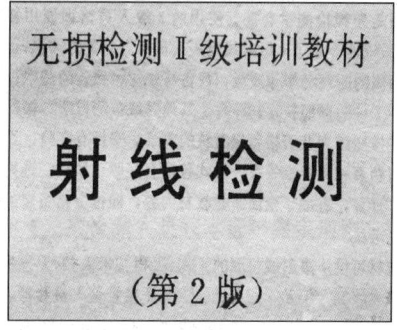

机读目录格式:

333　##@a 最新统一编写小水电培训教　　　　333　##@a 无损检测Ⅱ级培训教材
　　　　　　材暨岗位必备指南

说明:附注文字中的标点符号照录。

例2：

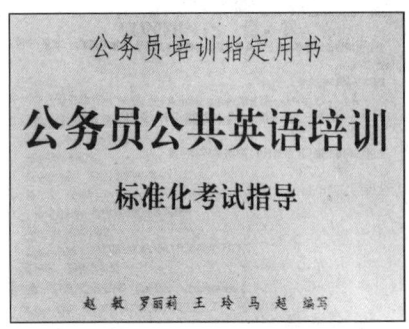

机读目录格式：

333　##@a 公务员培训指定用书

333　##@a 国家统一司法考试参考用书

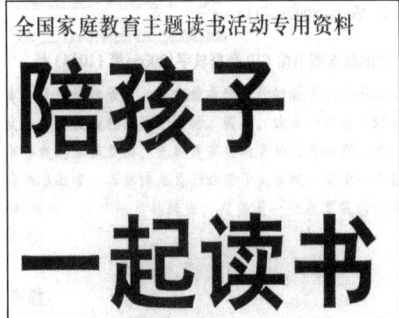

机读目录格式：

333　##@a 美国老年医学专业考试首选
　　　参考书

333　##@a 全国家庭教育主题读书活动
　　　专用资料

（2）图书的适用对象附注

例：

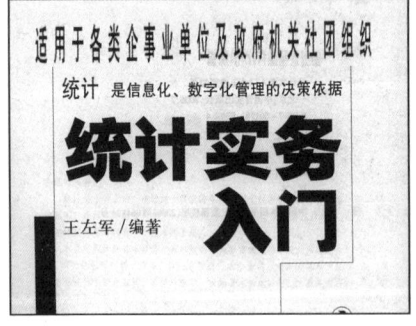

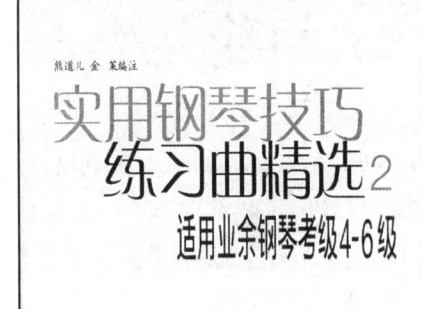

机读目录格式：

333　##@a 适用于各类企事业单位及政
　　　府机关社团组织

333　##@a 适用业余钢琴考级 4－6 级

机读目录格式：

333　##@a 适合 6 ~ 12 岁的孩子及父母阅读

注意事项

本字段使用对象附注与 100 字段的读者对象代码相关。

334　获奖附注

字段定义

本字段记录在编文献获奖情况附注。

出现情况

选择使用，不可重复。

指示符

指示符 1：空（未定义）

指示符 2：空（未定义）

子字段

@a　获奖说明：不可重复。

@b　奖项名称：不可重复。

@c　获奖年代：不可重复。

@d　颁奖国家：不可重复。

字段结构

（1）单子字段方式

334##@a 获奖说明

（2）多子字段方式

334##@b 奖项名称@c 获奖年代@d 颁奖国家

字段内容说明

（1）当获奖信息采用自由行文的方式著录时，只使用@a 一个子字段，称为"单子字段方式"。

（2）当获奖信息采用结构化的方式，将奖项名称、获奖年代、颁奖国家分别记入各个专指子字段时，称为"多子字段方式"。

规定信息源

图书任何信息源。

著录实例

(1)在编图书获奖附注采用单子字段方式著录

例1:

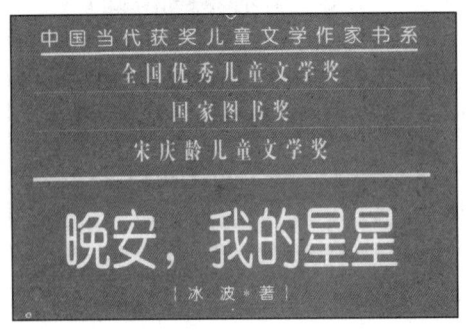

机读目录格式:

334 ##@a 全国优秀儿童文学奖　国家　　　　334 ##@a 荣获第十三届中国图书奖
　　　 图书奖　宋庆龄儿童文学奖

例2:

题名页　　　　　　　　　　　　　封底

机读目录格式:

334 ##@a 入选新闻出版总署2011年(第八次)向全国青少年推荐的百种优秀图书
　　　 入选新闻出版总署第三届"三个一百"原版出版工程　2010年度大众最喜爱的
　　　 50种图书之一　第四届中华优秀出版物奖提名奖

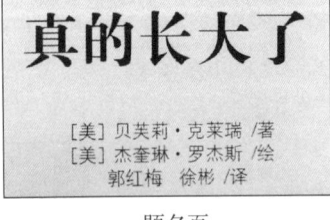

题名页　　　　　　　　　　　　　封面折页

机读目录格式:

334 ##@a 国际阅读协会儿童评选最爱童书　美国阿肯色州青少年图书奖

(2)在编图书获奖附注采用多子字段方式著录

例:

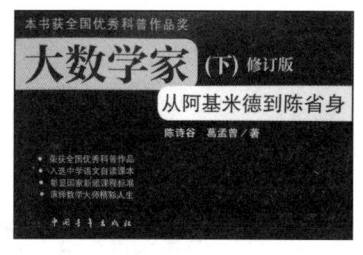 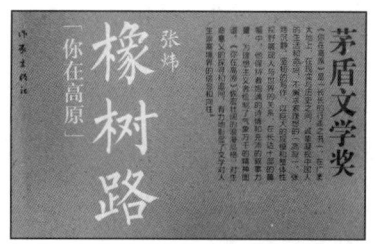

机读目录格式：

334 ##@b 全国优秀科普作品奖@d CN   334 ##@b 茅盾文学奖@d CN

说明：颁奖国家代码取自《国家和地区名称的简称表》。

345　采访信息附注

字段定义

本字段记录图书的出版发行者或其他采访源的名称与地址,也可包括图书的订购号、物理载体形式、获得方式或该图书的不同物理载体的版本附注。

出现情况

选择使用,不可重复。

指示符

指示符1:空(未定义)

指示符2:空(未定义)

子字段

@a　采访源或预订地址

本子字段记录图书的采访源名称和(或)地址,包括预订地址。可重复。

@b　订购号

本子字段记录供应商为便于发行而提供的文献编号。若为 ISBN 或 ISSN,则不必在本字段重复填写。可重复。

@c　载体形式

本子字段记录可获得的载体形式。可重复。

@d　获得方式

本子字段记录图书的价格。可重复。

字段内容说明

(1)将采访源的名称和/或地址,包括文献的订购地址等,记入@a 子字段。若本字段的地址与210 字段的出版发行者的地址相同时,本字段不必填写。

(2)将由供应商提供的文献编号记入@b 子字段。如果订购号为国际标准书号或国际标准连续出版物号,不必在本字段重复填写。

(3)文献的载体形式,如光盘、印刷本等记入@c 子字段。

(4)将在编文献的价格等前置货币代码记入@d 子字段。

示例

例1:

机读目录格式:

345　##@a 中共中央党校出版社特别预定

例2:

机读目录格式:

345　##@a 新华书店首都发行所@b 0163 – 9801@c 印刷本@d CNY20.00

393　系统外字符附注

字段定义

记录在录入时字符集里所缺字符(在记录中用＝表示)的文字描述。

出现情况

选择使用,当该记录出现多个表外字时,可重复。

指示符

指示符1:空(未定义)

指示符2:空(未定义)

子字段

@a　附注内容:不可重复。

字段内容说明

用符号和文字来描述表外字的形状,并注出其汉语拼音。

著录规定

(1)使用符号:(–)＝表示减去汉字中的某部分

(2)使用符号:(→)＝表示更换部件

(3)使用符号:(繁)＝表示用该字或部件的繁体

(4)左右结构:表示左右部件合并

(5)上下结构:表示上下部件合并

(6)先上下后左右结构:表示上下部件合并,然后左右部件合并

(7)难以描述的字,可注明该字所在字典的页码

著录实例

例1:

机读目录格式:

200　1#@a 倪征＝法学文集@9 ni zheng yu fa
　　　xue wen ji@b 专著@f 倪征＝著@g 施
　　　觉怀,倪乃先,高积顺编

393　##@a＝ ＝［日　奥］(yu)

说明:表示此字为左右部件合并。

题名页

例2：

实用口腔局部麻醉学

Practical Dental Local Anaesthesia

▶ John G Meechan ［编著］

▶ 王葵等 ［译］

封面

机读目录格式：

200　1#@a 实用口腔局部麻醉学@b 专著 @d Practical dental local anaesthesia @e 中英文对照@f John G Meechan 编 著@g 王＝,黄磊，李扬译@z eng

393　##@a＝=［龙（上）天］（yan）

说明：此字为上下结构合并。

例3：

机读目录格式：

200　1#@a 可乐小子@h 5@b 专著@f＝本学原著

393　##@a＝=［木（左），臣、又（上）、土］（jian）

说明：表示此字为先左右，后上下结构。

封面

例4：

居住环境
评价方法与理论
（日）浅见泰司 编著
高晓路 张文忠 李 旭
马亚杰 管运涛 王茂军 译

题名页

机读目录格式：

200　1#@a 居住环境@b 专著@e 评价方法与 理论@f（日）＝见泰司编著@g 高晓路 ［等］译

393　##@a＝=［浅（戈（＋）一）］（日本文字）

说明：表示"戈"字再加上一横。

例5：

机读目录格式：

200　1#@a 癫＝外科学@9 dian xian wai ke xue @b 专著@d Epilepsy surgery@f 谭启 富，李龄，吴承远主编@z eng

393　##@a＝=［痫（闲→间）］（xian）

说明："闲"→"间"，表示将"闲"更换为"间"。

癫痫外科学

Epilepsy Surgery

主　编　谭启富 李 龄 吴承远
副主编　栾国明 常 义 张建国 林志国
主编助理　王焕明 张 凯

题名页

4--　连接款目块

连接款目字段的结构

为使各种机读格式的机读记录便于相互转换，UNIMARC 格式对连接款目字段的结构提出了两种著录方式供选择。一种是嵌入字段技术，它适合于较复杂的记录；另一种是标准子字段技术，它容易实现。书目机构选用哪种技术，应在记录交换附录文件中加以说明。全国图书馆联合编目中心采用嵌入字段技术。

本块各字段是为了连接与该记录有关的其他记录而设置的。因此在字段里应提供足够的信息，以便能找到要连接的记录或资料本身。

记录交换时，应在附件中说明是否使用了 4--字段。

使用字段

中文图书记录的连接款目块选用下列字段：

410　　丛书

411　　子丛书

（针对中文普通图书的编目，全国图书馆联合编目中心不使用以上这两个字段，因此本手册略）

421　　补编

422　　正编、正刊

423　　合订

451　　同一载体的其他版本

452　　另一载体的其他版本

453　　译为

454　　译自

455　　复制自

456　　复制为

461　　总集

462　　分集

463　　单册

出现情况

选择使用，可重复。

指示符

指示符 1：空（未定义）

指示符 2：附注指示符

表示记录打印或显示时，是否用本字段的数据生成一个附注。

0 = 不生成附注

1 = 生成附注

子字段

嵌入字段技术

@1 连接数据

每个@1(数字1)子字段内记录一个完整的字段数据。包括字段标识符、指示符、子字段标识符和数据。本子字段可重复。

字段内容说明

每个连接款目字段的数据格式如下:

指示符	子字段标识符	子字段数据	子字段标识符	子字段数据		子字段分隔符
#0 或#1	@1	嵌入的字段标识符,指示符和子字段	@1	嵌入的字段标识符,指示符和子字段	……	

各连接款目字段内嵌入的字段,按字段标识符的数值顺序著录。若连接字段中含有被连接记录的 001 字段,则该记录应和本记录在同一文件里。

421 补编

字段定义

在编文献为正编时,本字段用于实现正编记录与其补编记录的连接。

出现情况

选择使用,可重复。

指示符

指示符 1:空(未定义)

指示符 2:附注指示符

表示记录打印或显示时,是否用本字段的数据生成一个附注。

0 = 不生成附注

1 = 生成附注

子字段

嵌入字段技术

@1 连接数据

每个@1(数字1)子字段内记录一个完整的字段数据。包括字段标识符、指示符、子字段标识符和数据。本子字段可重复。

字段内容说明

(1)当在编文献为正编、正刊时,用本字段连接数据库中的补编、增刊记录。

(2)本字段生成附注时,应前置导词"补编:"。

示例

例:

机读目录格式:

200   1#@a 集说诠真@b 专著

421   #0@a 12001#@a 集说诠真续编

422   正编、正刊

字段定义

在编文献为补编、增刊记录时,本字段用于实现补编、增刊记录与其正编、正刊记录的连接。

出现情况

选择使用,可重复。

指示符

指示符 1:空(未定义)

指示符 2:附注指示符

表示记录打印或显示时,是否用本字段的数据生成一个附注。

0 = 不生成附注

1 = 生成附注

子字段

嵌入字段技术

@1   连接数据

每个@1 (数字 1)子字段内记录一个完整的字段数据。包括字段标识符、指示符、子字段标识符和数据。本子字段可重复。

字段内容说明

(1)当在编文献为补编、增刊时,用本字段连接数据库中的正编、正刊记录。

(2)本字段生成附注时,应前置导词"正编:"。

示例

例:

机读目录格式:

200   1#@a 集说诠真续编@b 专著

422   #0@a 12001#@a 集说诠真

423   合订

字段定义

当在编文献为合订书时,本字段用于实现合订书中各单独部分的记录之间的连接。

出现情况

选择使用,可重复。

指示符

指示符1:空(未定义)

指示符2:附注指示符

表示记录打印或显示时,是否用本字段的数据生成一个附注。

0 = 不生成附注

1 = 生成附注

子字段

嵌入字段技术

@1 连接数据

每个@1(数字1)子字段内记录一个完整的字段数据。包括字段标识符、指示符、子字段标识符和数据。本子字段可重复。

字段内容说明

(1)当在编文献为合订书时,用本字段连接数据库中的第一个合订记录。

(2)本字段生成附注时,应前置导词"合订:"。

著录实例

(1)不同责任者的合订图书

例1:

题名页

机读目录格式:

HEA ##01209nam0#2200337###450#

0 0 1 ##012006089873

2 0 0 1#@a 林肯传@b 专著@f(美)戴尔·卡耐基著@c 富兰克林自传@f(美)本杰明·富兰克林著

分析记录:

HEA ##01212naa0#2200353###450#

2 0 0 1#@a 富兰克林自传@b 专著@f(美)本杰明·富兰克林著

4 2 3 #1@a 12001#@a 林肯传

或:423 #1@a 012006089873

生成附注:与林肯传合订

例2:

题名页

机读目录格式:

HEA　　##00949nam0#2200301###450#

００１　　##012006091821

２００　　1#@a 鲁宾逊漂流记@b 专著@f(英)笛福著@g 石伟译@c 环游世界八十天@f(法)凡尔纳著@g 孙亚娴译

分析记录:

HEA　　##00952naa0#2200386###450#

２００　　1#@a 环游世界八十天@b 专著@f(法)凡尔纳著@g 孙亚娴译

４２３　　#1@a 12001#@a 鲁宾逊漂流记

或:423　　#1@a 012006091821

生成附注:与鲁宾逊漂流记合订

(2)同一责任者的合订图书

例:

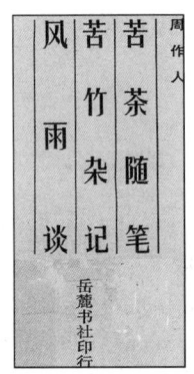

机读目录格式:

HEA　　##00169nam0#2200073###450#

００１　　##0000061835

２００　　1#@a 苦茶随笔@b 专著@a 苦竹杂记@a 风雨谈@f 周作人著

第一条分析记录:

HEA　　##00173naa0#2200095###450#

２００　　1#@a 苦竹杂记@b 专著@f 周作人著

４２３　　#0@a 12001#@a 苦茶随笔

或:423　　#0@a 0000061835

第二条分析记录:

HEA　　##00180naa0#2200102###450#

２００　　1#@a 风雨谈@b 专著@f 周作人著

４２３　　#0@a 12001#@a 苦茶随笔

或:423　　#0@a 0000061835

说明:①423 字段连接的可以是数据库中第一个合订记录的记录控制号(001 字段),或者是第一个合订记录的作品题名(200 字段@a 子字段)。

②如果有多个合订记录,2 字段最多著录三个题名,其余的在 304 字段附注说明,并分别做分析记录。

③本字段指示符为"#0"时,不生成附注;指示符为"#1"时,生成附注。

451　同一载体的其他版本

字段定义

　　当在编文献有同一载体的其他版本时,本字段用于实现在编文献记录与其同载体的其他版本的连接,例如:修订版和初版、不同语种的印刷本等。

字段结构

　　451#0@1 其他版本记录的字段号 + 指示符 + 子字段标识 + 子字段内容@1……

　　451#1@1 其他版本记录的字段号 + 指示符 + 子字段标识 + 子字段内容@1……

字段内容说明

　　(1)当在编文献有同一载体的其他版本时,用本字段连接数据库中的其他版本记录。

　　(2)本字段生成附注时,应前置导词"同一载体其他版本:"。

示例

　　例1:

　　机读目录格式:

　　200　　1#@a 邓小平文选@h 第二卷@f 邓小平著

　　451　　#0@1 2001#@a Selected works of Deng Xiaoping@h 2

　　例2:

　　机读目录格式:

　　200　　1#@a 欧洲比较侵权行为法@f (德)克雷斯蒂安·冯·巴尔(Christian Von Bar)著
　　　　　　@g 张新宝译

　　451　　#1@1 2001#@a 欧洲比较侵权行为法@1 205##@a 2 版

　　生成附注:同一载体其他版本:欧洲比较侵权行为法 . —2 版

452　另一载体的其他版本

字段定义

　　当在编文献有不同载体的其他版本时,本字段用于实现在编文献记录与其不同载体版本记录的连接,例如:电子版和印刷版图书。

字段结构

　　452　#0@1 不同载体其他版本记录的字段号 + 指示符 + 子字段标识 + 子字段内容
　　　　　　@1……

　　452　# @1 不同载体其他版本记录的字段号 + 指示符 + 子字段标识 + 子字段内容
　　　　　　@1……

字段内容说明

　　(1)当在编文献有不同载体版本记录时,用本字段连接数据库中的不同载体版本记录。

（2）本字段生成附注时,应前置导词"不同载体其他版本:"。

示例

例:

机读目录格式:

200　1#@a 电脑 e 课堂@i 网页动画篇@b 专著@e 中文 Flash MX 2004

452　#1@1 2001#@a 电脑 e 课堂@i 中文 Flash MX 2004@b 电子资源

或:452　#1@1 001002868915

生成附注:不同载体其他版本:电脑 e 课堂. 中文 Flash MX 2004［电子资源］

453　译为

字段定义

当在编文献是原作时,本字段用于实现在编文献记录与其译本记录的连接。

出现情况

选择使用,可重复。

指示符

指示符 1:空（未定义）

指示符 2:附注指示符

表示记录打印或显示时,是否用本字段的数据生成一个附注。

0 = 不生成附注

1 = 生成附注

子字段

嵌入字段技术

@1　连接数据

每个@1（数字 1）子字段内记录一个完整的字段数据。包括字段标识符、指示符、子字段标识符和数据。本子字段可重复。

字段内容说明

（1）当在编文献为原著时,用本字段连接数据库中的译本记录。

（2）本字段生成附注时,应前置导词"译为:"。

（3）如果在编文献有多种译本时,重复 453 字段。

（4）本字段常用于各语种书目记录混合建库的情况。

示例

例:

机读目录格式:

200　1#@a 西游记@b 专著

453　#1@a 12001#@a Journey to the west

生成附注:译为:Journey to the west

454 译自

字段定义

当在编文献为翻译作品时,本字段用于实现在编文献(译本)记录与原作品记录的连接。

出现情况

选择使用,可重复。

指示符

指示符1:空(未定义)

指示符2:附注指示符

表示记录打印或显示时,是否用本字段的数据生成一个附注。

0 = 不生成附注

1 = 生成附注

子字段

嵌入字段技术

@1 连接数据

每个@1(数字1)子字段内记录一个完整的字段数据。包括字段标识符、指示符、子字段标识符和数据。本子字段可重复。

字段内容说明

(1)当在编文献为译著时,用本字段连接数据库中的原著记录。

(2)本字段生成附注时,应前置导词"译自:"。

(3)本字段常用于各语种书目记录混合建库的情况。

示例

例:

机读目录格式:

200　1#@a 老人与海@b 专著

454　#1@a 12001#@a The old man and the sea

生成附注:译自:The old man and the sea

455 复制自

字段定义

当在编文献为复制品时,本字段用于与其原版本记录的连接。

字段结构

455#0@1 原版本记录的字段号 + 指示符 + 子字段标识 + 子字段内容@1……

455#1@1 原版本记录的字段号 + 指示符 + 子字段标识 + 子字段内容@1……

字段内容说明

（1）当在编文献为复制品时，用本字段连接数据库中的原版本记录。

（2）本字段生成附注时，应前置导词"复制自："。

示例

例：

机读目录格式：

200　1#@a 四世同堂@h 第二部@i 偷生@b 缩微品@f 老舍著

455　#1@1 2001#@a 四世同堂@h 第二部@i 偷生@b 专著@f 老舍著@1 205##@a 2 版
　　@1 210##@a 上海@c 上海晨光出版公司［发行者］@d 1947@1 215##@a 2 册
　　（692 页）@d 17cm

生成附注：复制自：四世同堂［专著］. 第二部，偷生/老舍著 . —2 版 . —上海：上海晨光
出版公司［发行者］，1947. —2 册（692 页）；17cm

456　复制为

字段定义

当在编文献为复制品的原作时，本字段用于实现与其复制品记录的连接。

字段结构

456　#0@1 复制品记录的字段号＋指示符＋子字段标识＋子字段内容@1……

456　#1@1 复制品记录的字段号＋指示符＋子字段标识＋子字段内容@1……

字段内容说明

（1）当在编文献为原作时，用本字段连接数据库中的复制品记录。

（2）本字段生成附注时，应前置导词"复制自："。

示例

例：

机读目录格式：

200　1#@a 四世同堂@h 第二部@i 偷生@b 专著@f 老舍著

456　#1@1 2001#@a 四世同堂@h 第二部@i 偷生@b 缩微品@f 老舍著@1 205##@a 2
　　代@1 210##@a 北京@c 全国图书馆文献缩微中心@d 2005@1 215##@a 1 盘卷
　　片（10 米 364 拍）@d 16mm

生成附注：复制为：四世同堂［缩微品］. 第二部，偷生/老舍著 . —2 代 . —北京：全国图
书馆文献缩微中心，2005. —1 盘卷片（10 米 364 拍）；16mm

46-　多层次字段

字段定义

连接款目字段提供以下四个层次的字段：

总集:一组物理上分开的、由一个共同题名标识的文献。包括丛书丛刊、配套文集、多卷集专著或系列资料。

分集:一组物理上分开的、由一个共同题名标识的文献。相当于总集的一部分。

单册:一部物理上独立的文献。

单册分析:物理上未与单册分开的、单册的组成部分。

总集层以下各层的记录,只上连邻近一层。因此,本手册不使用464字段。

总集层下各记录的头标区字符位置8,应置值2;而总集层记录的头标区字符位置8,应置值1。

出现情况

选择使用,可重复。

指示符

指示符1:空(未定义)

指示符2:附注指示符

表示记录打印或显示时,是否用本字段的数据生成一个附注。

0 = 不生成附注

1 = 生成附注

子字段

详见前面4--连接款目字段的说明,此处不赘述。

相关字段

头标区:字符位置8

这个字符位置和46-字段结合使用。

461　　总集

字段定义

本字段记录该图书所属的总集层数据,用以连接最高层的记录。含本字段的记录是单册层或分集层。

字段内容说明

当强调不同层次记录的连接时,可用本字段连接它的总集记录。

著录实例

(1)单册层记录

例1:

机读目录格式:

200　　1#@a 诗词学论稿@b 专著@e 邓红梅遗集@f 邓红梅著

225　　2#@a 随园文史研究丛书

461　　#0@1 2001#@a 随园文史研究丛书

例2:

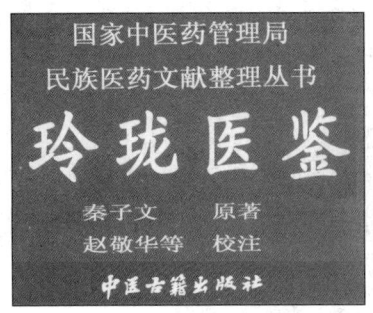

封面　　　　　　　　　　　　　封底

机读目录格式:

200　1#@a 玲珑医鉴@b 专著@f 秦子文原著@g 赵敬华等校注

225　2#@a 国家中医药管理局民族医药文献整理丛书

225　2#@a 湖北民族学院医学文库

461　#0@1 2001#@a 国家中医药管理局民族医药文献整理丛书

461　#0@1 2001#@a 湖北民族学院医学文库

说明:一部图书同时具有两个丛书名的著录。

例3:

机读目录格式:

200　1#@a 黑暗的心@b 专著@d Heart of darkness
　　　@f(英)约瑟夫·康拉德(Joseph Conrad)
　　　著@g 薛诗绮,智量,袁家骅译@z eng

225　2#@a 世界文学名著典藏@e 全译本

461　#0@1 2001#@a 世界文学名著典藏@e 全译本

说明:其他丛书题名信息的著录。

例4:

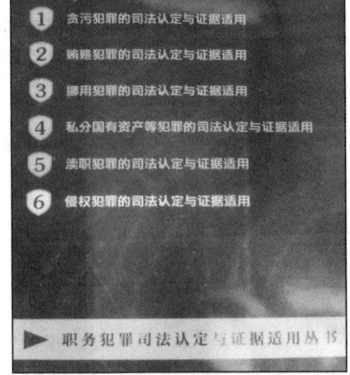

封面　　　　　　　　　　　　　封底

机读目录格式:

200　1#@a 侵权犯罪的司法认定与证据适用@b 专著@f 缪树权,刘林呐著

225　2#@a 职务犯罪司法认定与证据适用丛书@v 6

461　#0@1 2001#@a 职务犯罪司法认定与证据适用丛书@v 6

说明：丛书卷标识的著录。

例5：

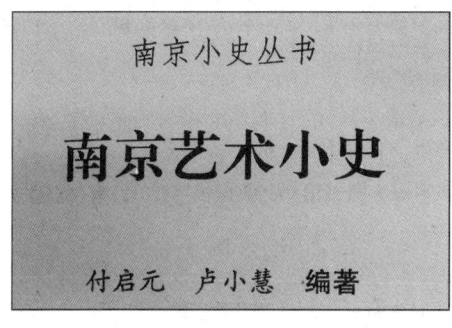

机读目录格式：

200　1#@a 南京艺术小史@b 专著@f 付启元，卢小慧编著

225　0#@a 南京小史丛书@h 第 1 辑

461　#0@1 2001#@a 南京小史丛书

说明：本例从 225 字段来看，应该是两层的关系，单册记录《南京艺术小史》的中间层是"第 1 辑"，它只是物理层次上的划分，原则上不做中间层记录。所以 225 字段指示符置"0#"，用 461 字段直接连接总集。

（2）分集层记录

例：

封面　　　　　　　　　　　封底　　　书脊

机读目录格式：

200　1#@a 借箭丛书@b 专著

210　1#@a 海口@d 南海出版社@d 2002 –

215　##@a_册@d 19 – 23cm

225　2#@a 新经典智库

461　#0@1 2001#@a 新经典智库

说明：分丛编记录，以子丛书名做正题名，用 461 字段连接总集。

注意事项

（1）图书著录过程中对于那些无检索意义的丛书，我们应在丛书项 225 字段用指示符来控制，当 225 指示符 1 填 1 时，即无检索意义，同时不生成 461 字段，不予以连接。

（2）同一套丛书的总集层次连接、分集层次连接字段不应同时出现在同一条记录中，即不能同时出现 461 字段与 462 字段。子丛书名无独立检索意义时，应与主丛编名共同组成中间层记录的检索点。

462　分集

字段定义

本字段记录该图书所属的分集层数据，用以连接分集层的记录。含本字段的记录是单册记录。

字段内容说明

本字段用于单册记录连接它的分集记录。

著录实例

单册记录

例 1：

机读目录格式：

200　1#@a 大自然的怒吼@b 专著@f 宋建华主编

225　2#@a 走进科普世界丛书@i 神奇的宇宙空间

462　#0@1 2001#@a 神奇的宇宙空间

说明：分丛编有独立检索意义。

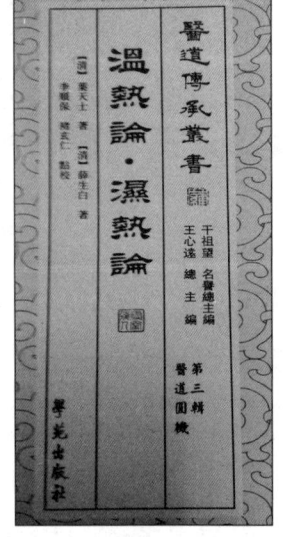

例 2：

机读目录格式：

200　1#@a 温热论·湿热论@b 专著@f（清）叶天士,（清）薛生白著@g 李顺保, 褚玄仁点校

225　2#@a 医道传承丛书@h 第三辑@i 医道圆机

462　#0@1 2001#@a 医道圆机

例3：

题名页

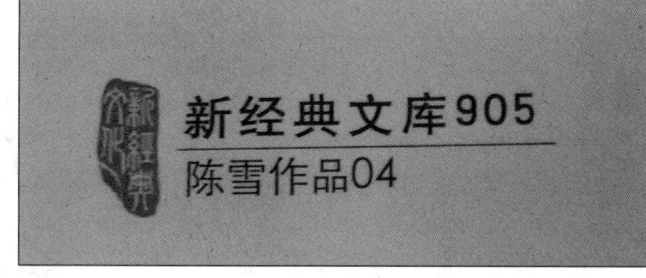

封底

机读目录格式：

200 1#@a 蝴蝶@b 专著@f 陈雪［著］

225 2#@a 新经典文库@i 陈雪作品@v 04

308 ##@a 主丛编编号:905

462 #0@1 2001#@a 陈雪作品@v 04

例4：

机读目录格式：

200 1#@a 图说人类的健康与环境@b 专著@f 阚男男，王颖主编

225 2#@a 中华青少年科学文化博览丛书@i 环保卷

462 #0 @1 2001#@a 中华青少年科学文化博览丛书@i 环保卷

说明: 分丛编"环保卷"无独立检索意义。

463　单册

字段定义

在编文献是单册分析层或者总集时,本字段用于实现对单册记录的连接。

字段内容说明

(1)强调不同层次记录的连接时,用本字段连接它的单册记录。

(2)从单册分析到单册的连接总是向上连接。

著录实例

例:

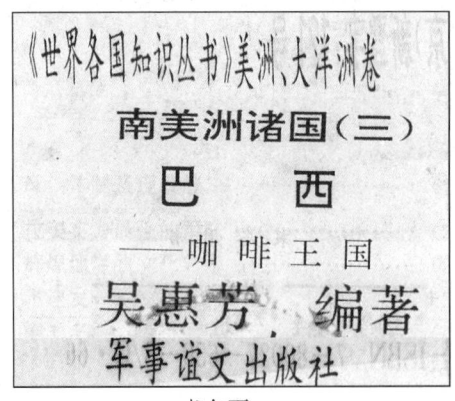

书名页 　　　　　　　　　　　　封面

单册分析记录格式:

010　##@a 7-80027-650-3@d CNY34.00(全套)

200　1#@a 巴西@e 咖啡王国

210　##@a 北京@c 军事谊文出版社@d 1995

215　##@a 232 页@d 19cm

225　2#@a 世界各国知识丛书@i 美洲、大洋洲卷

463　#0@1 2001#@a 南美洲诸国@v 3

说明:"巴西"是单册《南美洲诸国．三》中的一个国家,用 463 字段上连邻层。

5-- 相关题名块

相关题名是指出现在图书不同的位置,和200字段著录的题名有明显区别的题名。它们所描述的对象都是和题名责任项著录的题名对象相同。

当这些题名用作检索点时,才选用本块相关字段记录,第一指示符置1;不宜做检索点时,无检索意义的相关题名可在312字段做附注。

使用字段

中文图书相关题名块使用下列字段:

500	统一题名
510	并列题名
512	封面题名
513	附加题名页题名
514	卷端题名
515	逐页题名
516	书脊题名
517	其他题名
518	现代标准书写题名
540	编目员补充的附加题名
541	编目员补充的翻译题名
545	分部题名

500　统一题名

字段定义

统一题名是由书目机构选取的特定题名。一般是为具有多个题名的同一作品选择的一个为大多数人所熟知的比较有代表性的题名。为使该题名具有唯一性,可以对其附加一些数据元素。

出现情况

选择使用,可重复。

指示符

指示符1:题名检索意义指示符,表示是否用此题名做检索点。

中文图书书目记录统一题名都做检索点,因此始终置值1。

0 = 不做检索点

1 = 做检索点

指示符2:主款目指示符

表示该统一题名是否是主要款目。中文图书编目条例无主要款目概念，因此该指
示符始终置值0。

0 = 不是主要款目

1 = 是主要款目

子字段

@a　统一题名

本子字段记录著作的统一题名，不附任何修饰成分。若本字段存在，则本子字段
必备。不可重复。

@b　一般资料标识

记录一般资料标识文字。可重复。

@h　分卷册编次

本子字段记录统一题名的分卷册编次。可重复。

@i　分卷册题名

本子字段记录统一题名的分卷册题名。可重复。

@k　出版年

本子字段记录补充统一题名标目的出版年。不可重复。

@l　形式副标目

本子字段记录补充统一题名标目的标准短语。不可重复。

@m　语种(标目的一部分)

本子字段记录补充统一题名标目的语种代码。若著作为多语种，则应在本子字段
记录多个语种代码。不可重复。

@n　其他信息

本子字段记录其他子字段未提供的信息。可重复。

@q　版本

本子字段记录著作的版本标识。它可以是版本名称或版本年。不可重复。

@v　卷标识

本子字段记录本字段描述对象所属另一记录描述对象的编次。因此，只有当本字
段嵌套在4--字段以连接其上层记录时，才使用本子字段。不可重复。

@3　规范记录号

本子字段记录该标目的规范记录号。不可重复。

@9　汉语拼音

本子字段的第一指示符值为1时，本子字段记录统一题名的汉语拼音，由计算机
自动生成。本子字段不可重复。

字段内容说明

本字段的内容是统一题名规范记录中的规范标目字段。所以本字段的著录应依据名称
规范数据库中 230 字段中的规范题名提取。

著录实例

例1：

题名页

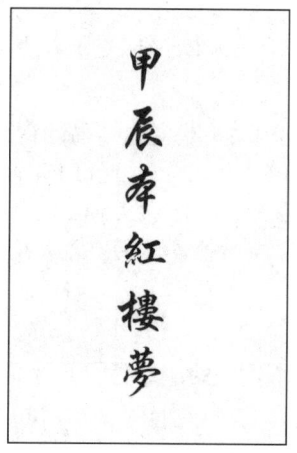

题名页

机读目录格式：

200 1#@a 脂砚斋重评石头记@b 专著
　　@f（清）曹雪芹著

500 10@a 红楼梦

200 1#@a 甲辰本红楼梦@b 专著

500 10@a 红楼梦

说明：《石头记》是中国古典小说的顶峰之作，但后来一直以《红楼梦》为书名而广为流传。

例2：

题名页

机读目录格式：

200 1#@a 堂吉珂德@b 专著@f（西）米格
　　尔·塞万提斯（Miguel Cervantes）原著
　　@g Andrew Grant 改编@g 赵海卫，孟
　　韶秀翻译

500 10@a 堂吉诃德

例3：

机读目录格式：

200 1#@a 鲁滨孙漂流记@b 专著@f（英）丹
　　尼尔·笛福著@g 陈健健译

500 10@a 鲁宾逊漂流记

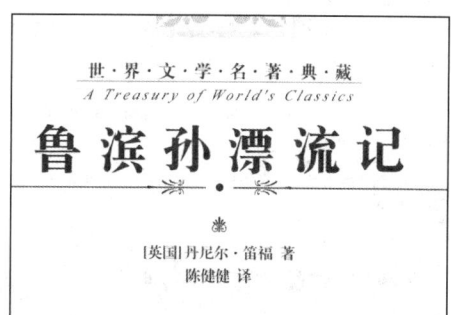

题名页

例4：

机读目录格式：

200　1#@a 欧叶妮·葛朗台@b 专著@d Euge-nie Grandet @ f （法）巴尔扎克［著］@z fre

500　10@a 欧也妮·葛朗台

题名页

　　说明：图书在译成中文时由于翻译的差异，造成书名有所不同。为了集中同一种文献的不同版本，而将其拟定一个译本较早、知名度较高、人们熟悉简短准确的中译题名做统一题名。

注意事项

- 对于大多数文献是不需要建立统一题名的。只有当文献具有不同版本或译本，不同文献被赋予了相同的题名和相同的文献被赋予了不同的题名，且该文献又具有一定的学术价值和知名度时，才需要建立统一题名。

- 同一种文献只能有一个统一题名，当选定一部文献的统一题名后，该文献其他版本的记录均要做统一题名字段。

- 如果著作的修改结果是成为一种新的著作，即从著作的一种文学或艺术体裁改编成为另一种体裁，如小说改编为剧本、改写本、儿童改编本，都视为新的著作，不能取统一题名。

510　并列题名

字段定义

　　按 ISBD 的定义，并列题名是另一种语言和(或)文字的正题名，或者相当于正题名的另一种语言和(或)文字的题名。在出版物题名页以外位置出现的原文书名(或称外文书名)，也认为是并列题名。

出现情况

　　选择使用，可重复。

指示符

　　指示符 1：题名检索意义指示符

　　　　表示是否用此题名做检索点。

　　　　　　0 = 不做检索点

　　　　　　1 = 做检索点

　　指示符 2：空（未定义）

子字段

　　@a　并列题名

　　　　在编文献上出现的与正题名相对应的另一种语言和文字形式的正题名。不可重复。

　　@e　其他题名信息

　　从属于并列题名的并列副题名和题名说明文字,它可用于生成检索点或附注。可重复。

@h　分卷册编次

　　本子字段记录并列题名的分卷册编次。可重复。

@i　分卷册名

　　本子字段记录并列题名的分卷册题名。可重复。

@j　卷次

　　与并列题名有关的多卷集作品或连续出版物的组成部分的卷号或日期。不可重复。

@n　其他信息

　　本子字段记录说明并列题名的简短文字。不可重复。

@z　并列题名语种

　　本子字段记录并列题名的语种代码。不可重复。

字段内容说明

　　本字段记录需要做检索点的并列题名。并列副题名、解释性文字均使用@e 子字段,并列分卷册名使用@i 子字段。

著录规定

　　并列题名的选取,应在意义上和 200 字段的中文题名一致。标点符号一律使用单字节,不能使用汉语标点符号。并列题名的著录,一律使用单字节(除俄文外)。行文时,题名首字母、个人名称的首字母以及专用缩写均大写,题名内其他字母均小写,当冠词在句首时应去掉冠词,句首字母大写。常见语种使用的冠词见本书附录六。德文所有名词首字母大写,标点符号使用半角。并列题名中带有区分符号的字母,无法录入的区分符号可予以省略。语种代码著录在本字段末尾。

著录实例

　　1. 出现在题名页上的并列题名的著录

　　出现在题名页的并列题名著录在 200 字段@d 子字段,并做 510 字段,以便检索。

　　(1)文献题名页有并列正题名,510 字段@a 子字段句首字母大写,如句首为冠词,应去掉冠词首字母大写。

　　例 1:

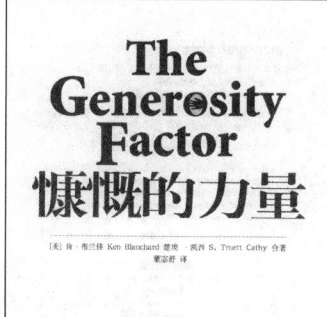

题名页

机读目录格式:

200　1#@a 慷慨的力量@b 专著@d The generosity factor @f（美）肯·布兰佳（Ken Blanchard）,（美）楚埃·凯西（S. Truett Cathy）合著@g 董宓舒译 @z eng

510　1#@a Generosity factor@z eng

例2：

题名页

机读目录格式：

200　1#@a 英国小说发展史@b 专著@d A history of British fiction@f 蒋承勇等著@z eng

510　1#@a History of British fiction@z eng

说明：以上两例并列正题名是以冠词"The""A"开头，200 字段@d 子字段依照原文著录，而 510@a 子字段应去掉冠词"The""A"，首字母大写，专有名词首字母大写。

例3：

机读目录格式：

200　1#@a 管理学@b 专著@d Management science@f 张友苏，陈昭玖编著@z eng

510　1#@a Management science@z eng

说明：510 字段@a 子字段并列题名首字母大写。

题名页

例4：

题名页

机读目录格式：

200　1#@a 刑法学总论@b 专著@d General theories of criminal law@f 周京英，陈鸿主编@z eng

510　1#@a General theories of criminal law@z eng

说明：题名页并列题名均为大写字母，著录时除首词首字母大写外，其他均小写。

例5：

机读目录格式：

200　1#@a 新的生命@b 专著@d La vita nucva@f（意）但丁著@g 沈默译@z ita

510　1#@a Vita nucva@z ita

说明：并列题名为意大利文，"La"为冠词，记入 510 字段时去掉冠词。

La Vita Nuova

新的生命

〔意大利〕 但丁 著

沈默 译

题名页

（2）文献题名页有并列正题名和并列其他题名信息，510 字段@a 子字段首字母大写（去掉冠词）；@e 子字段首字母小写，不必去掉冠词。

例1：

题名页

机读目录格式：

200 　1#@a 人机交互@b 专著@e 以用户为中心的设计和评估@d Human-computer interaction@e user centered design and evaluation@f 董建明[等]编著@z eng

510 　1#@a Human-computer interaction@e user centered design and evaluation@z eng

说明：510 字段@e 子字段首字母小写。

例2：

机读目录格式：

200 　1#@a 武梁祠@b 专著@e 中国古代画像艺术的思想性@d The Wu Liang shrine @e the idelolgy of early Chinese pictorial art@f （美）巫鸿著@g 柳扬，岑河译 @z eng

510 　1#@a Wu Liang shrine@e the idelolgy of early Chinese pictorial art@z eng

说明：510 字段@e 子字段不必去掉冠词"the"，首字母小写。

例3：

题名页

机读目录格式：

200 　1#@a 现象学，阐释学，接受理论@b 专著 @e 当代西方文艺理论@d Phenomenology, hermeneutics, and reception theory @e contemporary literary theory@f （英）特里·伊格尔顿著@g 王逢振译@z eng

510 　1#@a Phenomenology, hermeneutics, and reception theory @e contemporary literary theory@z eng

说明：并列题名中的标点符号起语法作用，著录时应依原题照录，标点符号采用"半角＋空格"的形式。

（3）文献题名页出现正题名、其他题名信息及有独立检索意义的并列其他题名信息时，并列其他题名信息著录在 200 字段@d 子字段，同时在 510 字段做检索点。

例：

机读目录格式：

200　　1#@a 血族传说@b 专著@e 达里昂的月光
　　　　@d The moonlight of Daliang@f 宁珈［著］@z eng

510　　1#@a Moonlight of Daliang@z eng

题名页

（4）文献题名页有并列正题名和并列分辑题名，510 字段@a 子字段首字母大写（去掉冠词）；@i 子字段首字母大写，不必去掉冠词。

例1：

题名页

机读目录格式：

200　　1#@a 21 世纪国际顶级时尚品牌@i 鞋帽
　　　　@b 专著@d The twenty-first century in-
　　　　ternat best fashion brand@i Shoes and
　　　　flats@f 华梅主编@g 周梦编著@z eng

510　　1#@a Twenty-first century international best
　　　　fashion brand@i Shoes and flats@z eng

说明：510 字段@i 子字段首字母大写。

例2：

机读目录格式：

200　　1#@a 中国人权史@i 生存权篇@b 专著
　　　　@d The history of Chinese human rights
　　　　@i The rights of survival@f 毛汉光
　　　　著@z eng

510　　1#@a History of Chinese human rights
　　　　@i The rights of survival@z eng

说明：510 字段@i 子字段首字母大写，不必去掉冠词。

题名页

例3：

题名页

机读目录格式：

200 1#@a 中国人民大学中国人文社会科学发展研究报告@h 2008 – 2009@i 学科整合与热点聚焦@b 专著@d Renmin University of China research reports on China humanities and social sciences development@h 2008 – 2009@i Integration of disciplines and focus on hotspots@f 纪宝成，刘大椿主编@z eng

510 1#@a Renmin University of China research reports on China humanities and social sciences development@h 2008 – 2009@i Integration of disciplines and focus on hotspots@z eng

说明：并列题名中出现并列分辑号、并列分辑名时，依正题名@h、@i 顺序著录。

（5）文献没有并列正题名，只有并列分辑题名时，200 字段不予著录，510 字段亦不予著录，可在 304 字段做附注说明。

例：

机读目录格式：

200 1#@a 现代零售企业经营与管理实务@i 零售采购管理@b 专著@f 朱春瑞主编

304 ##@a 并列分辑题名：Retail procurement management

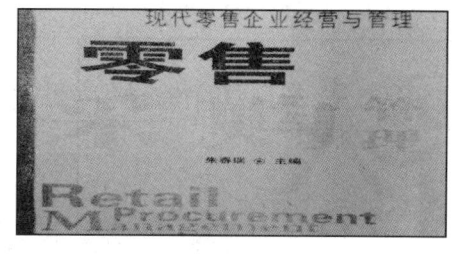

题名页

（6）题名页上仅出现对应共同题名部分的并列题名，在 304 字段说明，不记入 200 字段和 510 字段。

例：

题名页

机读目录格式：

200 1#@a 中国中学生百科全书@i 成长充电器@b 专著@f 卢勤，王可村主编

304 ##@a 英文共同题名：Teenaged encyclopedia of China

2. 出现在非题名页上的并列题名的著录

出现在非规定信息源上的并列题名,应该在 312 相关题名附注字段加以说明,将有检索意义的记入 510 字段。

(1)文献并列题名没有出现在题名页中,而是出现在封面、封底或前言等处,需在 312 字段说明,可前冠导词"外文书名:""封面英文题名:""封底英文题名:"等,同时做 510 字段。

例1:

题名页　　　　　　　　　　　　封底

机读目录格式:

200　1#@a 美国国家安全与冷战战略@b 专著@f 于群主编

312　##@a 封底英文题名:American national security and cold war strategies

510　1#@a American national security and cold war strategies@z eng

例2:

题名页　　　　　　　　　　　　书脊

机读目录格式:

200　1#@a 女人格调@b 专著@e 魅力女人不简单@f 张宝宝编著

312　##@a 书脊英文题名:Women style

510　1#@a Women style@z eng

(2)翻译著作题名页没有并列题名,而版权页题有原文书名,需在 312 相关题名附注字段说明,如有检索意义,可做 510 字段。

例：

辨图破案丛书

离奇的诱拐

〔瑞士〕于尔格·奥布里斯特 著
陈 俊译

题名页

Title of the original edition:
Author:jürg Obrist
Title:
Klare Sache?！ –Noch mehr Krimis zum Mitraten
Copyright?©2002 Deutscher Taschenbuch Verlag, München
Chinese language edition arranged through HERCULES Business & Culture
Development GmbH, Germany
版权合同登记号：14–2003–060

图书在版编目(CIP)数据
离奇的诱拐/(瑞士)奥布里斯特著；陈俊译.
–南昌：二十一世纪出版社，2006.6
(辨图破案丛书)
ISBN 7-5391-3412-7
Ⅰ．离... Ⅱ．①奥...②陈... Ⅲ．侦探小说-作品集-瑞士-现代
Ⅳ.I522.45
中国版本图书馆 CIP 数据核字 (2006) 第 108463 号

版权页

机读目录格式：

200　1#@a 离奇的诱拐@b 专著@f（瑞士）于尔格·奥布里斯特著@g 陈俊译

312　##@a 原文题名：Klare Sache?！

510　1#@a Klare Sache?！@z ger

说明：①此例题名页没有并列题名，原文书名出现在版权页。

②德文书写规则为：首词首字母和名词首字母均需大写，其余为小写。

3. 合订著作并列题名的著录

例1：

封面

机读目录格式：

200　1#@a 索马里@b 专著@d Somalia@a 吉布提@d Jibouti@f 顾章义，付吉军，周海泓编著@z eng

510　1#@a Somalia@z eng

510　1#@a Jibouti@z eng

例2：

机读目录格式：

200　1#@a 童年@b 专著@d Childhood@a 在人间@d Among people@a 我的大学@d My university@f（苏）高尔基原著@z eng

510　1#@a Childhood@z eng

510　1#@a Among people@z eng

510　1#@a My university@z eng

题名页

说明：合订著作，题名页合订题名分别有并列题名，200 字段需重复著录@d 子字段，并分别做 510 字段。

4. 题名页上有多个并列题名的著录

例：

中英法夏季奥运会体育词汇

CHINESE /ENGLISH /FRENCH
LEXICON OF OLYMPIC
SUMMER GAMES

LEXIQUE CHINOIS/ANGLAIS/FRANÇAIS
DES JEUX OLYMPIQUES D'ÉTÉ

张京华　编著

题名页

机读目录格式之一：

200　1#@a 中英法夏季奥运会体育词汇@b 专著@d Chinese/English/French lexicon of Olympic summer games@d Lexique Chinois/Anglais/Francais des jeux Olympiques dete@f 张京华编著@z eng@z fre

510　1#@a Chinese/English/French lexicon of Olympic summer games@z eng

510　1#@a Lexique Chinois/Anglais/Francais des jeux Olympiques dete@z fre

机读目录格式之二：

200　1#@a 中英法夏季奥运会体育词汇@b 专著@d Chinese/English/French lexicon of Olympic summer games@f 张京华编著@z eng

304　##@a 法文并列题名：Lexique Chinois/Anglais/Francais des jeux Olympiques dete

510　1#@a Chinese/English/French lexicon of Olympic summer games@z eng

510　1#@a Lexique Chinois/Anglais/Francais des jeux Olympiques dete@z fre

说明：文献具有两种或两种以上语种的并列题名，有上述两种著录方式供选择采用。全国图书馆联合编目中心选择第二种方式。但无论采取哪种著录方式，均分别做510字段，以供检索。

5. 在编文献同时具有两个题名页的著录

例1：

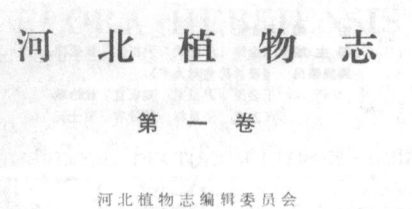

河北植物志
第一卷
河北植物志编辑委员会

FLORA HEBEIENSIS
Tomus I
COMMISSIONE REDUCTORUM FLORAE HEBEIENSIS

题名页　　　　　　　并列题名页

机读目录格式：

200 1#@a 河北植物志@h 第一卷@b 专著@d Flora hebeiensis@h Tomus Ⅰ@f 河北植物志编辑委员会［编］@z eng

510 1#@a Flora Hebeiensis@h Tomus Ⅰ@z eng

说明：文献并列题名页的英文题名，可视为并列正题名，并做510字段。

例2：

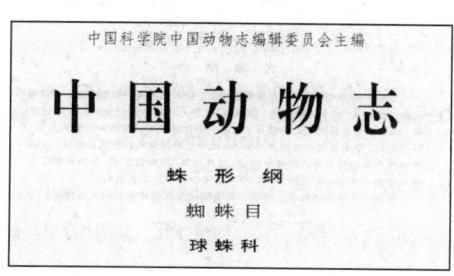

<table>
<tr><td>题名页</td><td>并列题名页</td></tr>
</table>

机读目录格式：

200 1#@a 中国动物志@i 蛛形纲@i 蜘蛛目@i 球蛛科@b 专著@d Fauna sinica @i Arachnida@i Araneae@i Theridiidar@f 朱明生编著@z eng

510 1#@a Fauna sinica@i Arachnida@i Araneae@i Theridiidae@z eng

说明：并列题名的逐层分卷题名，可重复做510字段@i 子字段。

例3：

题名页　　　　　　　　　　并列题名页

机读目录格式：

200 1#@a 秦始皇帝陵园考古报告@h 2000@b 专著@d Report on archceological researches of the Qin Shihuang mausoleum precinct in 2000@f 陕西省考古研究所，秦始皇兵马俑博物馆编著@z eng

510 1#@a Report on archceological researches of the Qin Shihuang mausoleum precinct in 2000@z eng

6. 并列题名有误的著录

例：

机读目录格式：

题名页

200　　1#@a 美学视野中的学校教育@b 专著
　　　　@d Shool［i. e. school］education in the
　　　　aesthetic view@f 钟以俊著@z eng

510　　1#@a Shool education in the aesthetic view
　　　　@z eng

510　　1#@a School education in the aesthetic view
　　　　@z eng

说明： ①此文献并列题名中"shool"为错误单词。

②文献所载并列题名有误，应原样照录，并采用［i. e.］形式对错误单词进行更正，同时将正确与错误的题名分别著录在 510 字段。

7. 汉语拼音不应作为并列题名著录

例：

题名页	题名页

机读目录格式：

200　　1#@a 淘气包的英语课@b 专著　　　　200　　1#@a 检验与临床诊断@i 肝病分
　　　　@e 金发美少女和"为什么要学　　　　　　　　　册@b 专著@f 丛玉隆总主编
　　　　英语"@f 滕明英著　　　　　　　　　　　　　　@g 毛远丽，赵景民主编

说明： 本例中两本书正题名均有相对应的汉语拼音，不能视为并列题名著录。

512　　封面题名

字段定义

封面题名是图书封面上出现的题名。当封面题名与 200 字段中正题名有明显差异时，使用本字段记录，以便用作检索点或附注。

出现情况

选择使用，可重复。

指示符

指示符 1：题名检索意义指示符

表示是否用此封面题名做检索点。

    0 = 做附注

    1 = 做检索点

指示符2:空(未定义)

子字段

@a   封面题名

    本子字段只记录封面题名,不含其他信息或责任说明。不可重复。

@e   其他题名信息

    从属于封面题名的副题名和题名说明文字。可重复。

@9   汉语拼音

    当本子字段的第一指示符值为1时,本子字段记录封面题名的汉语拼音,由计算机自动生成。本子字段不可重复。

字段内容说明

只有封面题名与200字段中正题名有较大差异时,才使用本字段。本字段内容选作检索点,指示符1置值1。

著录实例

例1:

 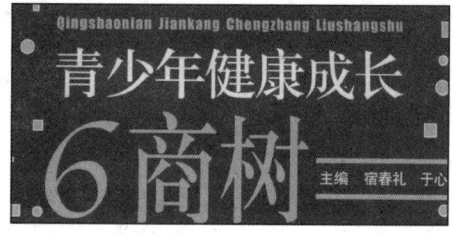

      题名页   封面

机读目录格式:

200   1#@a 青少年健康成长六商树@b 专著@f 宿春礼,于心主编

512   1#@a 青少年健康成长 6 商树

例2:

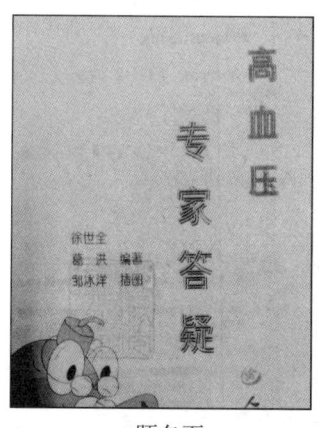 

      题名页   封面

机读目录格式：

200　1#@a 高血压专家答疑@b 专著@f 葛洪编著@g 邹冰洋插图

512　1#@a 高血压病专家答疑

注意事项

封面上出现的其他题名信息的处理方式如下。

例：

题名页　　　　　　　　　　　　　　封面

机读目录格式之一（不建议采用）：

200　1#@a 祖母的秘密@b 专著@f 方野著

512　1#@a 祖母的秘密@e 一个中国女人用命运写的历史

机读目录格式之二（不建议采用）：

200　1#@a 祖母的秘密@b 专著@e［一个中国女人用命运写的历史］@f 方野著

304　##@a 其他题名信息取自封面

517　#@a 一个中国女人用命运写的历史

机读目录格式之三（建议采用）：

200　1#@a 祖母的秘密@b 专著@f 方野著

312　##@a 封面其他题名信息：一个中国女人用命运写的历史

517　1#@a 一个中国女人用命运写的历史

说明：此例比较典型，封面题有其他题名信息，书名页未题其他题名信息，从严格意义上来说，第一种著录方法是不对的，目前不再这样使用了。第二种著录方法不利于规范化、标准化，也不建议采用。

513　附加题名页题名

字段定义

附加题名页题名是图书附加题名页上出现的题名。当附加题名页题名与 200 字段中正题名有明显差异时，使用本字段记录，以便用作检索点或附注。

出现情况

选择使用，可重复。

指示符

指示符 1：题名检索意义指示符

表示是否用此附加题名页题名做检索点。

0 = 做附注

1 = 做检索点

指示符 2：空（未定义）

子字段

@a 附加题名页题名

本子字段只记录附加题名页题名，不含其他信息或责任说明。不可重复。

@e 其他题名信息

从属于附加题名页题名的副题名和题名说明文字。可重复。

@h 分卷册编次

本子字段记录附加题名页题名的分卷册编次。不可重复。

@i 分卷册题名

本子字段记录附加题名页题名的分卷册题名。不可重复。

@9 汉语拼音

当本子字段的第一指示符值为 1 时，本子字段记录附加题名页题名的汉语拼音，由计算机自动生成。本子字段不可重复。

字段内容说明

只有附加题名页题名与 200 字段中正题名有较大差异时，才使用本字段。本字段内容选做检索点，指示符 1 置值 1；无检索意义的附加题名页题名可在 312 字段做附注。

著录实例

例：

题名页　　　　　　　　　　　附加题名页

附加题名页　　　　　　　　　附加题名页

机读目录格式：

200 1#@a 诗情画意@b 专著@e 当代名家书画唐诗·宋词·元曲三百首@f 齐义农主编

215 ##@a 3 册（306；301；301 页）@c 彩图@d 29cm

513 1#@a 当代名家书画唐诗三百首

513 1#@a 当代名家书画宋词三百首

513 1#@a 当代名家书画元曲三百首

517 1#@a 当代名家书画唐诗·宋词·元曲三百首

514　卷端题名

字段定义

　　卷端题名是图书正文第一页起始处出现的题名。当卷端题名与 200 字段中正题名有明显差异时，使用本字段记录，以便用做检索点或附注。

出现情况

　　选择使用，可重复。

指示符

　　指示符 1：题名检索意义指示符

　　　　表示是否用此卷端题名做检索点。

　　　　　　0 = 做附注

　　　　　　1 = 做检索点

　　指示符 2：空（未定义）

子字段

　　可以使用 510 字段的任何子字段。但通常使用以下子字段：

　　@a　卷端题名

　　　　本子字段只记录卷端题名，不含其他信息或责任说明。不可重复。

@e　其他题名信息

　　从属于卷端题名的副题名和题名说明文字。可重复。

@9　汉语拼音

　　本子字段记录卷端题名@a 的汉语拼音,由计算机自动生成。本子字段不可重复。

字段内容说明

　　只有卷端题名与 200 字段中正题名有较大差异时,才使用本字段。选作检索点时,指示符 1 置值 1;无检索意义的卷端题名可在 312 字段做附注。

著录实例

　　例:

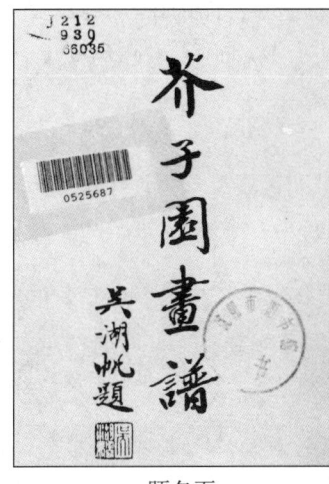

| 题名页 | 正文第一页 |

机读目录格式:

200　　1#@a 芥子园画谱@b 专著

514　　1#@a 影印足本芥子园画谱

说明:卷端题名与 200 字段中正题名有明显差异时,使用本字段记录,以便用做检索点或附注。

515　逐页题名

字段定义

　　逐页题名是图书正文各页天头或地脚出现的题名。当逐页题名与 200 字段中正题名有明显差异时,使用本字段记录,以便用作检索点或附注。

出现情况

　　选择使用,可重复。

指示符

　　指示符 1:题名意义指示符

　　　　表示是否用此逐页题名做检索点。

　　　　　　0 = 做附注

　　　　1 = 做检索点

指示符 2：空（未定义）

子字段

　　@a　逐页题名

　　　　本子字段只记录逐页题名。不可重复。

　　@9　汉语拼音

　　　　当本子字段的第一指示符值为 1 时，本子字段记录逐页题名的汉语拼音，由计算机自动生成。本子字段不可重复。

字段内容说明

　　只有逐页题名与 200 字段中正题名有较大差异时，才使用本字段。本字段内容选作检索点，指示符 1 置值 1；无检索意义的逐页题名可在 312 字段做附注说明。

著录实例

　　例 1：

题名页　　　　　　　　　　正文

机读目录格式：

200　　1#@a 中国古代谜语故事@b 专著@f 乙力编

515　　1#@a 古代谜语故事

　　说明：在编文献正文各页书口均题有：古代谜语故事，与 200 字段中正题名有明显差异，记入 515 逐页题名字段。

　　例 2：

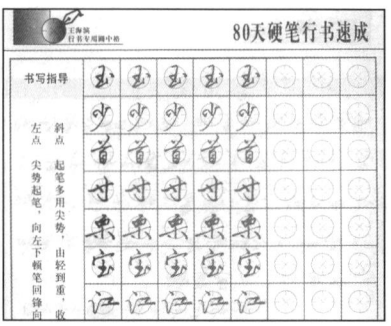

题名页　　　　　　　　　　正文

机读目录格式：

200 1#@a 80 天硬笔行书技法速成@b 专著@f 王海滨著

515 1#@a 80 天硬笔行书速成

说明：在编文献正文各页天头均题有"80 天硬笔行书速成"，与 200 字段中正题名有明显差异，记入 515 逐页题名字段。

例3：

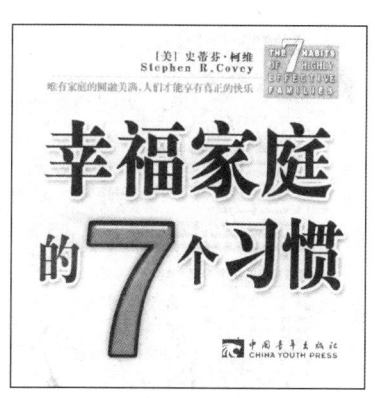

题名页　　　　　　　　　　　　　正文

机读目录格式：

200 1#@a 幸福家庭的 7 个习惯@b 专著@f（美）史蒂芬·柯维（Stephen R. Covey）
　　　［著］@g 葛雪蕾译

515 1#@a 高效能家庭的七个习惯

说明：逐页题名：高效能家庭的七个习惯。

例4：

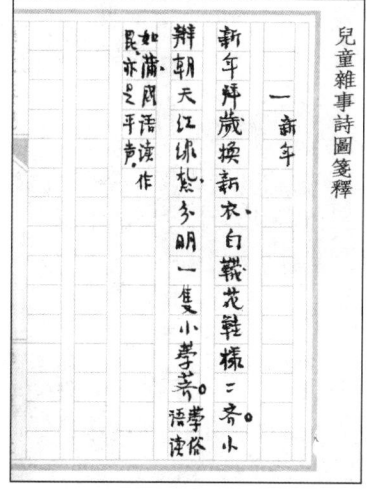

题名页　　　　　　　　　　　　　正文

机读目录格式：

200　1#@a 周作人丰子恺儿童杂事诗图笺释@b 专著@f 周作人诗@g 丰子恺画@g 钟叔
　　　河笺释

515　1#@a 儿童杂事诗图笺释

说明：逐页题名：儿童杂事诗图笺释。

516　书脊题名

字段定义

　　书脊题名是图书书脊处出现的题名。当书脊题名与 200 字段中正题名有明显差异时，使用本字段记录，以便用作检索点或附注。

出现情况

　　选择使用，可重复。

指示符

　　指示符 1：题名检索意义指示符

　　　　表示是否用此书脊题名做检索点。

　　　　　　0 = 做附注

　　　　　　1 = 做检索点

　　指示符 2：空（未定义）

子字段

　　@a　书脊题名

　　　　本子字段只记录书脊题名，不含其他信息或责任说明。不可重复。

　　@e　其他题名信息

　　　　从属于书脊题名的副题名和题名说明文字。可重复。

　　@9　汉语拼音

　　　　当本子字段的第一指示符值为 1 时，本子字段记录书脊题名的汉语拼音，由计算机自动生成。不可重复。

字段内容说明

　　只有书脊题名与 200 字段中正题名有较大差异时，才使用本字段。本字段内容选作检索点，指示符 1 置值 1；无检索意义的书脊题名可在 312 字段做附注。

著录实例

　　例 1：

　　机读目录格式：

200　1#@a 八年级决定孩子的未来
　　　　@b 专著@f 张伟著

516　1#@a 8 年级决定孩子的未来

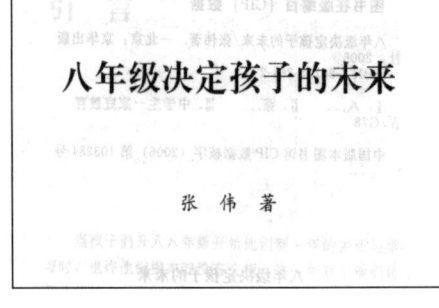

题名页　　　　　　书脊

例2：

题名页　　　书脊

机读目录格式：

200　1#@a 真的逗你玩@b 专著@f（美）艾伦·德杰尼勒斯（Ellen Degeneres）著@g 康乔译

516　1#@a 真的……逗你玩

517　其他题名

字段定义

其他题名是指本著录实体出现的其他题名，未在500—516字段定义的且可独立做检索点的题名。如可独立做检索点的副题名、解释性题名、交替题名、分卷册名、函套题名、装订题名等。

出现情况

选择使用，可重复。

指示符

指示符1：题名意义指示符

表示是否用此题名做检索点。

0＝做附注

1＝做检索点

指示符2：空（未定义）

子字段

@a　其他题名

本子字段只记录题名，不含其他信息或责任说明。不可重复。

@e　其他题名信息

从属于该题名的副题名和题名说明文字。可重复。

@9　汉语拼音

当本子字段的第一指示符值为1时，本子字段记录其题名的汉语拼音，由计算机自动生成。本子字段不可重复。

字段内容说明

只有该题名与200字段中正题名措辞有较大差异时，才使用本字段。本字段内容选作检索点,指示符 1 置值 1;无检索意义的其他题名可在 312 字段做附注。

著录实例

(1)在编文献其他题名信息(200 字段@e 子字段)能独立构成检索点,揭示文献内容并对正题名起到补充作用的,可著录于 517 字段。

例1:

机读目录格式:

200 　1#@a 请把你的手伸给我@b 专著@e 一个女心理咨询师的十年乡村咨询手记@f 周永红著

517 　1#@a 一个女心理咨询师的十年乡村咨询手记

说明:正题名后面的文字是对正题名的一种说明和补充,可做其他题名处理。具有检索意义的,做 517 字段。

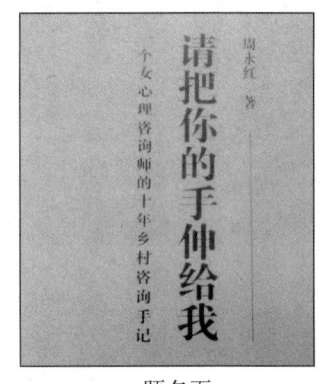

题名页

例2:

题名页

机读目录格式:

200 　1#@a 社区的革命@b 专著@e 世界新社区精品集萃@e 住宅小区的消逝和新社区的崛起之三@f 杨德昭著

517 　1#@a 世界新社区精品集萃

517 　1#@a 住宅小区的消逝和新社区的崛起之三

说明:正题名后有两个具有检索意义的其他题名信息,可重复著录 517 字段,以供检索。

例3:

机读目录格式:

200 　1#@a 女律师@b 专著@e 为情所困的反腐倡廉历程@e 最新反贪小说@f 谭地洲著

517 　1#@a 为情所困的反腐倡廉历程

说明:在编文献具有两个其他题名信息,其中一个是对正题名的补充、解释说明,另一个是关于文学体裁的说明,无检索意义,这种情况只为其中具有检索意义的其他题名信息做 517 字段,以便检索。

题名页

（2）整套著录的丛书、多卷册图书其子书名和各分卷册书名（200字段@i子字段），能独立构成检索点的，可做517字段。

例1：

题名页

机读目录格式：

200　1#@荣格文集@h Ⅸ @i 荣格自传@b 专著@f（瑞士）C.G. 荣格著

517　1#@a 荣格自传

说明：此例为多卷书，分卷题名具有检索意义，著录于517字段。

例2：

机读目录格式：

200　1#@a 康德著作全集@h 第6卷@i 纯然理性界限内的宗教　道德形而上学@b 专著@f 李秋零主编

517　1#@a 纯然理性界限内的宗教

517　1#@a 道德形而上学

说明：此例多卷书，200字段@i子字段后并列著出的两个分卷题名具有检索意义，可分别著录于517字段。

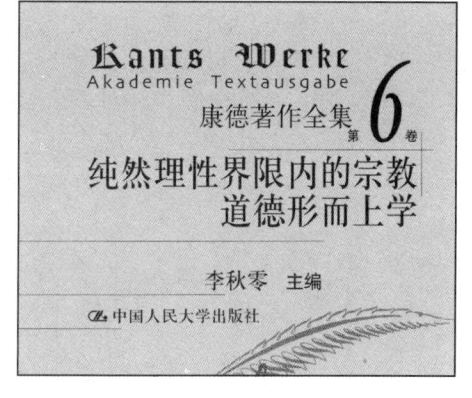

题名页

（3）有总题名的合订图书，题名页未将合订的两部或几部著作题名并列出来，而是出现在其他信息源（目录、前言）中，可将这些题名记入327内容附注字段，同时做517字段，以便检索。

例：

题名页

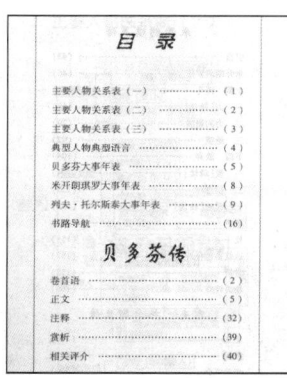

目次页

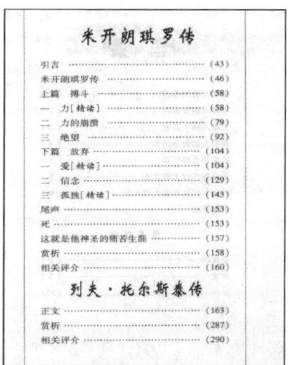

目次页

机读目录格式：

200　1#@a 名人传@b 专著@f（法）罗曼·罗兰（R. Rolland）原著@g 王绍辉,时雪峰编著

327　1#@a 贝多芬传@a 米开朗琪罗传@a 列夫·托尔斯泰传

517　1#@a 贝多芬传

517　1#@a 米开朗琪罗传

517　1#@a 列夫·托尔斯泰传

说明：在编文献包括三部分内容，记入 327 内容附注字段，同时做 517 字段，以供检索。

（4）交替题名出现在题名页，依次著录于正题名第一部分之后，用"原名""又名""亦名"等连接词如实著录，连接词前后用逗号标识，此时 200 字段指示符 1 应置 0，表示无检索意义，通过 517 字段检索。

例1：

机读目录格式：

200　0#@a 开创蓝海,原名,蓝海策略@b 专著@e 15 个台湾企业开创新市场的成功故事@f 朱博湧主编

517　1#@a 开创蓝海

517　1#@a 蓝海策略

517　1#@a 15 个台湾企业开创新市场的成功故事

题名页

例2：

题名页

机读目录格式：

200　0#@a 难得一人心,原名,难得爱浓@b 专著@f 师小札［著］

517　1#@a 难得一人心

517　1#@a 难得爱浓

例3：

机读目录格式：

200　0#@a 汉文帝,又名,亲民天子@b 专著@e 长篇历史小说@f 王占君著

517　1#@a 汉文帝

517　1#@a 亲民天子

题名页

（5）著录在 312 字段的相关题名信息，未在 500—516 字段定义的且可独立做检索点的题名，记入 517 字段。

例 1：

题名页　　　　　　　　　　　　版权页

机读目录格式：

200　　1#@a 寻找前世之旅之所罗门封印@b 专著@f Vivibear 著

312　　##@a 版权页题名:所罗门封印

517　　1#@a 所罗门封印

例 2：

题名页　　　　　　　　　　　　封面

机读目录格式：

200　　1#@a 旧爱重提@b 专著@f 乖乖冰著

312　　##@a 封面题本书原名:孽情

517　　1#@a 孽情

例3：

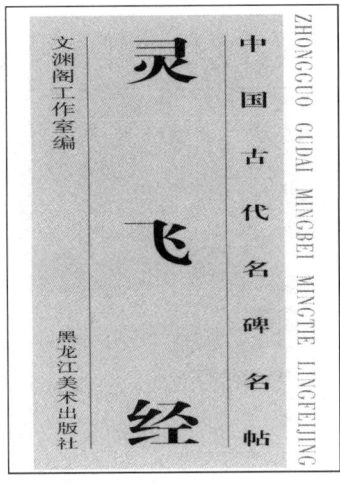

题名页   书中简介

机读目录格式：

200　　1#@a 灵飞经@b 专著@f 文渊阁工作室编

312　　##@a 书中简介题:本书又名:六甲灵飞经

517　　1#@a 六甲灵飞经

例4：

题名页   封面

机读目录格式：

200　　1#@a 做自己的心理医生@b 专著@e 现代人的心理困惑与自我调适之道@f 赵雪波，黄凤英著

312　　##@a 封面副题名:30 种心理困惑的破译与调节

517　　1#@a 现代人的心理困惑与自我调适之道

517　　1#@a 30 种心理困惑的破译与调节

说明:当题名页的其他题名信息与封面的其他题名信息不同时，封面其他题名信息可在 312 字段进行附注说明，如有检索意义，做 517 字段。

例5：

| 题名页 | 封面 |

机读目录格式：

200 1#@a 祖母的秘密@b 专著@f 方野著

312 ##@a 封面副题名：一个中国女人用命运写的历史

517 1#@a 一个中国女人用命运写的历史

说明：其他题名信息出现在封面，不著录于 200 字段@e 子字段，而在 312 字段附注说明，如有检索意义，做 517 字段。

518　现代标准书写题名

字段定义

本字段是用现代标准书写方法重复建立的文献题名，用于生成附注或者检索点，通常用于古文献。

出现情况

选择使用，可重复。

指示符

指示符1：题名检索意义指示符

　　表示是否用此题名做检索点。

　　　　0 = 不做检索点

　　　　1 = 做检索点

指示符2：空（未定义）

子字段

510 字段中的任何子字段本字段均可使用，通常只出现下列子字段：

@a　现代标准书写题名

　　记录文献的现代标准书题名。不可重复。

@9　汉语拼音

　　记录现代标准书写题名的汉语拼音，不可重复。

字段内容说明

（1）当文献的题名或题名中的个别字为古体书写（如繁体），需要显示和检索其现代标准书写形式时，可以使用本字段。

（2）若题名原题是繁体字、异体字，在 200 字段原样照录，在 518 字段使用现代标准简化字。

（3）如果 518 字段的内容和 500（统一题名）字段的@a 子字段相同，不重复建立 518 字段。

著录实例

例：

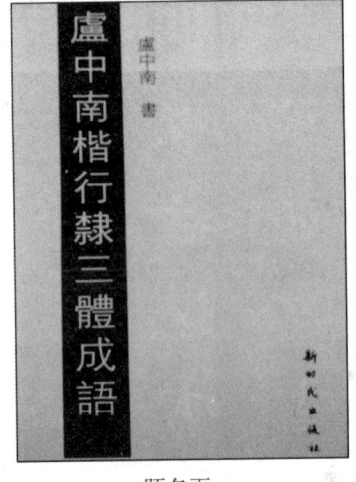

题名页

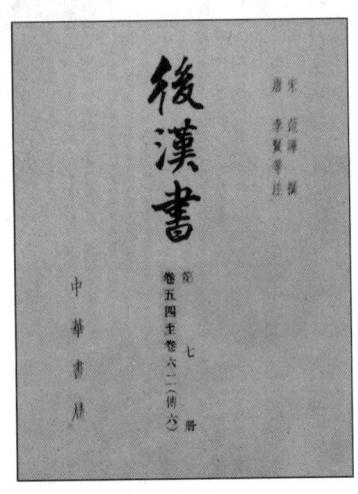

题名页

机读著录格式：

2001#@a 盧中南楷行隸三體成語
@f 盧中南书

518　1#@a 卢中南楷行隶三体成语

200　1#@a 後漢書@f（宋）范曄撰
@g（唐）李賢等注

518　1#@a 后汉书

540　编目员补充的附加题名

字段定义

本字段包含未在文献上出现的、又非统一题名的关键词题名和通俗题名。这种题名可以是衍自正题名的附加题名检索点。

出现情况

选择使用，可重复。

指示符

指示符 1：题名检索意义指示符

表示是否用此题名做检索点。

　　　　0 = 做附注
　　　　1 = 做检索点
　指示符2:空(未定义)

子字段

　510字段中的任何子字段本字段均可使用,通常只出现下列子字段:

@a　附加题名

　　本子字段只记录题名,不含其他信息或责任说明。不可重复。

@h　附加题名分卷册编次

　　本子字段记录附加题名的分卷册编次。可重复。

@9　附加题名汉语拼音

　　记录附加题名的汉语拼音,由计算机自动生成。不可重复。

字段内容说明

　(1)常用于连续出版的著作,如年鉴、手册、指南、会议录、论文集等,取题名中的共同文字为共同题名,其年代、版次、届次等作为分辑号、分辑名或其他题名信息处理。

　(2)原题名有错字或漏字时,经编目员更正后正确的书名也记入本字段。

　(3)由540字段生成附注,前导语为"附加题名:"

著录实例

　(1)一书题名中含有逐期而变的年份或会议届次,可采用540字段,取题名中的共同文字为共同题名,其年代、届次等作为分辑号、分辑名或其他题名信息处理,以达到集中检索的效果。

　例1:

题名页

机读目录格式:

200　1#@a 2006年冰心儿童文学新作奖获奖
　　　作品集@b专著@f浙江少年儿童出版
　　　社[编]

540　1#@a冰心儿童文学新作奖获奖作品集
　　　@h 2006

例2:

机读目录格式:

200　1#@a 2003 – 2004年辽宁省经济社会形势
　　　分析与预测@b专著@f赵子祥[等]主编

540　1#@a辽宁省经济社会形势分析与预测
　　　@h 2003 – 2004

2003—2004年

辽宁省经济社会形势
分析与预测

主编　赵子祥　方晓林　曹晓峰　张卓民

题名页

(2)当一书题名中有标点符号或特殊符号时,可去掉这些符号,将具有检索意义的题名做 540 字段,以方便检索。

例1:

机读目录格式:

200　1#@a 保健热饮 & 养生粥@b 专著@f 郭
　　　玉梅著

304　##@a 题名中符号"&"相当于"和"

540　1#@a 保健热饮和养生粥

题名页

说明:正题名中符号"&"照录,如果需要检索,编目员可自拟题名,做 540 字段。

例2:

题名页

机读目录格式:

200　1#@a 铁腕总统—佩尔韦兹·穆沙拉夫
　　　传@b 专著@e 21 世纪钢铁意志的政
　　　治领袖@f 杨道金著

540　1#@a 佩尔韦兹·穆沙拉夫传

说明:为了加强语气,使题名所表达的意思更加准确、完整,编目员在正题名加入破折号"—",破折号前后两部分缺少任何一部分其表述都是不完整的。为了方便检索,可在 540 编目员补充的附加题名字段进行标识。

(3)题名原题有错字或漏字时,将经编目员更正后正确的题名记入 540 字段。

例:

机读目录格式:

200　1#@a 解迷李德与红军长征@b 专著

304　##@a 谜,题名页误题:迷

540　1#@a 解谜李德与红军长征

541 编目员补充的翻译题名

字段定义

本字段包含由编目员补充的在编文献的译名,用于生成检索点和(或)附注。

出现情况

选择使用,可重复。

指示符

指示符1:题名检索意义指示符

表示是否用此题名做检索点。

0 = 不做检索点

1 = 做检索点

指示符2:空(未定义)

子字段

510字段中定义的任何子字段本字段均可使用,通常只出现下列子字段:

@a 翻译题名

本子字段只记录翻译题名,不含其他信息或责任说明。不可重复。

@e 其他题名信息

从属于该翻译题名的其他题名信息。不可重复。

@h 分卷册编次

本子字段记录翻译题名的分卷册编次。不可重复。

@i 分卷册题名

本子字段记录翻译题名的分卷册题名。不可重复。

@z 翻译题名语种

不可重复。

@9 翻译题名汉语拼音

由计算机自动生成。不可重复。

字段内容说明

本字段只用于由编目员翻译的题名,或取自在编文献之外的译名。翻译题名所依据的题名应在200字段中出现。

示例

例:

机读目录格式:

200   1#@a For whom the bell tolls@f Ernest Hemingway［著］

541   1#@a 丧钟为谁而鸣

说明:本字段是由编目员翻译的题名,生成检索点,便于检索。

545　分部题名

字段定义

　　本字段包含分部或栏目题名，在编的析出文献属于该分部题名或栏目题名，用于生成检索点和附注。

出现情况

　　选择使用，可重复。

指示符

　　指示符1：题名检索意义指示符

　　　　表示是否用此题名做检索点。

　　　　　　0 = 不做检索点

　　　　　　1 = 做检索点

　　指示符2：空（未定义）

子字段

　　510 字段中定义的任何子字段本字段均可使用，通常只出现下列子字段：

　　@a　分部题名

　　　　记录分部（分栏目）题名。不可重复。

　　@9　汉语拼音

　　　　记录分部（分栏目）题名的汉语拼音，不可重复。

字段内容说明

　　当某部文献是按照专题或者类目划分为几个部分，并且每一部分均有独立题名时，如果有必要为某篇文章建立分析记录，可将在编的析出部分所属的分部或栏目题名记入本字段。常用于论文集或者期刊中某一栏目中刊载的论文。本字段内容选做检索点，指示符1置值1。

著录实例

　　例1：

 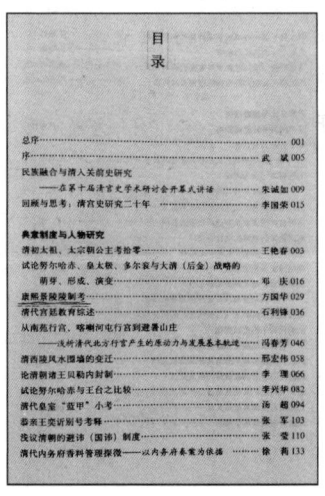

　　　　题名页　　　　　　　　　　目次页

分析记录格式：

200　1#@a 康熙景陵陵制考

463　#0@1 多维视野下的清宫史研究@v P. 29 – 35

545　1#@典章制度与人物研究

说明：在分析记录中，200 字段的题名与记录中的 545 字段的题名应该是从属关系，即《康熙景陵陵制考》是"典章制度与人物研究"专题中的一篇论文，发表在《多维视野下的清宫史研究》这本论文集里。

例2：

 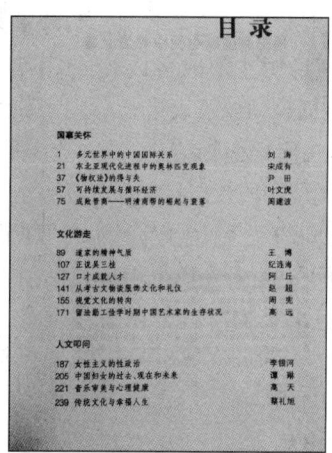

题名页　　　　　　　　　　目次页

分析记录格式：

200　1#@a 从考古文物谈服饰文化和礼仪@f 赵超著

463　#0@1 在北大听讲座@h 第 18 辑@v P. 141 – 153

545　1#@a 文化游走

说明：在分析记录中，200 字段的题名与记录中的 545 字段的题名应该是从属关系，即《从考古文物谈服饰文化和礼仪》是"文化游走"专题中的一篇论文，刊登在《在北大听讲座．第 18 辑》里。

6-- 主题分析块

主题分析块是用来记录从主题表和分类表选取的、用以描述文献主题内容的数据字段。该块是通过不同的字段来记录不同类型的主题标目。主题标目的基本元素(@a)是主题标目的主要成分,是主题检索的入口点,不可重复;其他各种附加成分都是主题标目的次要成分,是修饰、补充和说明主要成分内容的,不是主题检索的入口点,一般都可重复。

根据我国以叙词表为规范表进行标引工作的实际情况,全国图书馆联合编目中心对同一主题采取先组标引和后组标引相结合的标引模式。先组标引模式是用不同的子字段来描述主题词之间的复杂关系,用子字段代码代替手工组配符号。后组标引模式是直接使用主题词来描述主题标目不同主题词之间的关系,用子字段(@2 和@3)来连接规范表及其主题规范记录。为减轻标引工作负担,在后组标引中,对先组标引模式中出现的无入口检索意义的主题词,不再重复标引。

中文图书书目记录的主题分析块主要使用下列字段:

主题标目
600　　个人名称主题
601　　团体名称主题
605　　题名主题
606　　普通主题
607　　地理名称主题
610　　非控主题词
分类号
690　　中国图书馆分类法分类号
696　　国内其他分类法分类号

600　个人名称主题

字段定义

本字段记录以个人名称为研究对象的文献主题。个人名称为主要检索入口,取自主题规范表,附以经选择的主题附加信息作为主题复分。

出现情况

选择使用,可重复。

指示符

指示符 1:空(未定义)

指示符 2:名称著录方式指示符

指示符说明该名称是按直序方式著录还是按倒序方式著录。

0 = 直序著录

如中国人名。

  1＝倒序著录

    姓为标目基本元素。

描述主标目（主标题）的子字段

@a　标目基本元素

本子字段只记录个人名称的主要成分。是 600 字段的必备子字段，不可重复。

@b　名称的其余部分（款目要素除外）

本子字段记录除@a 以外的个人名称的其余部分，如外国著者的名，使用本子字段时，指示符 2 应置值 1。不可重复。

@c　名称附加（不包括年代）

本子字段记录该个人名称的补充说明成分。主要记录外国个人姓名原文。可重复。

@d　罗马数字

本子字段记录常与教皇、牧师、王室成员名称连在一起的罗马数字或世次。使用时指示符 2 置值为 0。不可重复。

@f　年代（包括朝代）

本子字段记录个人名称的生卒年或事业活动、创作高峰期。不可重复。

@g　名字首字母的展开形式

当外国人的名字以首字母缩写形式记入@b 子字段，并且其首字母缩写形式及完整形式均需表示时，名字首字母的完整形式应记入本子字段。不可重复。

@p　任职机构/地址

作品创作时作者的任职机构。不可重复。

描述副标目（副标题）的子字段

@j　形式复分

本子字段体现文献类型因素，记录图书本身的资料种类或形式。可重复。一般排在所有子字段的最后。如教材、各种参考资料、通俗普及读物、图集、图谱、画册、文集、选集、汇编、会议资料、史料、年鉴、年报、年表、词典、百科全书、手册、技术手册、名录、纪事本末体、编年体、纪传体、缩写、图解、对照读物、纪念文集、双解词典等。但当文献类型因素成为主题概念的一部分时，则不使用该子字段，使用@a 或@x 等其他子字段。

@x　主题复分

本子字段记录与主标目有概念逻辑关系的主题词，主题复分使主题标目的内容描述得更加明确。可重复。

@y　地理复分

本子字段记录主题标目描述的地理范围，即空间因素，以便明确地描述与主题标目相关的空间概念。可重复。

@z　年代复分

本子字段记录主题标目所描述的时间范围的主题词，以便明确地描述出与主题标目相关的时间概念。可重复。

连接主题标目与规范记录的子字段

@2　主题规范表代码

本子字段记录主题标目所使用的主题规范表代码。《中国分类主题词表》（含《汉语主题词表》）代码为 CT。不可重复。

@3　主题规范记录号

本子字段记录本主题标目的规范记录号。不可重复。

字段内容说明

本字段采取直序著录方式，字段指示符选择"#0"，不使用@b 子字段。外国姓名原文作为附加成分著录于@c 子字段。本字段记录的个人名称取自主题规范词表，因此@a、@b、@c、@d、@f 的内容应该和主题规范记录的 200 字段保持一致。

著录实例

（1）本字段著录的主要标目应是文献论述或研究的个人名称。本字段包括其他附加信息，可做主题复分。个人名称的姓名排列方式为姓在前、名在后的称为"直序方式"，如中国人、日本人等国家的人名，著录时字段指示符"#0"，并将姓名著在"@a 款目要素"子字段。个人名称的姓名排列方式为名在前、姓在后时，如英、美、法、俄等国家的人名，著录时字段指示符亦为"#0"，将姓氏著录在"@a 款目要素"子字段，并用子字段"@c 名称附加"著录姓名原文全称，用"@f 年代"著录人物生卒年或主要活动时期。

例1：

机读目录格式：

200　1#@a 点评李敖@b 专著

600　#0@a 李敖@f（1935 － ）@x 人物评论

690　##@a K825.6 ＝76@v 5

例2：

机读目录格式：

200　1#@a 管桦纪念文集@b 专著

600　#0@a 管桦@f（1922 －2002）@j 纪念文集

690　##@a K825.6 ＝76@v 5

例3：

机读目录格式：

200　　1#@a 电脑大王比尔·盖茨@b 专著

600　　#0@a 盖茨@c（Gates，Bill@f 1955 – ）
　　　　@x 传记

690　　##@a K837.125.38 = 6@v 5

例4：

机读目录格式：

200　　1#@a 传奇英豪拿破仑@b 专著

600　　#0@a 拿破仑@c（Napoleon，Bonaparte
　　　　@f 1769 – 1821）@x 传记

690　　##@a K835.657 = 41@v 5

（2）个人名称的种类繁多，形式复杂，如中国人有姓名、别名、笔名、艺名、字、号等，外国人也有姓名、笔名、称号、简称等不同形式，有的中译姓名较中译姓氏更为知名。选取个人名称时要依据主题词表的收词做规范标引。

例1：

机读目录格式：

200　　1#@a 至圣先师孔子@b 专著

600　　#0@a 孔丘@f（前551 – 前479）@x 传记

690　　##@a B222.25@v 5

例2：

机读目录格式：

200　　1#@a 宋太祖@b 专著

600　　#0@a 赵匡胤@f（927 – 976）@x 传记

690　　##@a K827 = 441@v 5

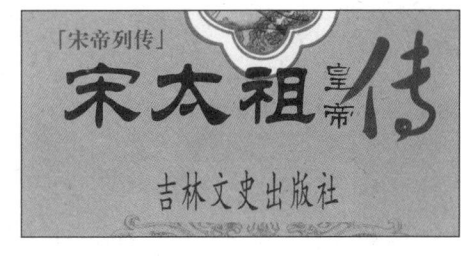

例3：

机读目录格式：

200　　1#@a 马克·吐温回忆录@b 专著

600　　#0@a 马克·吐温@c（Mark Twain@f 1835 – 1910）
　　　　@x 回忆录

690　　##@a K837.125.6 = 43@v 5

例4:

机读目录格式:

200　　1#@a 罗曼·罗兰自传@b 专著

600　　0@a 罗曼·罗兰@c（Rolland, Romain @f 1866 – 1944）@x 自传

690　　##@a K835.655.6 = 52@v 5

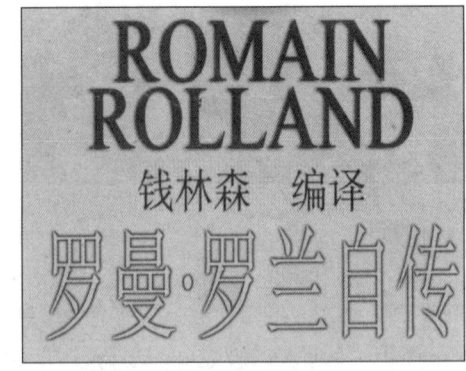

（3）文献内容涉及多个人物时,在标引深度控制的范围内,应分组标引,可重复使用 600 字段。若涉及人物过多时,则选用显示人物群体属性的上位族性词,标引在"606 学科名称 主题"字段。

例1:

机读目录格式:

200　　1#@a 毛泽东与周恩来@b 专著

600　　#0@a 毛泽东@f（1893 – 1976）@x 人物研究

600　　#0@a 周恩来@f（1898 – 1976）@x 人物研究

690　　##@a A752@v 5

690　　##@a K827 = 73@v 5

例2:

机读目录格式:

200　　1#@a 罗斯福与丘吉尔@b 专著

600　　#0@a 罗斯福@c（Roosevelt, Franklin Delano@f 1882 – 1945）@x 生平事迹

600　　#0@a 丘吉尔@c（Churchill, Winston Leonard Spencer@f 1874 – 1965）@x 生平事迹

690　　##@a K837.127 = 52@v 5

690　　##@a K835.617 = 533@v 5

例3：

机读目录格式：

200　1#@a 渐行渐远的文坛老人@b 专著
　　　@e 20 世纪末独家专访@e 图文版

606　0#@a 中国作家@x 现代作家@x 生平
　　　事迹

690　##@a K825.6@v 5

例4：

机读目录格式：

200　1#@a 最令人羡慕的 27 位中国女性@b 专著

606　0#@a 妇女@x 名人@x 生平事迹@y 中国@z 现代

690　##@a K828.5 = 76@v 5

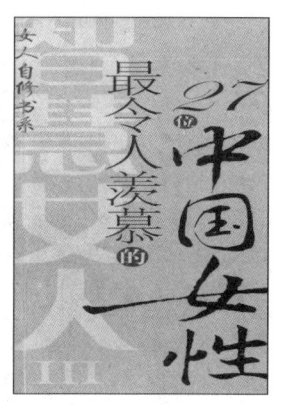

　　(4)传记文学、报告文学作品,若内容是以人物为研究对象,在标引 606 字段的同时,对涉及人物生平史实的内容也应采用 600 字段进一步标引。

例1：

机读目录格式：

200　1#@a 彭德怀的军旅生涯@b 专著

600　#0@a 彭德怀@f（1898 – 1974）@x 生平
　　　事迹

606　0#@a 报告文学@y 中国@z 现代

690　##@a I253.2@v 5

690　##@a K825.2 = 73@v 5

例2：

机读目录格式：

200　1#@a 永久的记忆@b 专著

600　#0@a 朱德@f（1886 – 1976）@x 生平事迹

600　#0@a 康克清@f（1912 – 1992）@x 生平事迹

606　0#@a 回忆录@y 中国@z 现代

690　##@a I251@v 5

690　##@a K827 = 7@v 5

（5）个人作品综合集,如全集、选集等,内容涉猎广泛,没有专指主题词可表达其内容时,可在 600 字段以个人名称为主标目,附加文献类型因素。

例:

机读目录格式:

200　1#@a 泰戈尔文集@b 专著

600　#0@a 泰戈尔@c（Tagore,Rabindranath @f 1861 – 1941）@j 文集

690　##@a C52@v 5

说明: 本书对这位世界著名的印度文学家、思想家、社会活动家的文集进行了介绍,精选其关于宗教哲学、文学、美学以及社会政治的著作。

（6）文献论述的对象虽以人物为主,但还涉及其他方面内容,除标引 600 个人名称主题外,还要将涉及内容方面的隐性主题予以揭示,标引在 606 字段。

例 1:

机读目录格式:

200　1#@a 刘少奇与抗日战争@b 专著

600　#0@a 刘少奇@f（1898 – 1969）@x 生平事迹

606　0#@a 抗日战争@y 中国@j 史料

690　##@a K827 =72@v 5

690　##@a K265.06@v 5

例 2:

机读目录格式:

200　1#@a 萨马兰奇与奥林匹克@b 专著

600　#0@a 萨马兰奇@c（Samaranch,Juan Antonio@f 1920 – ） @x 生平事迹

606　0#@a 奥运会@x 概况

690　##@a K835.515.47 =6@v 5

690　##@a G811.21@v 5

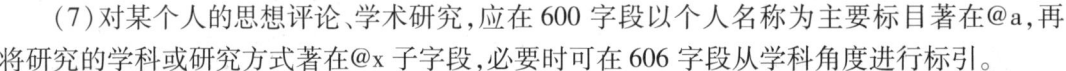

（7）对某个人的思想评论、学术研究,应在 600 字段以个人名称为主要标目著在@a,再将研究的学科或研究方式著在@x 子字段,必要时可在 606 字段从学科角度进行标引。

例 1:

机读目录格式:

200　1#@a 黑格尔的辩证逻辑@b 专著

600　#0@a 黑格尔@c（Hegel,Georg Wehelm@f 1770 – 1831） @x 辩证逻辑@x 研究

690　##@a B811.01@v 5

690　##@a B516.35@v 5

例2：

机读目录格式：

200 1#@a 狼人的故事@b 专著

600 #0@a 弗洛伊德@c（Freud, Sigmmund@f 1856－1939）@x 精神分析@x 案例

606 0#@a 精神分析@x 案例@y 奥地利@z 现代

690 ##@a B84－065@v 5

690 ##@a B521@v 5

（8）当选用个人名称与学科概念构成专指的复合概念主题词时，不能使用"600 个人名称主题"字段，应按其性质使用其他相关的主题字段。

例1：

机读目录格式：

200 1#@a 邓小平经济思想@b 专著

606 0#@a 邓小平经济思想@x 研究

690 ##@a A849.166@v 5

例2：

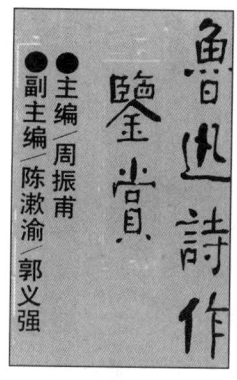

机读目录格式：

200 1#@a 鲁迅诗作鉴赏@b 专著

606 0#@a 鲁迅诗歌@x 鉴赏

690 ##@a I210.97@v 5

例3：

机读目录格式：

200 1#@a 马克思主义哲学的当代论域@b 专著

606 0#@a 马克思主义哲学@x 研究

690 ##@a B0－0@v 5

（9）个人名称为有影响的名人、主题词表中收词的名人时，直接著在 600 字段。一般人物或词表中没有收词的个人名称，在 606 字段标引其所属学科上位族性词，同时在 610 字段以人名做自由词标引。个人名称应取自主题词表，词表中无词的可在 610 字段做自由词标引。

例 1：

机读目录格式：

200　　1#@a 冯超然年谱@b 专著

606　　0#@a 画家@x 年谱@y 中国@z 现代

610　　0#@a 冯超然（1882 – 1954）

690　　##@a K825.72 = 71@v 5

例 2：

机读目录格式：

200　　1#@a 清廷十三年@b 专著

606　　0#@a 传教士@x 回忆录@y 意大利@z 近代

610　　0#@a 马国贤

690　　##@a B979.954.6@v 5

601　团体名称主题

字段定义

本字段记录以团体名称为研究对象的文献主题。该名称取自主题规范表，为规范检索点形式，并选用其他子字段来描述补充主题信息，同样取自主题规范表。

出现情况

选择使用，可重复。

指示符

指示符 1：名称性质指示符

表示该名称是一般团体名称还是会议名称。

0 = 一般团体名称

1 = 会议名称

指示符 2：名称著录方式指示符

0 = 倒序著录

团体或会议名称以个人名称的首字母缩写或名开头。

 1 = 地名著录

  以地名开头的团体或机构名称。

 2 = 直序著录

  中文图书一律采用直序著录。

描述主标目(主标题)的子字段

@a 标目基本元素

 本子字段只记录团体名称的主要成分。如果使用本字段,则本子字段必备。不可重复。

@b 次级机构成分

 名称中含有层级时的较低层次的名称,或按地名著录的团体名称。本子字段不包括编目员为区分其他相同名称的机构而对名称所做的附加(如@c、@g、@h)。当层级中有多个较低层次时,本子字段可重复。

@c 名称的附加成分

 本子字段记录该团体名称的补充、修饰成分。可重复。

@d 会议届次

 本子字段记录会议届次。不可重复。

@e 会议地点

 本子字段记录会议召开地点。不可重复。

@f 会议日期

 本子字段记录会议召开日期。不可重复。

@g 倒置部分

 为便于检索,将团体名称的前面部分移置后面。本子字段记录该后置部分。不可重复。

@h 款目要素和倒置部分外的名称其他部分

 在含有倒置成分的标目中,倒置部分之后的团体名称的其他部分。不可重复。

描述副标目(副标题、副副标题)的子字段

@j 形式复分

 本子字段体现文献类型因素,记录图书本身的资料种类或形式。可重复。一般排在所有子字段的最后。如教材、各种参考资料、通俗普及读物、图集、图谱、画册、文集、选集、汇编、会议资料、史料、年鉴、年报、年表、词典、百科全书、手册、技术手册、名录、纪事本末体、编年体、纪传体、缩写、图解、对照读物、纪念文集、双解词典等。但当文献类型因素成为主题概念的一部分时,则不使用该子字段,使用@a 或@x 等其他子字段。

@x 主题复分

 本子字段记录与主标目有概念逻辑限定关系的主题词,以便更明确地描述出主题标目的内容。可重复。

@y 地理复分

 本子字段记录主题标目所述的地理范围的主题词,即空间因素,以便更明确地描述出与主题标目基本元素相关的空间概念。可重复。

@z　年代复分

本子字段记录主题标目所描述的时间范围因素的主题词，以便更明确地描述出与主题标目基本元素相关的时间概念。可重复。

连接主题标目与规范记录的子字段

@2　主题规范表代码

本子字段记录主题标目所使用的主题规范表代码。《中国分类主题词表》（含《汉语主题词表》）代码为 CT。不可重复。

@3　主题规范记录号

本子字段记录本主题标目的规范记录号。不可重复。

字段内容说明和使用方法

本字段记录的团体名称取自主题规范表，因此@a、@b、@c、@d、@e、@f、@g、@h 的内容必须和主题规范记录的 210 字段完全相同；@j、@x、@z 的内容必须和主题规范记录的 250 字段完全相同；@y 的内容需和主题规范记录的 215 字段完全相同。

著录实例

（1）本字段文献研究或论述的某个团体名称应作为该字段的主标目。它包括一些附加信息，如学科主题复分、会议日期等。按照直序著录的方式填写，指示符取值"02"为团体名称；指示符取值"12"为会议名称。本字段主题词应根据《中国分类主题词表》提供的标准主题词著录。本字段可重复。

例 1：

机读目录格式：

200　1#@a 中共十一届三中全会历史档案@h 下@b 专著

601　12@a 中国共产党十一届三中全会@f 1978@j 史料

690　##@a D220@v 5

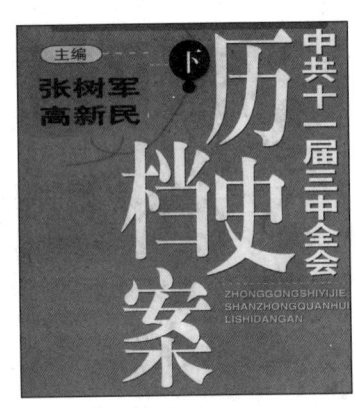

例 2：

机读目录格式：

200　1#@a 中国共产党建设七十年@b 专著

601　02@a 中国共产党@x 党的建设@z 1921－1991

690　##@a D23@v 5

例3：

八路军

主　编　岳思平
副主编　童蕴河

机读目录格式：

200 1#@a 八路军@b 专著

601 02@a 八路军@x 中国人民解放军军史

690 ##@a E297.31@v 5

例4：

机读目录格式：

200 1#@a 世界贸易组织反倾销争端案例
@b 专著

601 02@a 世界贸易组织@x 反倾销法@x 案
例@z 1995 - 2003

690 ##@a F743.1@v 5

WTO Anti-Dumping
Dispute Case
世界贸易组织反倾销争端案例
1995~2003 美国卷
李昌奎 主编

例5：

中华人民共和国
第十届全国人民代表大会
第四次会议文件汇编

全国人大常委会办公厅秘书一局　编

机读目录格式：

200 1#@a 中华人民共和国第十届全国人民代
表大会第四次会议文件汇编@b 专著

601 12@a 全国人民代表大会@x 文件@j 汇编

690 ##@a D622@v 5

例6：

机读目录格式：

200 1#@a 世界贸易组织基础知识教程
@b 专著

601 02@a 世界贸易组织@x 基本知识
@x 高等学校@j 教材

690 ##@a F743.1@v 5

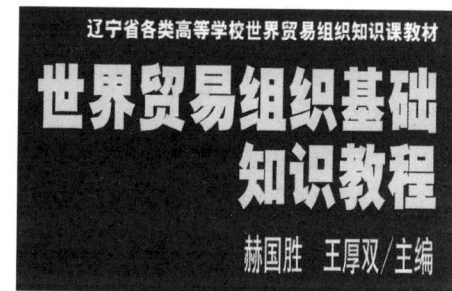

辽宁省各类高等学校世界贸易组织知识课教材
世界贸易组织基础
知识教程
赫国胜　王厚双/主编

（2）专科、专题的学术会议录、论文集,应将专科、专题对应的学科主题词标引为主标目,录入606字段,不标引在601字段。

例1：

九一八事变与
近代中日关系
——九一八事变70周年
国际学术讨论会论文集
中国社会科学院中日历史研究中心　编

机读目录格式：

200 1#@a 九一八事变与近代中日关系@b 专著@e 九
一八事变70周年国际学术讨论会论文集

606 0#@a 九·一八事变@x 研究@x 国际学术会议
@j 文集

690 ##@a K264.207 - 53@v 5

例2：

机读目录格式：

200　1#@a 循环经济与和谐生态城市@b 专著

606　0#@a 生态经济学@x 国际学术会议@z 2005
　　　　@j 文集

606　0#@a 城市环境@x 环境生态学@x 国际学术会
　　　　议@z 2005@j 文集

690　##@a F062.2－53@v 5

690　##@a X21－53@v 5

说明：本书是在河南召开的"循环经济与生态城市发展"国际学术研讨会论文集。

（3）当主题词是由团体名称和学科概念构成的复合概念主题词时，不能使用 601 字段，应记入 606 字段或其他相应的主题字段。

例：

机读目录格式：

200　1#@a 军旗飘飘@b 专著

606　0#@a 中国人民解放军军史@j 通俗读物

690　##@a E297@v 5

605　题名主题

字段定义

　　本字段记录以文献题名为研究对象的主题，并选用其他子字段补充说明主题信息，文献名称及主题复分均取自主题规范表。

出现情况

　　选择使用，可重复。

指示符

　　指示符1：空（未定义）

　　指示符2：空（未定义）

描述主标目（主标题）的子字段

　　@a　标目的基本元素

　　　　记录图书的简略题名或正题名。不可重复。

　　@h　分卷册编次

　　　　本子字段记录题名的分卷册编次。可重复。

　　@i　分卷册题名

　　　　本子字段记录题名的分卷册题名。可重复。

@k　出版日期

　　本子字段记录为区分题名而附加的出版日期。不可重复。

@l　形式副标目

　　补充说明统一题名的标准短语。不可重复。

@m　语种(用作标目的组成部分时)

　　文献的语种。当它不同于在标目中给出的文献语种或文献没有主要语种时,需将该语种作为标目的组成部分时选用。如果作品有多个语种,则所有语种均应记入在一个@m子字段。不可重复。

@n　其他题名信息

　　本子字段记录该著作的其他说明文字,包括一般资料标识。可重复。

@q　版本

　　本子字段记录题名页中的版本标识,也可包括原始日期。不可重复。

@r　演奏媒介

　　音乐作品要求的演奏乐器等。可重复。

@s　数字标识(音乐用)

　　由曲作者或他人分配给音乐作品的一个编号,用以区分作品。该号可以是序号、作品编号或主题索引号以及作为编号用的日期。可重复。

@u　调名(音乐用)

　　用作统一题名组成部分的音乐调名。不可重复。

@w　改编乐曲说明(音乐用)

　　说明音乐作品为改编乐曲。不可重复。

描述副标目(副标题)的子字段

@j　形式复分

　　本子字段体现文献类型因素,记录图书本身的资料种类或形式。可重复。一般排在所有子字段的最后。如教材、各种参考资料、通俗普及读物、图集、图谱、画册、文集、选集、汇编、会议资料、史料、年鉴、年报、年表、词典、百科全书、手册、技术手册、名录、纪事本末体、编年体、纪传体、缩写、图解、对照读物、纪念文集、双解词典等。但当文献类型因素成为主题概念的一部分时,则不使用该子字段,使用@a或@x等其他子字段。

@x　主题复分

　　本子字段记录与主标目有概念逻辑关系的主题词,主题复分使主题标目的内容描述得更加明确。可重复。

@y　地理复分

　　本子字段记录主题标目描述的地理范围,即空间因素,以便明确地描述与主题标目相关的空间概念。可重复。

@z　年代复分

　　本子字段记录主题标目所描述的时间范围的主题词,以便明确地描述出与主题标目相关的时间概念。可重复。

连接主题标目与规范记录的子字段

@2　主题规范表代码

本子字段记录主题标目所使用的主题规范表代码。《中国分类主题词表》（含《汉语主题词表》）代码为 CT。不可重复。

@3　主题规范记录号

本子字段记录本主题标目的规范记录号。不可重复。

字段使用说明

本字段记录的作品题名取自主题规范词表，因此@a、@h、@i、@k、@l、@n、@q 子字段内容必须和主题规范记录的 230 字段保持一致。

著录实例

（1）本字段的主要标目"@a"必须是某部作品的题名，包括文献研究或论述的任何载体形式的作品题名，必要时可在"606 学科名称主题"字段对相关内容做补充标引。

例 1：

机读目录格式：

200　1#@a 谈古论今说《周易》@b 专著

605　##@a《周易》@x 研究

606　0#@a 先秦哲学@x 研究

690　##@a B221.5@v 5

例 2：

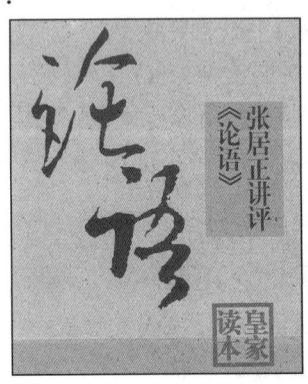

机读目录格式：

200　1#@a 张居正讲评《论语》皇家读本@b 专著

605　##@a《论语》@x 研究

606　0#@a 儒家

690　##@a B222.25@v 5

说明：605 字段题名取自主题规范词表，为规范化的检索点形式。

（2）当一篇文献中研究多部作品时，可重复使用本字段，对多部作品进行分组标引。若作品过多，超过标引深度的范围时，则按其文献内容所对应的学科主题做"606 学科名称主题"标引。凡题名不是主题词规范表中的正式主题词时，用 610 字段进行标引。

例1：

机读目录格式：

200　1#@a 菜根谭@b 专著@f（明）洪应明著@c 围炉夜话@f（清）王永彬著@c 小窗幽记@f（明）陈眉公著

605　##@a《菜根谭》@j 青年读物

610　0#@a《围炉夜话》@a《小窗幽记》

606　0#@a 个人@x 修养@j 通俗读物

690　##@a B825 –49@v 5

例2：

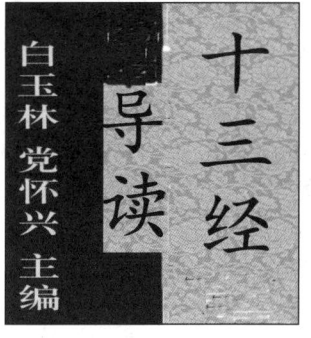

机读目录格式：

200　1#@a 十三经导读@b 专著

606　0#@a 经学@x 研究

690　##@a Z126.2@v 5

例3：

机读目录格式：

200　1#@a 30 部必读的国学经典@b 专著

606　0#@a 国学@x 著作@x 简介（二次文献）

690　##@a Z126.27@v 5

（3）研究某部作品的某一方面的文献，标引时除选用题名作为主要标目外，还应对其某一方面用"@x"子字段进行主题复分。

例1：

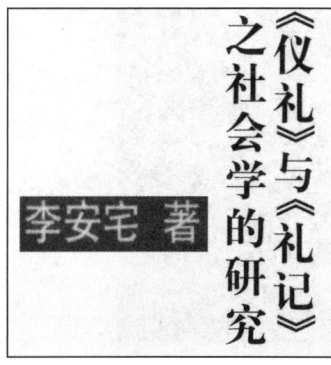

机读目录格式：

200　1#@a《仪礼》与《礼记》之社会学的研究@b 专著

605　##@a《仪礼》@x 社会学@x 研究

605　##@a《礼记》@x 社会学@x 研究

690　##@a K892.9@v 5

例2：

机读目录格式：

200　1#@a《左传》、《国语》方术研究@b 专著

605　##@a《左传》@x 方术@x 研究

610　0#@a《国语》

690　##@a K225. 04@v 5

690　##@a B992@v 5

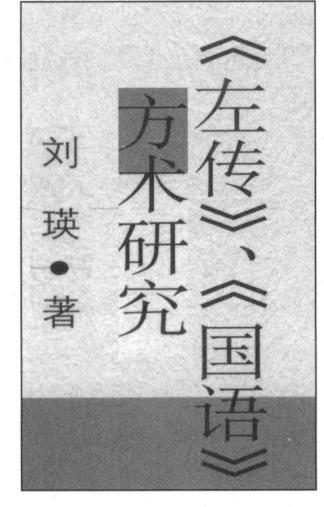

(4)当选用题名与其他概念构成专指复合概念主题词时,不能使用"605 题名主题"字段,应按其性质使用"606 学科名称主题"字段。

例1：

机读目录格式：

200　1#@a 论红楼梦@b 专著

606　0#@a《红楼梦》研究

690　##@a I207. 411@v 5

例2：

机读目录格式：

200　1#@a《水浒传》之谜@b 专著

606　0#@a《水浒》研究

690　##@a I207. 412@v 5

606　学科名称主题

主题标引中,使用最多的是学科名称主题的标引,也称为普通主题的标引,也就是文献研究或论述的主题是某个学科、事物或问题等具有独立检索意义的基本概念,在词表中,它们都是收自众多学科并能表达各种基本概念的词汇。而通用因素、空间因素、时间因素、文献类型因素只是对主体因素的细分和限定,在一个标题中,其依次排列在主体因素后面。当主体面只选用一个学科主题词时,其组配词序为:

606　0#@a 主体因素@x 通用因素@y 空间因素@z 时间因素@j 文献类型因素

字段定义

本字段记录以普通名称(学科术语、事物名称等)来描述文献主要内容的主题,即普通主题,本字段包含用作主题标目的普通名词或短语。普通主题词取自主题规范表,为规范检索点形式。并选用其他子字段来描述补充主题信息,同样取自主题规范表。

出现情况

选择使用,可重复。

指示符

指示符 1:主题词的级别

指示符 1 用于区别主要词和次要词

0 = 主题词不分主次或难分主次

1 = 主要词

表示该主题词可概括图书的中心主题内容。

2 = 次要词

表示该主题词只能概括图书的次要内容。

= 无可用信息

全国图书馆联合编目中心对主题词不做主次区分,因此该指示符值固定为 0。

指示符 2:空(未定义)

描述主标目(主标题)的子字段

@a　标目基本元素

本子字段记录规范形式的普通主题词。不可重复。

描述副标目(副标题、副副标题)的子字段

@j　形式复分

本子字段记录图书本身的资料种类或形式,即文献类型因素。可重复。一般排在所有子字段的最后。如百科全书、年鉴、手册、论文集、文摘、索引、教材等。当某种文献类型因素已构成文献主题概念的一部分时,则不使用该子字段,使用@a 或@x 等其他子字段。

@x　主题复分

本子字段记录与主标目有概念逻辑限定关系的主题词,以便更明确地描述出主题标目的内容。可重复。

@y　地理复分

本子字段记录主题标目所描述的地理范围的主题词,即空间因素,以便更明确描述出与主题标目基本元素相关的空间概念。可重复。

@z　年代复分

本子字段记录主题标目所描述的时间范围因素的主题词,以便更明确地描述出与主题标目基本元素相关的时间概念。可重复。

连接主题标目与规范记录的子字段

@2　主题规范表代码

本子字段记录主题标目所使用的主题规范表代码。《中国分类主题词表》(含《汉语主题词表》)代码为 CT。不可重复。

@3　主题规范记录号

本子字段记录主题标目的规范记录号。不可重复。

字段内容说明和使用方法

(1)本子字段记录的主题词取自主题规范表,因此@a、@j、@x、@z 的内容必须和主题规范记录的 250 字段完全相同。@y 的内容需和主题规范记录的 215 字段完全相同。

(2)本字段采取先组标引和后组标引相结合的使用模式。在先组标引模式中,对于复杂的普通主题概念与其他主题字段处理方法相同,不使用组配符号标引,要多个子字段@x 来表示多个普通主题词对主标目的限定关系。一个主题(单元主题或复合主题)记录在一个字段中,多个主题可记录多个字段。

著录实例

1. 普通图书的标引

一般图书的主题标引必须遵守主题标引规则,以学科专业内容的具体研究和论述的对象,即事物、问题、材料、过程、现象等具有独立检索意义的主体因素为主标题,以其他通用因素、位置因素、时间因素为副标题进行标引。

例1:

机读目录格式:

```
200   1#@a 企业管理@b 专著
606   0#@a 企业管理@x 案例@y 世界
690   ##@a F272@v 5
```

现代经济与管理案例与评析丛书

企业管理

名誉主编：李丽君

主　　编：王晓耕

副 主 编：常家芸

编　　者：薛天菲　栾娥娥　孔 瞳

例2:

国家非处方药应用指南
（第2版）

顾　问　黄始振
主　编　王顺年　吴新荣　蒋琳兰
副主编　刘　坚　赵树进　文其武
　　　　张洪亮　宋　骙　王应立

机读目录格式:

```
200   1#@a 国家非处方药应用指南@b 专著
606   0#@a 非处方药@j 手册
690   ##@a R97 – 62@v 5
```

2. 丛书的标引

（1）丛书的集中标引

集中标引就是把整套丛书作为一种书来处理,按整套丛书的内容进行标引。集中标引的丛书应具备下列条件:①属于一次刊行的丛书;②围绕一定的时代、地区、人物或事物,内容有密切联系的丛书;③连续刊行,有总编辑计划和总目次的丛书。专科、专题性丛书的标引以丛书内容对应的概括性学科主题词为主标题,"丛书"一词为副标题。如果综合著录的专科、专题性丛书有分卷册号或分卷册名,采用多卷书的标引方法。

例1:

传染病预防与健康丛书
中国疾病预防控制中心传染病预防控制所 组织编写

机读目录格式:

200　1#@a 传染病预防与健康丛书@b 专著

606　0#@a 传染病@x 预防(卫生)@x 丛书

690　##@a R183－51@v 5

例2:

◀中国社会科学院重大项目▶

·中国少数民族现状与发展调查研究丛书·

主编　郝时远　任一飞

玛沁县藏族卷

撰著　穆赤·云登嘉措　鄂崇荣
王继卿　杨　英

机读目录格式:

200　1#@a 中国少数民族现状与发展调查研究丛书@i 玛沁县藏族卷@b 专著

606　0#@a 少数民族@x 社会调查@y 中国

606　0#@a 藏族@x 社会调查@y 玛沁县

690　##@a D633.3@v 5

690　##@a D633.314@v 5

例3:

机读目录格式:

200　1#@a 中国百年百名中医临床家丛书@i 叶桔泉@b 专著

606　0#@a 中医学临床@x 经验@y 中国@z 现代

690　##@a R249.7@v 5

中国百年百名中医临床家丛书

叶　桔　泉

马永华　叶加南
叶庭兰　叶晓南　编著

（2）丛书的分散标引

丛书的分散标引是按丛书中单种书的内容进行标引。丛书的单种书的标引与普通图书相同。

例1：

机读目录格式：

200　1#@a 重返西西里@b 专著

225　2#@a 旅行与探险经典文库

606　0#@a 游记@x 作品集@y 英国@z 现代

690　##@a I561.65@v 5

例2：

| 建筑结构设计指导与实例精选系列丛书 |
| **混凝土结构设计指导与实例精选** |
| 张维斌　李国胜　编 |

机读目录格式：

200　1#@a 混凝土结构设计指导与实例精选@b 专著

225　2#@a 建筑结构设计指导与实例精选系列丛书

606　0#@a 混凝土结构@x 结构设计

690　##@a TU370.4@v 5

例3：

机读目录格式：

200　1#@a 食品工业高新技术设备和工艺@b 专著

225　2#@a 现代食品工业技术丛书

606　0#@a 食品加工设备

606　0#@a 食品工艺学

690　##@a TS203@v 5

690　##@a TS201.1@v 5

| 现代食品工业技术丛书 |
| **食品工业高新技术设备和工艺** |
| 邓立　朱明　主编 |

3. 多卷书的标引

多卷书一般应以全书的内容集中标引,当其分卷册具有独立的研究对象时,须同时进行下一层次的分析标引。

（1）没有分卷册书名的多卷书,图书主题内容单一的,一般应以整套图书的主题进行综合标引。

例：

冷战国际史研究 Ⅱ

Cold War International History Studies

华东师范大学国际冷战史研究中心

机读目录格式：

200 1#@a 冷战国际史研究@h Ⅱ@b 专著
606 0#@a 冷战@x 国际关系史@j 文集
690 ##@a D819 – 53@v 5

（2）多卷书的内容涉及多方面主题，应以整套图书的概括性主题进行综合标引，同时对涉及的多方面主题进行补充标引。

例：

机读目录格式：

200 1#@a 西北方言与民俗研究论丛@h 二
     @b 专著
606 0#@a 西北方言@j 文集
606 0#@a 风俗习惯@y 西北地区@j 文集
690 ##@a H172.2 – 53@v 5
690 ##@a K892.44 – 53@v 5

（3）既有总书名，又有分卷册书名的多卷书，分卷册名只表示年代的，按总书名反映的学科内容分类。主题标引只做分析标引，以卷册图书内容对应年代的主题词为时间因素的副标题。

例：

机读目录格式：

200 1#@a 中国史学思想通史@i 隋唐卷
     @b 专著
606 0#@a 史学史@x 思想史@y 中国@z 隋唐
     时代
690 ##@a K092@v 5

（4）分卷册书名所表示的地名与总书名不同的多卷书，除以整套图书综合标引外，还应按照分卷册图书所表示的地域概念进行分析标引。

例：

机读目录格式：

200 1#@a 中国戏曲志@i 辽宁卷@b 专著
606 0#@a 戏剧史@y 中国
606 0#@a 戏剧史@y 辽宁
690 ##@a J809.2@v 5
690 ##@a J809.231@v 5

（5）总书名与分卷册的学科内容属于上下位概念的,除做综合标引外,应同时进行多层次的下位概念的标引。

例:

机读目录格式:

200　1#@a 心理健康百科全书@h 6@i 心理病
　　　理卷@b 专著

606　0#@a 心理卫生@j 百科全书

606　0#@a 病理心理学@x 诊疗

690　##@a R395.6−61@v 5

690　##@a B846@v 5

607　地理名称主题

字段定义

本字段记录以地理名称为研究对象的文献主题。并选用其他子字段补充说明主题信息,文献名称及主题复分均取自主题规范表。

出现情况

选择使用,可重复。

指示符

指示符1:空(未定义)

指示符2:空(未定义)

描述主标目(主标题)的子字段

@a　标目的基本元素

本子字段记录规范形式的地理名称。不可重复。

描述副标目(副标题)的子字段

@j　形式复分

本子字段体现文献类型因素,记录图书本身的资料种类或形式。可重复。一般排在所有子字段的最后。如教材、各种参考资料、通俗普及读物、图集、图谱、画册、文集、选集、汇编、会议资料、史料、年鉴、年报、年表、词典、百科全书、手册、技术手册、名录、纪事本末体、编年体、纪传体、缩写、图解、对照读物、纪念文集、双解词典等。但当文献类型因素成为主题概念的一部分时,则不使用该子字段,使用@a 或@x等其他子字段。

@x　主题复分

本子字段记录与主标目有概念逻辑关系的主题词,主题复分使主题标目的内容描述得更加明确。可重复。

@y　地理复分

本子字段记录主题标目描述的地理范围,即空间因素,以便明确地描述与主题标目相关的空间概念。可重复。

@z 年代复分

本子字段记录主题标目所描述的时间范围的主题词,以便明确地描述出与主题标目相关的时间概念。可重复。

连接主题标目与规范记录的子字段

@2 主题规范表代码

本子字段记录主题标目所使用的主题规范表代码。《中国分类主题词表》(含《汉语主题词表》)代码为 CT。不可重复。

@3 主题规范记录号

本子字段记录本主题标目的规范记录号。不可重复。

著录实例

(1)本字段的主要标目"@a"必须是地名,其中包括自然地理名称、历史地名及行政区划名称。地名应依据《中国分类主题词表》或《GB 2260—86 中华人民共和国行政区划代码》提供的词形填写,并用其他子字段做主题复分。涉及多个地名可重复使用本字段。

例1:

机读目录格式:

200 1#@a 新疆通览@b 专著

607 ##@a 新疆@x 概况

690 ##@a K924.5@v 5

例2:

机读目录格式:

200 1#@a 品味吐鲁番@b 专著

607 ##@a 吐鲁番市@x 概况

690 ##@a K924.53TL@v 5

例3:

机读目录格式:

200 1#@a 最新各国概况@i 亚洲分册@b 专著

607 ##@a 世界@x 概况

607 ##@a 亚洲@x 概况

690 ##@a K91@v 5

690 ##@a K93@v 5

例 4：

机读目录格式：

200 　1#@a 塞内加尔冈比亚@b 专著

607 　##@a 塞内加尔@x 概况

607 　##@a 冈比亚@x 概况

690 　##@a K943.4@v 5

690 　##@a K943.5@v 5

（2）论述某一历史地域或自然地域各方面情况或某一方面情况的文献，地名作为主标目，著录在 607 字段。

例 1：

机读目录格式：

200 　1#@a 汉唐文化与高昌历史@b 专著

607 　##@a 高昌（历史地名）@x 地方史@z 汉代

607 　##@a 高昌（历史地名）@x 地方史@z 唐代

690 　##@a K294.52@v 5

例 2：

机读目录格式：

200 　1#@a 唐长安的数码重建@b 专著

606 　0#@a 数码技术@x 应用@x 建筑史@x 研究@y 中国@z 唐代@j 中文@j 英文

607 　##@a 长安（历史地名）@x 地方史@y 中国@z 唐代@j 中文@j 英文

690 　##@a TU－092.42@v 5

690 　##@a K294.11@v 5

（3）综述某一行政区域各方面情况的文献，政区名称作为主标目，著录在 607 字段。

例1：

机读目录格式：

200 1#@a 上海味道@b 专著

607 ##@a 上海@x 地方志

690 ##@a K295.1@v 5

例2：

机读目录格式：

200 1#@a 辽宁年鉴@h 2006（总第 24 卷）
　　　@b 专著

607 ##@a 辽宁@z 2006@j 年鉴

690 ##@a Z523.1@v 5

（4）论述某一行政区域的某一方面或问题的文献，行政区名称不作为主要标目，应作为位置因素著录在"@y"子字段，方面和问题所对应的主题词应作为主要标目，著录在相应的主题字段。

例1：

机读目录格式：

200 1#@a 四川重庆@b 专著

606 0#@a 导游@y 四川

606 0#@a 导游@y 重庆

690 ##@a K928.971@v 5

690 ##@a K928.971.9@v 5

例2：

机读目录格式：

200 1#@a 北京文物百科全书@b 专著

606 0#@a 文物@y 北京@j 百科全书

690 ##@a K872.1－61@v 5

（5）当选用地名与学科概念构成专指复合概念的先组词时，不能使用 607 字段，应按其性质使用相关的主题字段。如俄罗斯文学、欧洲经济、中国戏剧等。

例 1：

机读目录格式：

200　1#@a 中华上下五千年@b 专著

606　0#@a 中国历史@j 通俗读物

690　##@a K209@v 5

例 2：

机读目录格式：

200　1#@a 中国文学精神@b 专著

606　0#@a 中国文学@x 古典文学研究

606　0#@a 中国作家@x 人物研究

690　##@a I206.2@v 5

（6）以地名为主要标目的文献，无须再按其他主题类型进行重复标目。

例：

机读目录格式之一（错误）：

200　1#@a 台湾外志@b 专著

606　0#@a 地方史@y 台湾@z 明清时代@j 史料

606　0#@a 郑成功收复台湾@j 史料

607　##@a 台湾@x 地方史@z 明清时代@j 史料

690　##@a K295.8@v 5

690　##@a K248.405@v 5

机读目录格式之二（正确）：

200　1#@a 台湾外志@b 专著

606　0#@a 郑成功收复台湾@j 史料

607　##@a 台湾@x 地方史@z 明清时代@j 史料

690　##@a K295.8@v 5

690　##@a K248.405@v 5

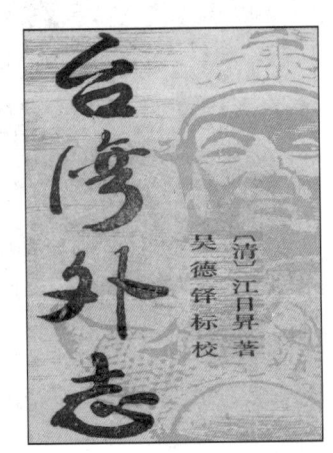

（7）古希腊、阿拉伯帝国、波斯帝国、雅典（古国）、古罗马、罗马帝国、拜占庭帝国、德意志帝国等含有时代概念的古国名主题词，不作为地理名称主题词，而作为普通主题词，标引时不能作为位置因素，应按主标题处理。

例：

机读目录格式：
200　#@a 古希腊与古罗马艺术@b 专著
606　#@a 古希腊@x 艺术史
606　0#@a 古罗马@x 艺术史
690　##@a J110.93@v 5

610　非控主题词

字段定义

本字段记录根据文献主题内容自选的关键词，通常为名词、术语，也称自由词。不取自主题规范表。凡词表中具有"用""代"关系的主题词，不做非控主题词重复使用。

出现情况

选择使用，可重复。

指示符

指示符1：主题词主次等级

　　0 = 主题词不分主次或难分主次

　　1 = 主要词

　　　　表示该主题词可概括图书的中心内容。

　　2 = 次要词

　　　　表示该主题词只能概括图书的次要内容。

　　　　按照全国图书馆联合编目中心的规定，对主题词不做主次之分，因此该指示符固定为0。

指示符2：空（未定义）

子字段

@a　非控主题词

本子字段记录主题词表中没有的未经规范的非控主题词。可重复。

著录实例

（1）非控主题词应是词表中没有的，尽可能选择词义清晰、概念明确的专指性很强的名词、术语。

例 1:

机读目录格式:

200　1#@a 超级悠悠球@b 专著

606　0#@a 球类运动@j 少年读物

610　0#@a 悠悠球

690　##@a G849.9@v 5

例 2:

机读目录格式:

200　1#@a 中文 3dsmax8 短期培训教程@b 专著

606　0#@a 三维动画软件@x 职业技术教育@j 教材

610　0#@a 3ds max

690　##@a TP391.414@v 5

(2) 主题词表中已收入的有用代关系的主题词,不能作为非控主题词标引。

例:

机读目录格式之一 (错误):

200　1#@a 慈禧画传@b 专著

600　#0@a 西太后@f (1835 – 1908)@x 传记

610　0#@a 慈禧太后

690　##@a K827 = 52@v 5

机读目录格式之二 (正确):

200　1#@a 慈禧画传@b 专著

600　#0@a 西太后@f (1835 – 1908)@x 传记

690　##@a K827 = 52@v 5

说明:词表中"西太后(1835 – 1908)"D(代)"慈禧太后",因此,不能将"慈禧太后"作为非控主题词进行重复使用。

(3) 多个非控主题词可重复使用"@a"子字段。

例:

机读目录格式:

200　1#@a ASP 与 SQL Server 动态网站开发自学导航@b 专著

606　0#@a 网页制作工具@x 程序设计

606　0#@a 关系数据库@x 数据库管理系统

610　0#@a ASP@a SQL

690　##@a TP393.092@v 5

690 《中国图书馆分类法》分类号

字段定义

本字段记录《中国图书馆分类法》(简称《中图法》,CLC)的分类号。该号是一个先组标引的完整分类号,不应是分类号的一部分。

出现情况

必备,可重复。

指示符

指示符1:空(未定义)

指示符2:空(未定义)

子字段

@a 分类号

记录取自分类表的完整分类号。不可重复。

@v 分类法版次

本子字段记录分类法版次。不可重复。

@2 《中图法》版本代码

《中图法》编委会定义代码,不可重复。

字段内容说明

本字段记录《中图法》的分类号和版本标识。整个字段用单字节表示,分类号中主类号的字母大写,分类法版本标识用阿拉伯数字。

著录实例

(1)凡需要使用国家地区区分符号"( )"对文献进行组配标引时,可以将国家地区区分符号加在主类号之后。

例1:

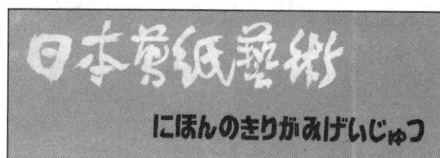

机读目录格式:

200 1#@a 日本剪纸艺术@b 专著

690 ##@a J538.1(313)@v 5

说明:"313"表示世界地区复分表中日本的地区号。

例2:

机读目录格式:

200 1#@a 美国当代展览设计@b 专著

690 ##@a J535.1(712)@v 5

说明:"712"表示世界地区复分表中美国的地区号。

(2)凡需要使用时代区分符号"＝"对文献进行组配标引时,可以将时代区分符号及其相应时代号加在主类号之后。

例1:

机读目录格式:

200　　1#@a 蒙哥马利@b 专著

690　　##@a K835.615.2＝534@v 5

说明:"＝"后的"534"表示的是本书主人公蒙哥马利所属的时代,依国际时代表区分的时代区分号。

例2:

机读目录格式:

200　　1#@a 凯恩斯传@b 专著

690　　##@a K835.615.31＝531@v 5

说明:"＝"后的"531"是本书主人公凯恩斯所属的时代,依国际时代表区分的时代区分号。

(3)《中图法(第五版)》要求,对特定类目下规定的组配编号法的类目采用冒号组配标引。

例:

机读目录格式:

200　　1#@a 中国历代笑话一百篇@b 专著

690　　##@a H319.4:I276.8@v 5

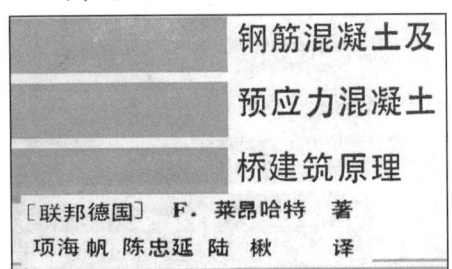

(4)文献内容具有多学科属性、文献中有若干个并列的主题及因分类法规定按某种形式集中文献而不能揭示其学科属性的,可做互见分类(附加分类),在第一个 690 字段(主要分类号)之后,重复著录 690 字段。

例1:

机读目录格式:

200　　1#@a 钢筋混凝土及预应力混凝土桥建筑原理@b 专著

690　　##@a U448.34@v 5

690　　##@a U448.35@v 5

说明:"U448.34"为"钢筋混凝土桥"的分类号,"U448.35"是"预应力混凝土桥"的分类号。

例2：

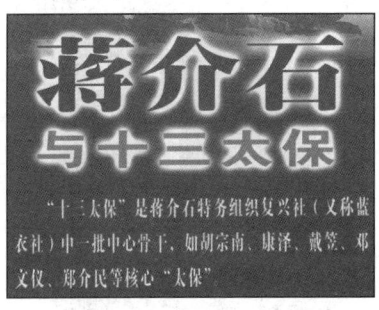

"十三太保"是蒋介石特务组织复兴社（又称蓝衣社）中一批中心骨干，如胡宗南、康泽、戴笠、邓文仪、郑介民等核心"太保"

机读目录格式：

200 1#@a 蒋介石与十三太保@b 专著

690 ##@a I253.1@v 5

690 ##@a K827＝73@v 5

说明： 第一个"690"是政治题材的报告文学，第二个"690"是文献中包含的蒋介石与其下属的有关描述。

（5）类目复分组号加"0"的问题

①分类表主表社会科学各类中，凡具有概括性地区属性的类目，如再依其他标准细分时，组号时均须在主类号后先加"0"再复分。

例1：

机读目录格式：

200 1#@a 东欧短篇小说选@h 下册@b 专著

690 ##@a I510.4@v 5

说明 如不加"0"类号是"I514"，而"I514"是捷克斯洛伐克的类号，为了加以区分"I51"后必须加"0"。

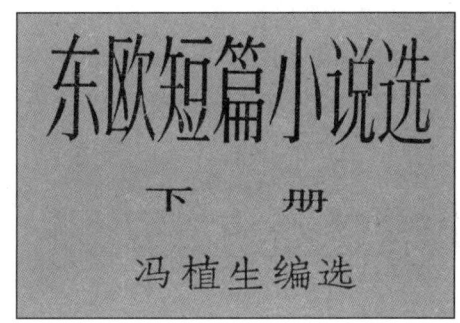

例2：

机读目录格式：

200 1#@a 西方文明史@h 上卷@b 专著

690 ##@a K500.3@v 5

说明： 如不在"K5"后加"0"，类号为"K503"，与"K503 欧洲中世纪史"重号。

②分类法主表中社会科学各类中的各级上位类，如再依其他标准复分时（仿分或依复分表分），组号时均须在主类号后先加"0"再复分。

例 1：

机读目录格式：

200　1#@a 中国近世思想史研究@b 专著

690　##@a B250.5@v 5

说明：由于分类时需依"B21/B26 中国各代哲学"下的专类复分表复分，而"B25"属上位类，组号时须在主类号后先加"0"再复分。

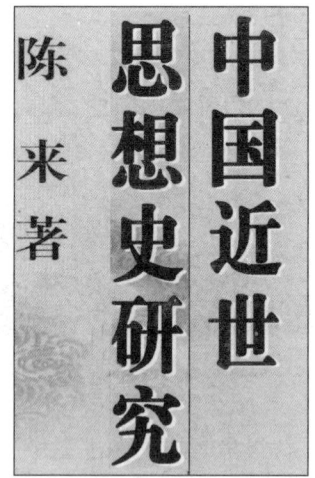

例 2：

机读目录格式：

200　1#@a 初中语文教与学@h 第二册@b 专著

690　##@a G634.303@v 5

说明："G634.3"属上位类，需仿"G624 教材、课本、学生参考书"专类复分表分，仿分时需加"0"，避免与"G634.33 阅读"重号。

例 3：

机读目录格式：

200　1#@a 1935：险象环生@b 专著

690　##@a K263.05@v 5

③分类表主表中的类目，仿"一般性问题"复分时，一般情况下需在仿分号前加"0"。

例：

机读目录格式：

200　1#@a 印刷电路板设计@b 专著

690　##@a TN410.2@v 5

说明："TN41"类号是"印刷电路"，文献中的内容是描述印刷电路的设计，需仿"TN40 一般性问题"分。

(6)多卷书应集中分类,并依全书的整体内容为归类依据。如果分卷是按专题编辑并题有分卷书名的,还应按各分卷的专题再做分析分类。

例1:

机读目录格式:

200   1#@a 绿原文集@h 第五卷@i 外国文学评论及其他@b 专著

690   ##@a I217.62@v 5

690   ##@a I106 – 52@v 5

例2:

机读目录格式:

200   1#@a 钱钟书论学文选@h 第四卷@b 专著

690   ##@a C52@v 5

690   ##@a I04@v 5

说明:本卷主要内容是创作论方面的,需做附加分类"I04 文学创作论"。

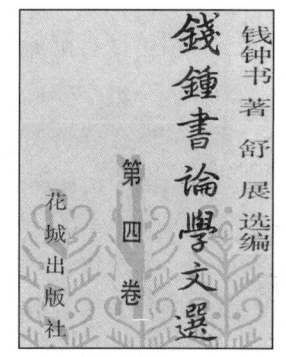

(7)凡《中图法》中要求在类号后用字母细分的图书,在标引中要特别注意。如依中国地区表复分,必要时可再加地名前两个字的汉语拼音首字母细分。标引计算机数据库系统方面的图书时,应依数据库系统名称的前两个英文字母区分,并按字母序列排。

例1:

机读目录格式:

200   1#@a 本溪年鉴@h 2004@b 专著

690   ##@a Z523.13BX@v 5

说明:分类号"Z523.13BX"中"BX"代表本溪。

例2:

机读目录格式:

200   1#@a Java2 面向对象程序设计基础与实例解释@b 专著

690   ##@a TP312JA@v 5

> **Java 2 面向对象程序设计基础与实例解析**
>
> 陈艳华   主编

696   国内其他分类法分类号

字段定义

本字段包含的分类号取自尚未被国内普遍使用,但已被一个单位或多个单位使用的国内分类系统。

出现情况

选择使用,可重复。

指示符

指示符 1:空(未定义)

指示符 2:空(未定义)

子字段

@a 分类号

取自@2 子字段所标识的分类表中的号码。可重复。

@b 书号

由编目机构分配的书次号,根据@2 子字段所标识的分类表的需要选取。可重复。

@c 分类复分

取自分类表的分类复分号,根据@2 子字段所标识的分类表的需要选取。可重复。

@v 分类法版次。

不可重复。

@2 系统代码

分类号所属的分类体系代码。可自行选择编码。不可重复。

@3 分类记录号

用作标目的分类记录的控制号。不可重复。

字段内容说明

如果数据中有一种以上的分类法并存,必须用分类体系名称标识,或者用编目机构自行选择的编码加以区分,此时@2 子字段必备。

著录实例

例:

机读目录格式:

200　　1#@a 菲律宾寻宝记@b 专著

690　　##@a J238.2(312.6)@v 5

690　　##@a K934.1 – 49@v 5

696　　##@J 371(312.6)@v 3@2 sef

696　　##@a K934.1@v 3@2 sef

说明:696 字段分类号取自《中国少年儿童文献分类主题词表》。其中@2 子字段中的"sef"是"少儿法"三个字的汉语拼音首字母。

7--   知识责任块

知识责任块的字段是用来记录对所编图书负有某种责任的个人名称或团体名称。中文图书编目规则不使用主要款目的概念,因此不选用 700 和 710 字段。

使用字段

书目记录的知识责任块选用下列字段:

701	个人名称—主要责任者
702	个人名称—次要责任者
711	团体名称—主要责任者
712	团体名称—次要责任者
730	名称—非规范责任者

701   个人名称—主要责任者

字段定义

本字段所含有的名称,是以检索点形式出现的对文献负有等同(主要)知识责任的个人名称。该名称取自名称规范库,为规范的检索点形式,并附有选用的补充信息。

出现情况

有则必备,可重复。

指示符

指示符 1:未定义,填空格

指示符 2:名称形式指示符

表示名称著录方式是直序还是倒序。

0 = 直序方式(个人名称以名或姓名直序方式著录)

1 = 倒序方式(个人名称按姓氏或相当于姓的成分著录)

当指示符 2 填"0"时,个人名称填写在@a 子字段,无@b 子字段;指示符 2 填"1"时,个人名称倒序,姓填在@a 子字段,名填在@b 子字段。当外国责任者名称在 7--字段只有@a 子字段时,按直序方式著录,指示符 2 填"0"。

子字段

@a   款目要素

标目中用作款目要素的名称部分。如果使用本字段,本子字段必备。不可重复。

@b   名称的其余部分(款目要素除外)

以姓为款目要素时的名称的其余部分。它包含名字或教名等。如本子字段出现,指示符 2 置"1"。首字母缩写的展开形式记入@g 子字段。不可重复。

@c   名称附加(年代除外)

不构成名称本身不可分割部分的任何附加成分（年代除外），包括头衔、称号、职位、职业、籍贯、民族、性别、国别、朝代、外文名称以及其他为识别名称所需要的成分。如有第二个或连续出版的上述附加，本子字段可重复。

@d　罗马数字

与罗马主教、皇族和牧师等名称连在一起的罗马数字或世次。如果称号（或更多的名字）与罗马数字有关，也应包括在内。使用本子字段时，指示符 2 置"0"。不可重复。

@f　年代

附属于个人名称的年代，包括缩写或具有年代性质的其他说明。涉及个人名称的所有年代如创作高峰期、生年、卒年等，均应记入本子字段。不可重复。

@g　名字首字母的展开形式

当名字以首字母缩写形式记入@b 子字段，并且其首字母缩写形式及完整形式均需表示时，名字首字母的完整形式应记入本子字段。不可重复。

@p　任职机构/地址

作品创作时作者的任职机构。不可重复。

@3　规范记录号

标目的规范记录控制号。不可重复。

@4　责任说明

该个人名称对著作所负的责任方式说明。可直接使用《中国文献编目规则》中责任方式的术语著录。可重复。常见的责任说明主要有：著、主编、编著、编写、编、编纂、译、编译、改编、汇编、书、绘、插图、注释、校、口述、起草、整理等。可重复。

字段内容说明

本字段记录的个人名称取自名称规范记录标目，因此@a、@b、@c、@d、@f、@g 的内容应该和名称规范记录的 200 字段相一致，是规范的检索点形式。依名称规范库的记录标目，按规范标目的选取原则，首先选取熟知、常用的，如果无法判断，则选择信息源上出现的形式。如果网名是英文同时又出现了本名，以本名作为名称标目。

著录实例

一、个人名称检索点的选取

1. 单独责任方式

对著作的内容负有单独责任的个人名称应作为检索点。无论其名称是以责任说明方式出现在文献中，还是通过考证所得，都应作为检索点予以揭示，7--字段责任者名称应取自名称规范记录标目。

例1：

机读目录格式：

200 1#@a 羞涩的舞者@b 专著@e 动画表演教程@f 薛燕平著

701 #0@a 薛燕平@f（1975 – ）@4 著

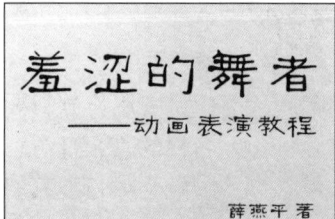

题名页

例2：

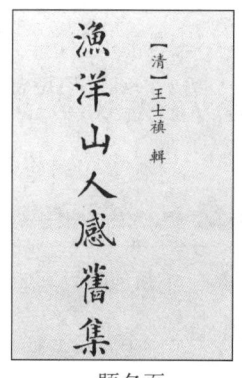

题名页

机读目录格式：

200　1#@a 渔洋山人感旧集@b 专著@f（清）王士禛辑

701　#0@c（清）@a 王士禛@f（1634－1711）@4 辑

说明：（清）王士禛，原名士禛。200 字段按规定信息源著录，701 字段取自名称规范库。

例3：

多功能 实用成语词典 唐 斌 主编	多功能实用成语词典 唐　宾　主编 延边大学出版社出版发行 （延吉市公园路 977 号） 各地新华书店经销 三河市文通印装有限公司印刷 开本：787×1092　1/32　印张：28 2006 年 1 月第 1 版　2006 年 3 月第 2 次印刷 印数：4000 册 ISBN 7－5634－2095－9/H·463　定价：29.80 元
题名页	版权页

机读目录格式：

200　1#@a 多功能实用成语词典@b 专著@f 唐斌主编

314　##@a 版权页责任者题：唐宾

701　#0@a 唐斌@4 主编

说明：不同信息源所载责任者名称有差异，依题名页所题著录，同时在 314 字段进行附注说明。

2. 分担责任方式

　　分担责任方式即一部著作由多人以同一责任方式共同完成。中文编目不使用主款目概念，多个著者中的每一个责任者都视为与主要责任者等同的责任者，记入 701 字段。

例1：

机读目录格式：

701　#0@a 吕玉桂@4 主编

701　#0@a 严波@4 主编

说明：分担责任者为两人。

> 21 世纪高职高专创新精品规划教材
>
> **SQL Server 2008 数据库开发**
>
> **经典案例教程**
>
> 主　编　吕玉桂　严　波

题名页

例2：

机读目录格式：

701 #0@a 王洁@c（女,@f 1941 - ）@4 主编

701 #0@a 苏金智@4 主编

701 #0@c（加）@a 图里@c（Turi,Joseph-G.）
　　　@4 主编

题名页

说明：本书责任者为3人,3人全部做701字段。

例3：

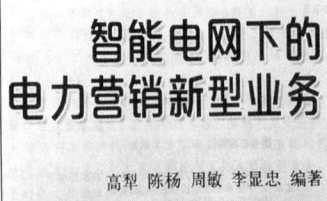

题名页

机读目录格式：

200 1#@a 智能电网下的电力营销新型
　　　业务@b 专著@f 高犁[等]编著

304 ##@a 编著者还有:陈杨、周敏、李
　　　显忠

701 #0@a 高犁@f（1969 - ）@4 编著

701 #0@a 陈杨@4 编著

701 #0@a 周敏@4 编著

题名页

200 1#@a 珠江流域水循环模拟与调控
　　　研究@b 专著@f 雷晓辉[等]著

304 ##@a 著者还有:唐克旺、廖卫红、
　　　王琳、唐蕴

701 #0@a 雷晓辉@c（水资源）@4 著

701 #0@a 唐克旺@4 著

701 #0@a 廖卫红@4 著

说明：同一责任方式的责任者超过3个（不含3个）,200字段责任者只著录第一人,后加"[等]"字,其余在304字段注明。各图书馆可根据本馆的实际情况选取7--字段检索点。一种是7--字段只著录第1人,另一种是7--字段可依次选取3人做检索点（因为著录同一责任方式的责任者数量一般不超过3个）。全国图书馆联合编目中心采用第一种方式。

例4：

题名页

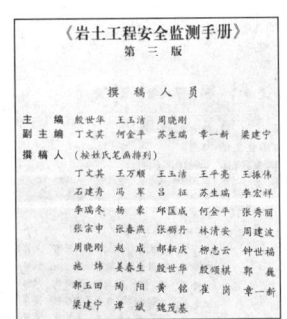

书内页

机读目录格式:

200 1#@a 岩土工程安全监测手册@h 上册@b 专著@f 国家电力监管委员会大坝安全
     监察中心主编

314 ##@a 主编:殷世华、王玉洁、周晓刚

701 #0@a 殷世华@4 主编

701 #0@a 王玉洁@4 主编

701 #0@a 周晓刚@4 主编

711 02@a 国家电力监管委员会@b 大坝安全监察中心@4 主编

说明:题名页上只题有集体主编者,个人主编出现在书内页,此种情况 200 字段依题名页著录,个人责任者在 314 字段说明。因个人责任者和集体责任者的责任方式均为主编,所以个人责任者在 701 字段做检索点,集体责任者在 711 字段做检索点。

例5:

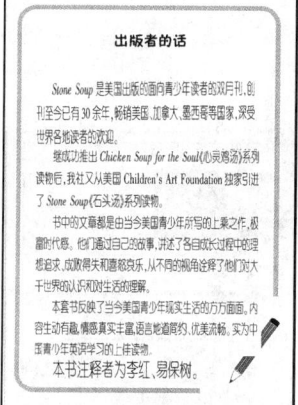

题名页　　　　　　　　　　　　　出版者的话

机读目录格式:

200 1#@a 勇者无敌@b 专著

314 ##@a 责任者取自"出版者的话"

701 #0@a 李红@4 注释

701 #0@a 易保树@4 注释

说明:题名页上无责任者,但在其他信息源处,如"出版者的话"中对责任者有说明,对于此种情况,200 字段@f 不予著录,但在 701 字段将其作为检索点予以著录。

3. 混合责任方式

一部著作由一人或多人以不同责任方式完成,其个人名称均可作为检索点,但所选取的责任方式原则上不超过四种。将主要责任方式作为 701 字段的检索点予以揭示,其余次要责任方式作为 702 字段的检索点予以揭示。

（1）两种责任方式的著录

①一书既有个人主编者，又有个人编者时，省略个人编者。

例：

机读目录格式：

701　#0@a 赵进喜@f（1965 - ）@4 主编

701　#0@a 王富龙@c（中医）@4 主编

说明：701 字段只著录主编，编者省略著录。

《伤寒论》与中医现代临床

《SHANGHANLUN》YU ZHONGYI XIANDAI LINCHUANG

主　编	赵进喜	王富龙	
副主编	高　菁	王世东	张丽芬
编　者	王燕萍	王欣麒	刘保利
	牟　新	李　靖	黄允瑜
	姜　淼	黄学民	黄　山
	曹振华		

题名页

②一书既有个人主编者，又有集体编者时，一般情况下均予以著录。个人责任者在前，集体责任者在后。

例1：

检察实务

探索与思考

上海市松江区人民检察院　编

阮荣富　主编

陆一凡　徐建　副主编

题名页

机读目录格式：

200　1#@a 检察实务探索与思考@b 专著@f 阮荣富主编@g 上海市松江区人民检察院编

701　#0@a 阮荣富@4 主编

712　02@a 上海市松江区检察院@4 编

说明：题名页上既有个人主编，也有集体编者，照录。

例2：

机读目录格式：

200　1#@a 按摩师@i 技师@b 专著@f 劳动和社会保障部教材办公室组织编写

314　##@a 书内前言题主编：王国顺

701　#0@a 王国顺@4 主编

712　02@a 劳动和社会保障部@b 教材办公室@4 组织编写

说明：题名页上只有集体责任者，个人责任者出现在书内前言中。此种情况 200 字段按题名页著录，其他责任者在314 字段说明，并做 7-- 字段检索点。

职业技能鉴定教材

按　摩　师

（技师）

劳动和社会保障部教材办公室组织编写

题名页

本书由王国顺、李树明、谷世喆、白丽敏、王鸿漠、容以群、侯中伟、李德伟编写，王国顺主编，李树明、谷世喆副主编；韩平、赵百孝、耿恩广、李晓明、于天源审稿。

书内前言

例3：

建筑工程项目管理
便携手册

本书编委会 编

题名页

建筑工程项目管理便携手册
编委会

主　编：皮振毅
副主编：毛 升　田雪梅
编　委：卜永军　陈爱莲　陈海霞　高会芳
　　　　部伟民　胡丽光　瞿义勇　李闪闪
　　　　梁 贺　刘 青　卢月林　彭 顺
　　　　秦付良　孙高磊　杨静琳　张 谦
　　　　张小珍　张学贤　张艳萍　钟建明

书内页

机读目录格式：

200　1#@a 建筑工程项目管理便携手册@b 专著@f 本书编委会编

314　##@a 主编取自编委会

701　#0@a 皮振毅@4 主编

说明：题名页上责任者为"本书编委会"，书内页有编委会名单。此种情况 200 字段依题名页著录，314字段做责任说明，个人责任者做 701 字段，"本书编委会"不做 7--字段检索点。

③一书既有主编，又有编著者，先著录主编，后著录编著者。

例：

电子测量实用教程

储飞黄　主编
黄发文　钱宇红　梁 强　罗卫星　编著

题名页

机读目录格式：

200　1#@a 电子测量实用教程@b 专著@f 储飞黄主编@g 黄发文［等］编著

304　##@a 编著者还有：钱宇红、梁强、罗卫星

701　#0@a 储飞黄@f（1972 －）@4 主编

702　#0@a 黄发文@f（1967 －）@4 编著

702　#0@a 钱宇红@4 编著

702　#0@a 梁强@4 编著

说明：304 字段所题责任者，各图书馆可根据本馆实际情况决定是否著录 7--字段检索点。全国图书馆联合编目中心一般不予著录。

④责任者名称属于题名的组成部分，而规定信息源未重复载有责任说明，责任说明在 200 字段不予著录，需在 7--字段做检索点。

例：

机读目录格式：

200　1#@a 徐志摩全集@b 专著@f 蒋复璁,梁实秋编

701　#0@a 徐志摩@f（1897 －1931）@4 著

702　#0@a 蒋复璁@f（1898 －1990）@4 编

702　#0@a 梁实秋@f（1902 －1987）@4 编

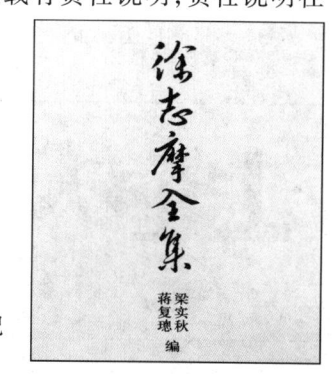

徐志摩全集

蒋梁
复实
璁秋
编

题名页

说明：责任者含在题名中，此种情况 200 字段依题名页著录，原著者记入 701 字段。

⑤一部图书由一个责任者担任两种责任方式。

例1：

机读目录格式：

200　1#@a 山西古建写生@b 专著@f 连达绘画/撰文

701　#0@a 连达@f（1978 - ）@4 绘画@4 撰文

说明：责任者连达担任两种责任方式"绘画""撰文"。

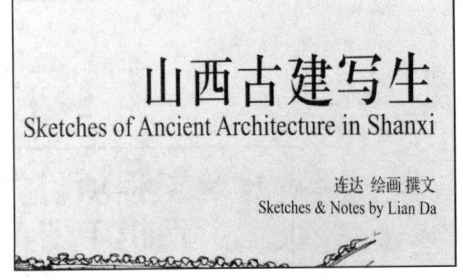

题名页

例2：

题名页

机读目录格式：

200　1#@a 制浆造纸节能新技术@b 专著@f 刘秉钺主编@g 刘秉钺，平清伟编著

701　#0@a 刘秉钺@f（1948.6 - ）@4 主编@4 编著

702　#0@a 平清伟@f（1967 - ）@4 编著

说明：刘秉钺既是主编，又是编著者，只在7--字段给出一个检索点，责任方式重复@4 子字段。

⑥同一责任方式既有集体责任者又有个人责任者。

例：

机读目录格式：

701　#0@c（美）@a 杜伊夫@c（女，Duyff, Roberta Larson）@4 著

702　#0@a 鄂丽燕@4 译

702　#0@a 张鑫@c（医学）@4 译

711　02@a 美国饮食营养协会@4 著

说明：同一责任方式责任者，一个是集体责任者，一个是个人责任者，分别录入 711 字段和 701 字段。

（2）三种及三种以上责任方式的著录

按规定信息源所题顺序著录，一般不超过四种。责任者的责任方式在规定信息源中未载明可根据著作类型选定。

①三种责任方式的著录。

例1：

机读目录格式：

304　##@a 著者还有：马尚龙、何菲、胡建君

701　#0@a 陆康@f（1948 - ）@4 著

702　#0@a 贺友直@f（1922 - ）@4 插图

702　#0@a 渠成@f（1965 - ）@4 摄影

说明：三种责任方式，分别是"著""插图""摄影"，按题名页所题顺序著录。

例2：

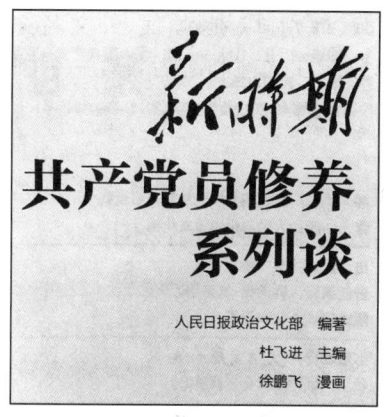

题名页

机读目录格式：

200　1#@a 新时期共产党员修养系列谈@b 专著
@f 杜飞进主编@g 人民日报政治文化部编
著@g 徐鹏飞漫画

701　#0@a 杜飞进@f（1960 – ）@4 主编

702　#0@a 徐鹏飞@f（1949.2 – ）@4 漫画

712　02@a 人民日报@b 政治文化部@4 编著

②三种以上责任方式的著录。

例1：

机读目录格式：

701　#0@c（日）@a 坪田让治@f（1890 – ）@4 原著

701　#0@c（日）@a 小川未明@f（1882 – 1961）@4 原著

701　#0@c（日）@a 宫泽贤治@f（1896 – 1933）@4 原著

702　#0@a 王泉根@f（1949.7 – ）@4 主编

702　#0@a 柳月华@4 改写

702　#0@a 暗熙@4 绘画

702　#0@a 屋顶@4 绘画

题名页

说明：四种责任方式，分别是"原著""主编""改写""绘画"，依题
名页所题顺序著录。

例2：

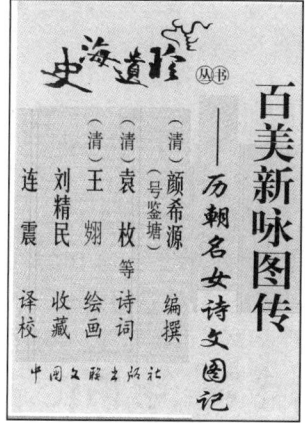

题名页

机读目录格式：

304　##@a 刘精民收藏

701　#0@c（清）@a 颜希源@4 编撰

702　#0@c（清）@a 袁枚@f（1716 – 1798）@4 诗词

702　#0@c（清）@a 王翙@f（1736 – 1795）@4 绘画

702　#0@a 连震@4 译校

说明：五种责任方式，分别是"编撰""诗词""绘画""收藏"以及"译
校"，此种情况处理方法应照题名页所题选择较为主要的四种责任方式
著录。

二、个人名称附加成分的处理

个人名称附加成分包括头衔、称号、职位、职业、籍贯、民族、性别、国别、朝代、外文名称以及其他为识别名称所需要的成分。个人名称标目的附加成分应在之前和之后各置一个圆括号并依名称规范库的记录标目。

1. 朝代

中国古代人物所属朝代的确定,通常以卒年为准,如卒年无法确定,则选择其生平主要活动所在的朝代;如中国古代人物朝代不详,为区别现代同名人物,可注明"朝代不详"。

例1:

机读目录格式:

701   #0@c(清)@a 曹雪芹@f(1715/1724 – 1763/ 1764)@4 著

701   #0@c(清)@a 高鹗@f(1758 – 1815)@4 著

702   #0@a 黄渡人@4 校点

题名页

例2:

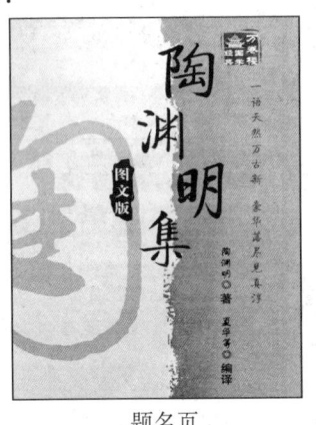

题名页

机读目录格式:

701   #0@c(晋)@a 陶渊明@f(365 – 427)@4 著

702   #0@a 夏华@4 编译

2. 国别

对外国责任者所属国别一般以其国籍为准;外国责任者国籍若有变化,一般以其最后的国籍为准;对于有多个国籍的外国责任者,著录时应选择其主要居住地或工作的国家作为其国别;外国责任者国别应使用规范的国别简称;外国责任者国籍无法确定时,可省略著录。

例1:

机读目录格式:

701   #0@c(德)@a 韦伯@c(Weber,Marianne)@4 著

702   #0@a 简明@4 译

马克斯·韦伯传

[德] 玛丽安妮·韦伯(Marianne Weber) 著

简 明 译

题名页

例2：

题名页

机读目录格式：

701　#0@c（意)@a 德·亚米契斯
　　　　@c（De Amicis,Edmondo@f 1846 –
　　　　1908)@4 著

702　#0@a 沙铁军@4 改编

说明：外国责任者国别应使用规范的国别简称，
"意大利"，简称"意"。

例3：

题名页

封面折页

机读目录格式：

701　#0@c（瑞士)@a 加纳@c（Garner,Jonathan)@4 著

702　#0@a 郭丽虹@c（女,@f 1970 –)@4 译

说明：题名页上无责任者国别，但通过封面折页上的内容介绍可以确定国别，在7--字段按名称规范形
式著录。

3. 生卒年信息

生卒年信息是个人名称标目的首选附加成分。若图书题名页上未提供个人名称的生卒
年信息时，应通过该书的其他信息源（如前言、作者介绍、序、跋等）获得，无法获得时则省略。
生卒年信息应置于个人名称标目的最后一部分，以阿拉伯数字表示。生卒年信息的常用表
达方式为："生年 – "或"生年 – 卒年"。

例1：

动物农场 [英]乔治·奥威尔◎著 孙静涵◎译	乔治·奥威尔（George Orwell, 1903—1950），原名艾里克·阿瑟·布莱尔（Eric Arthur Blair），英国作家、新闻记者、社会评论家、英语文体家。出生于印度，受教于英国伊顿公学，在缅甸当过警察，参加过西班牙内战；还曾流亡伦敦、巴黎等地，做过洗盘子杂工、教师、书店店员。1940 年后开始做小说评论员、记者、撰稿人。1950 年，缠绵数年的肺病终结了他颠沛流离的一生。
题名页	封面折页

机读目录格式：

701　#0@c（英）@a 奥威尔@c（Orwell, George@f 1903－1950）@4 著

说明：封面折页处提供责任者生卒年信息。

例2：

谈古论今说《周易》 庞钰龙　著 中国书店	作者简介 庞钰龙，1962年出生于河北，1983年毕业于石油大学，曾在华北油田从事生产调度、科研管理、引进外事、情报图书、工程监管等专业技术工作……（封底折页）
题名页	封底折页

机读目录格式：

701　#0@a 庞钰龙@f（1962－）@4 著

说明：封底折页处提供作者生年信息，著录为："生年－"。

4. 民族信息

责任者国籍为中国，并且是少数民族时，可著录责任者民族信息。

例1：

机读目录格式：

701　#0@c（白族）@a 赵嘉文
　　　@f（1940－）@4 主编
701　#0@a 石锋@f（1949－）
　　　@4 主编
701　#0@c（纳西）@a 和少英
　　　@f（1954－）@4 主编

题名页

说明：依据名称规范标目，责任者"赵嘉文"为白族，"和少英"为纳西族。

例2：

题名页   封面折页

  阿娜尔古丽，1981年出生，维吾尔族。中国作家协会会员，中国林业作协副主席，"中国夏衍电影学会"创作部主任，华联秘书长，《华人》杂志社副社长。在国内外报纸杂志发表作品400余万字，曾荣获维吾尔最高文学奖"汗腾格里文学奖"、美国费城"国际文学金手指奖"等奖项。

机读目录格式：

701 #0@c（维）@a 阿娜尔古丽@c（女，@f 1981 - ）@4 著

说明：封面折页处提供作者的民族信息"维吾尔族"，"维吾尔族"简称"维"。

例3：

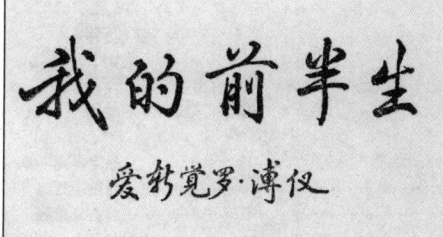

题名页

机读目录格式：

701 #0@c（满）@a 爱新觉罗·溥仪@f（1906 - 1967）@4 著

5. 性别、职业信息

例1：

机读目录格式：

701 #0@a 冰心@c（女，@f 1900 - 1999）@4 著

题名页

例2：

题名页

机读目录格式：

701 #0@c（印）@a 德赛@c（女，Desai，Kiran@f 1971 - ）@4 著

例3：

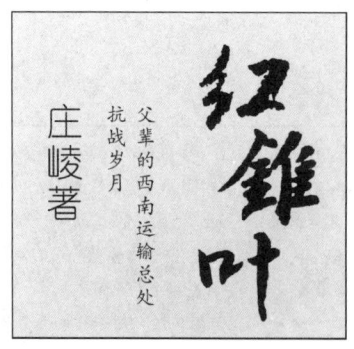

题名页　　　　　　　　　　封面折页

机读目录格式：

701　#0@a 庄崚@c（经济学）@4 著

三、丛书及多卷书责任者的著录

1. 丛书分散著录时，丛书责任者7--字段不予著录

例1：

机读目录格式：

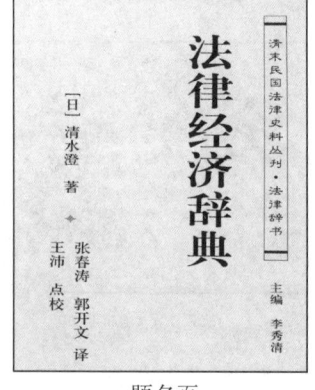

200　1#@a 法律经济辞典@b 专著@f（日）清水澄著
　　　@g 张春涛，郭开文译@g 王沛点校

225　1#@a 清末民国法律史料丛刊@i 法律辞书@f 李
　　　秀清主编

701　#0@c（日）@a 清水澄@f（1868－1947.9）@4 著

702　#0@a 张春涛@4 译

702　#0@a 郭开文@4 译

702　#0@a 王沛@4 点校

题名页

说明：丛书"清末民国法律史料丛刊·法律辞书"分散著录，丛书主编"李秀清"不做7--字段检索点。丛编责任者可著录在225字段@f 子字段，如果建立相应的丛编记录，则应将丛编责任者著录于丛编记录的200字段，225字段省略著录。

例2：

题名页　　　　　　　　　　封面

机读目录格式：

200　1#@a 学会共处@b 专著@f 金大陆，黄洪基著

225　1#@a 我相信我能@f 周南照，孙云晓主编

701　#0@a 金大陆@f（1949 –）@4 著

701　#0@a 黄洪基@f（1953 –）@4 著

说明：在题名页上既有主编，又有著者，但通过此书的封面可以判断主编是整套丛书的主编而不是各分册主编，因此丛书分散著录时，丛书主编不做 7--字段检索点，丛编责任者可著录在 225 字段@f 子字段。如果建立相应的丛编记录，则应将丛编责任者著录于丛编记录的 200 字段，225 字段省略著录。

2. 丛书整套著录时，丛书责任者为主要责任者

例：

机读目录格式：

200　1#@a 高等院校英语专业八级考试指导丛书@i 综
　　　合模拟@b 专著@f 刘绍龙主编

701　#0@a 刘绍龙@f（1959 –）@4 主编

题名页

说明：本书是《高等院校英语专业八级考试指导丛书》中的一个分册，著录时以丛书名作为正题名，丛书总主编应作为第一责任者著录。

3. 多卷书整套著录时，取总主编为主要责任者，分卷主编为次要责任者

例：

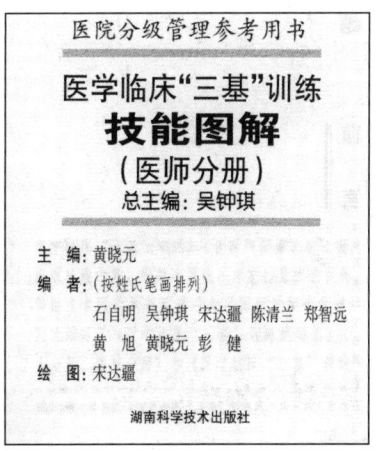

题名页

机读目录格式：

701　#0@a 吴钟琪@f（1938 –）@4 总主编

702　#0@a 黄晓元@4 主编

说明：本书为多卷书，应将总主编作为多卷书的第一责任者，主编（分册）作为次要责任者予以著录。

四、无总题名合订图书责任者的选取

1. 同一责任者的合订图书

例1：

机读目录格式：

200　1#@a 苦茶随笔@b 专著@a 苦竹杂记@a 风雨谈@f 周作
　　　人著

701　#0@a 周作人@f（1885 – 1967）@4 著

说明：此书为同一著者的合订著作。

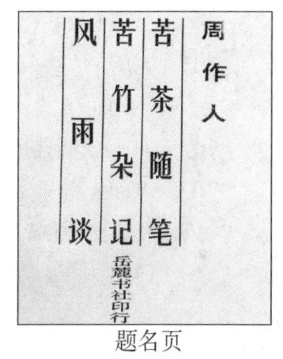

题名页

例2：

机读目录格式：

200   1#@a 羊脂球@b 专著@a 漂亮朋友@f（法）莫泊桑著@g 田毅，张杰译

701   #0@c（法）@a 莫泊桑@c（Maupassant，Guy de @f 1850－1893）@4 著

702   #0@a 田毅@4 译

702   #0@a 张杰@c（翻译）@4 译

说明：两部著作合订，且主要责任者相同，只做一个 701 字段；次要责任者不同，分别做 702 字段。

世界文学名著

羊 脂 球

〔法〕莫泊桑 著   田 毅 译

漂亮朋友

〔法〕莫泊桑 著   张 杰 译

题名页

2. 不同责任者的合订图书

例1：

题名页

机读目录格式：

200   1#@a 林肯传@b 专著@f（美）戴尔·卡内基著@c 富兰克林自传@f（美）本杰明·富兰克林著

701   #0@c（美）@a 卡内基@c（Carnegie，Dale @f 1888－1955）@4 著

701   #0@c（美）@a 富兰克林@c（Franklin，Banjamin @f 1706－1790）@4 著

说明：不同责任者的合订著作，两部著作合订，将每部著作的责任者分别做 701 字段。

例2：

机读目录格式：

200   1#@a 鲁宾逊漂流记@b 专著@f（英）笛福著@g 石伟译@c 环游世界八十天@f（法）凡尔纳［著］@g 孙亚娴译

701   #0@c（英）@a 笛福@c（Defoe，Daniel @f 1660－1731）@4 著

701   #0@c（法）@a 凡尔纳@c（Verne，Jules @f 1828－1905）@4 著

702   #0@a 石伟@4 译

702   #0@a 孙亚娴@4 译

说明：两部著作的合订时，两部著作的主要责任者和次要责任者均不相同，分别做 701、702 字段。

世界文学名著

鲁宾逊漂流记

〔英〕笛福 著   石 伟 译

环游世界八十天

〔法〕凡尔纳   孙亚娴   译

题名页

例3：

题名页

机读目录格式：

200 1#@a 大学@b 专著@f 曾参著@c 中庸@f 子思著
　　@c 尚书@f 伏生传授

304 ##@a 合订著作还有：周易/周文王等著

701 #0@c（战国）@a 曾参@f（前505 – 前436）@4 著

701 #0@c（战国）@a 子思@f（前481 – 前402?）@4 著

701 #0@c（汉）@a 伏胜@c（女）@4 传授

说明：四部著作合订，200 字段只著录前三个，未予著录的其他题名和责任说明在 304 字段附注说明。7--字段责任者均按名称规范标目进行著录。

五、中国责任者的选取

对于中国责任者，200 字段依题名页所题责任者进行著录，7--字段则必须采用规范名称著录。

1. 普通汉语个人名称，除少数以名著称者外，均应采用其正式姓名著录，先姓后名，直序描述。

例1：

机读目录格式：

701 #0@a 张大春@f（1957 – ）@4 著

例2（图略）：

机读目录格式：

701 #0@a 胡洪霞@4 著

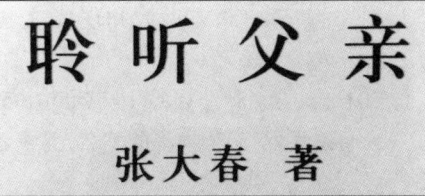

题名页

说明：本书著者"吉胡洪霞"，200 字段照录，7--字段去掉夫姓"吉"，选择原姓名著录。

例3（图略）：

机读目录格式：

701 #0@a 范徐丽泰@c（女，@f 1945 – ）@4 主编

说明：已婚妇女前冠有夫姓，如果夫姓较为著称者，7--字段可照录。本例"范徐丽泰"前冠有夫姓，照录。

2. 一个责任者的笔名、艺名、网名比本名更为人熟知，则以其笔名、艺名、网名著录。

例1：

题名页   书内页

机读目录格式：

701   #0@a 一合@4 著

说明："一合"是赵义和的笔名，此作者的规范名称是"一合"。

例2：

机读目录格式：

200   1#@a 钟声破晓—民族之觉醒@b 专著
@e 东方近代和现代文学故事@f 范中
华编著

701   #0@a 秋芙@c（女，@f 1965 –）@4 编著

说明："秋芙"是范中华的笔名，此作者的规范名称是
笔名。

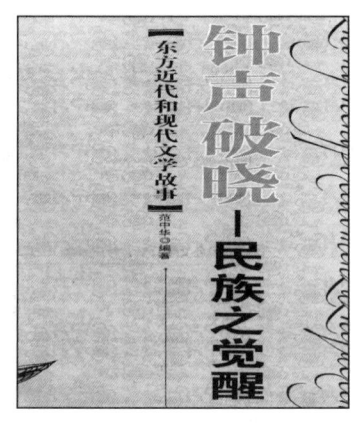

题名页

例3：

题名页

机读目录格式：

701   #0@a 六小龄童@f（1959.4 –）@4 著

701   #0@a 张洋@c（儿童读物）@4著

说明："六小龄童"为艺名，比本名"章金莱"更为
人熟知。

例4：

题名页

机读目录格式：

701 #0@a 黄睦平@4 著

说明：黄睦平笔名为"老木"，其本名为名称规范形式。

题名页

例5：

机读目录格式：

200 1#@a 校花的贴身高手@i 药王之王@b 专著@f 鱼
人二代著

701 #0@a 张宇亮@c（文学）@4 著

说明："鱼人二代"是张宇亮的笔名，其本名为名称规范形式。

3. 当著者名称是若干个人的合作笔名时，该合作笔名记入个人名称701或702字段。

例：

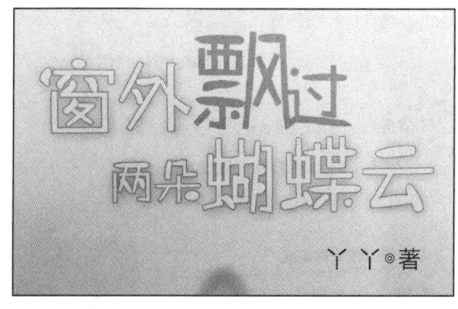

题名页

机读目录格式：

701 #0@a 丫丫@c（2000 –）@4 著

说明："丫丫"是饶芷华、饶芸华孪生姐妹的合用笔名。

4. 中国人有英文名的处理办法，应按名称规范标目著录。

例：

题名页   版权页

机读目录格式：

200 1#@a 阿狸·梦之城堡@b 专著@f Hans 作·绘

701 　#0@a 徐瀚@f（1980 – ）@4 作@4 绘

说明："Hans"是徐瀚的英文名，按名称规范标目著录。

六、外国责任者的选取

外国责任者个人名称以名或姓名直序方式著录，如日本、韩国人名和其他汉译外国人名。将西方人名中的姓氏或相当于姓的成分作为款目要素，701 字段的指示符均为"#0"，不启用@b 子字段，外国人名姓名原文作为附加成分著录于@c 子字段。如果只有外国人名的原文，又不作规范，则采用 701#1@a@b 的形式。一般形式为：701#0@c（国别）@a 外国人姓氏@c（外国人名称其余部分@f 生卒年）@4 责任方式。

1. 东方语言国家，如日本、韩国、朝鲜、越南、新加坡、柬埔寨等国家的个人名称，与中国汉语姓名相同，原则上取完整的中译姓名（先姓后名）为检索点。

例1：

机读目录格式：

701 　#0@c（日）@a 池田拓司@4 著

702 　#0@a 陈筱烟@4 译

题名页

例2：

题名页

机读目录格式：

701 　#0@c（韩）@a 李三一@4 著

702 　#0@a 李悦@c（韩文）@4 译

2. 西方语言国家、东方印欧语系国家（如印度、巴基斯坦、孟加拉、伊朗等）、南岛语系部分国家（如印尼、马来西亚、菲律宾等）及匈牙利个人名称，处理原则如下：

（1）上述国家个人名称一般取中译姓氏为检索点，701 字段的指示符均为"#0"，不启用@b 子字段，姓名原文作为附加成分著录于@c 子字段。

例1：

西方学术经典文库
就业、利息和货币通论
THE GENERAL THEORY OF EMPLOYMENT,
INTEREST AND MONEY

［英］约翰·梅纳德·凯恩斯 著

陆梦龙 译

题名页

机读目录格式：

701　#0@c（英）@a 凯恩斯@c（Keynes，John Maynard @f 1883 – 1946）@4 著

702　#0@a 陆梦龙@f（1926 – ）@4 译

说明：责任者为英国国籍，取其姓氏为检索点，依据名称规范标目著录。

例2：

机读目录格式：

701　#0@c（印）@a 泰戈尔@c（Tagore，Rabin-dranath@f 1861 – 1941）@4 著

702　#0@a 冰心@c（女，@f 1900 – 1999）@4 译

说明：责任者为印度国籍，"罗宾德拉纳特·泰戈尔"为其中译姓名，取中译姓氏"泰戈尔"为检索点。

泰戈尔诗选
Selected Poems of Tagore

［印］罗宾德拉纳特·泰戈尔／著

冰心等／译

题名页

例3：

［黎巴嫩］纪伯伦／著　冰　心　仲跻昆／译

题名页

机读目录格式：

701　#0@c（黎巴嫩）@a 纪伯伦@c（Jibran，Kahill@f 1883 – 1931）@4 著

702　#0@a 冰心@c（女，@f 1900 – 1999）@4 译

702　#0@a 仲跻昆@f（1938.2 – ）@4 译

说明：责任者为黎巴嫩国籍，纪伯伦为其中译姓氏，7--字段规范著录。

例4：

封面

EL INGENIOSO HIDALGO
DON QUIJOTE DE LA MANCHA

奇思异想的绅士
堂吉诃德·德·拉曼却
MIGUEL DE CERVANTES SAAVEDRA

［西班牙］米盖尔·德·塞万提斯·萨维德拉 著

董燕生 译

题名页

机读目录格式：

701　#0@c（西）@a 塞万提斯·萨维德拉@c（Cervantes Saavedra，Miguel de@f 1547 – 1616）@4 著

702　#0@a 董燕生@f（1937 – ）@4 译

说明:责任者为西班牙国籍,中译名全称为"米盖尔·德·塞万提斯·萨维德拉",其中"塞万提斯"为父姓,"萨德维拉"为母姓,依据名称规范标目取其父母姓氏进行著录。

例5:

裴 多 菲

诗　　选

兴 万 生 译

外国文学名著丛书编辑委员会编

题名页

裴多菲·山陀尔(1823—1849)是十九世纪匈牙利革命民主主义诗人, 一八四八年革命的杰出战士和歌手。他以诗歌为武器抨击封建势力, 同时也曾手持武器奔赴反抗外国侵略者的战场,同俄奥联军英勇奋战,最后为民族独立与解放献出了自己的生命。牺牲时年仅二十六岁零七个月。

书内页

机读目录格式:

701 　#0@c (匈)@a 裴多菲@c (Petofi Sandor@f 1823 – 1849)@4 著

702 　#0@c (满)@a 兴万生@f (1930 – 2007)@4 译

说明:匈牙利人姓名为先姓后名,与上述其他国家(先名后姓)不相同。本书责任者中译全称为"裴多菲·山陀尔",取姓氏"裴多菲"为7--字段的检索点。

例6:

机读目录格式:

701 　#0@c (匈)@a 凯尔泰兹@c (Kertész, Imre@f 1929 –)@4 著

702 　#0@a 宋健飞@4 译

说明:匈牙利人姓名为先姓后名,与中国相同。本书责任者中译全称为"凯尔泰斯·伊姆雷",取规范姓氏"凯尔泰兹"为7--字段检索点。

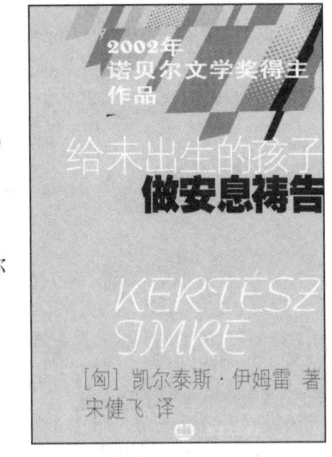

2002年诺贝尔文学奖得主作品

给未出生的孩子做安息祷告

KERTÉSZ IMRE

[匈] 凯尔泰斯·伊姆雷 著

宋健飞 译

题名页

(2)著作只题有外国责任者姓名原文,而无中译名称,7--字段应依据名称规范著录其汉译姓或名称。如果只有外国人名的原文,又不做规范,则采用701#1@a@b 的形式。

例1:

A Christmas Carol

圣诞欢歌　书虫·牛津英汉双语读物

■ Charles Dickens　(英)　著

■ Clare West　(英)　改写

■ 王丽萍　译

外语教学与研究出版社

FOREIGN LANGUAGE TEACHING AND RESEARCH PRESS

北京 BEIJING

题名页

机读目录格式:

701 　#0@c (英)@a 狄更斯@c (Dickens, Charles)@4著

702 　#0@c (英)@a 韦思特@c (West, Clare)@4 改写

702 　#0@a 王丽萍@4 译

说明:责任者只有英文原名而无汉译名,7--字段依据名称规范标目著录。

例2：

题名页

机读目录格式：

701　#1@a Sargrent@b Howard@4 编著

702　#0@a 沈萱@4 译

说明：如不做规范记录，采用701#1@a@b 的形式著录。

（3）外国责任者只有中译姓名，无外文原名，无规范记录时，只做@a 子字段。

例：

封面　　　　　　　　　　题名页

机读目录格式：

701　#0@c（美）@a 格劳巴德@4 著

702　#0@a 宋长琨@4 译

（4）若上述国家责任者的中译姓名较中译姓氏更为知名，可取中译姓名为检索点。

例1：

机读目录格式：

701　#0@c（美）@a 马克·吐温
　　　@c（Mark Twain@f 1835 –
　　　1910）@4 著

702　#0@a 李宏中@4 编译

说明："马克·吐温"较"吐温"知名，取中译姓名为检索点。

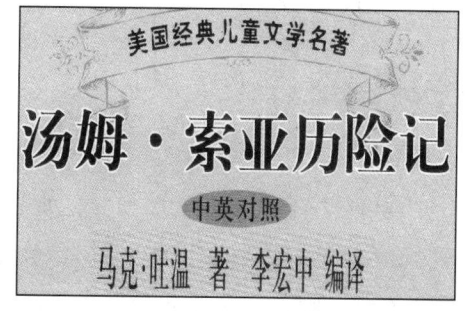

题名页

例 2：

机读目录格式：

701　#0@c（法）@a 罗曼·罗兰@c（Rolland, Romain@f 1866 – 1944）@4 著

702　#0@a 傅雷@f（1908 – 1966）@4 译

说明："罗曼·罗兰"较"罗兰"知名，取中译姓名为检索点。

题名页

例 3：

题名页

机读目录格式：

701　#0@c（美）@a 杰克·伦敦@c（London, Jack@f 1876 – 1916）@4 著

702　#0@a 王洁@4 译

说明："杰克·伦敦"较"伦敦"知名，取中译姓名为检索点。

例 4：

题名页

选本序　王逢振

埃德加·爱伦·坡（Edgar Allan Poe，1809—1849），美国文坛的一个怪才！有人说他是天才的诗人，杰出的小说家；也有人说他行为不规，是个叛逆和疯子。但无论如何，今天人们公认他是美国文学史上最重要的作家之一。

爱伦·坡 1809 年 1 月 19 日生于波士顿，父母为流浪艺人。他不足 3 岁便成为孤儿，由养父母抚育成人。幼时曾在

书内页

机读目录格式：

701　#0@c（美）@a 爱伦·坡@c（Poe, Edgar Allan@f 1809 – 1849）@4 著

702　#0@a 王逢振@f（1945 – ）@4 编选

说明：中译名全称是"埃德加·爱伦·坡"，"爱伦·坡"较"坡"更知名，取简化中译姓名为检索点。

（5）外国责任者有汉化姓名或中文本名(如海外华侨、华裔)，取汉化姓名或中文本名为主要检索点。其外文姓名可作为附加成分。

例1：

题名页

封面折页

机读目录格式：

701　#0@c（美）@a 何天爵@c（Holcombe, Chester@f 1844 – 1912）@4 著

702　#0@a 张程@c（编辑）@4 译

702　#0@a 唐琳娜@c（翻译）@4 译

说明：7--字段检索点取汉化姓名著录，原文姓名可作为附加成分录入@c 子字段。

例2：

题名页

机读目录格式：

701　#0@c（美）@a 黄颖@c（女, Huang, Chanle）@4 著

说明：责任者为美籍华人。"Dr."表示作者学位，无检索意义，不予著录。

（6）外国责任者有惯用中译名称，以惯用名称做检索点。

例1：

机读目录格式：

701　#0@c（法）@a 大仲马@c（Dumas, Alexandre@f 1802 – 1870）@4 著

702　#0@a 周克希@f（1942 – ）@4 译

题名页

例2：

机读目录格式：

701　#0@c（法）@a 小仲马@c（Dumas，Alexandre
　　　　@f 1824－1895）@4 著

702　#0@a 王振孙@4 译

题名页

综述说明：以上两例中，大仲马与小仲马同为法国作家，父子同名同姓，中文名称在姓前冠以"大"和"小"区别父和子，同时也是惯用中译名称。

例3：

题名页

机读目录格式：

701　#0@c（英）@a 萧伯纳@c（Shaw，George Bernard
　　　　@f 1856－1950）@4 著

702　#0@a 贺哈定@4 译

702　#0@a 吴晓园@f（1952.9－）@4 译

说明："萧伯纳"是作者惯用中译名称，其外文姓名作为附加成分。

例4：

机读目录格式：

200　1#@a 格林童话@f（德）格林兄弟著

701　#0@c（德）@a 格林兄弟@4 著

702　#0@a 魏以新@4 译

702　#0@a 张威廉@f（1902－2004）@4 译

题名页

说明："格林兄弟"是雅各布·格林和威廉·格林两兄弟的合作笔名，合作笔名记入个人名称701或702字段。本例个人名称中的称谓"兄弟"已经成为个人名称的固定组成部分，且为人们习惯使用，是规范检索点形式。

（7）外国责任者名称前后带有"Dr""Professor"等诸如学位、头衔等文字均不予著录。但省略后的责任说明含义不清时，应依原样照录。如"费米夫人著"中的"夫人"字样不能省略。

例1：

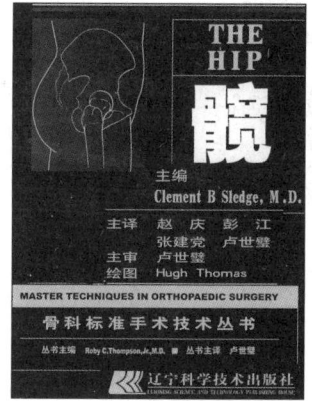

题名页

机读目录格式：

701 #0@c（美）@a 斯莱奇@c（Sledge，Clement B）@4 主编

702 #0@a 赵庆@c（骨科）@4 主译

说明：主编名称后有"M. D."，表示责任者职称为医学博士，不予著录。

例2：

机读目录格式：

701 #0@a 谢@c（Tse，John Kam Kit）@4 主编

701 #0@a 卡尔顿@c（Carlton，Richard M.）@4 主编

701 #0@a 米勒@c（Miller，Michael S.）@4 主编

702 #0@a 周常青@4 主译

712 02@a 北京大学@b 医学部@4 编著

712 02@a CST 科技集团@4 编著

说明：主编名称前冠有"Professor""Dr."，分别表示责任者为教授、博士，均不予著录；名称后的附加内容"MD""DO. FACOS，CWS"亦不予著录。

例3：

题名页

机读目录格式：

200 1#@a 列那狐的故事@b 专著@f（法）玛·阿希·季诺夫人著@g 罗杰主编

701 #0@c（法）@a 吉罗夫人@c（Gillo，Mad. H.）@4 著

702 #0@a 罗杰@c（中学语文）@4 主编

说明："季诺夫人"的规范名称为"吉罗夫人"。"夫人"字样不能省略，因为省略后的责任说明含义不清。

（8）对于外国责任者的中译名，由于出版社不同，译者不同，在不同时期曾选用不同的汉译名，原则上 200 字段责任者依图书规定信息源著录，但在 7--字段则必须选用规范名称著录。

例：

机读目录格式：

200　1#@a 谢利@b 专著@f 夏绿蒂·白朗特著
　　　@g 曹庸译

701　#0@c（英）@a 勃朗特@c（女，Bront?,
　　　Charlotte@f 1816－1855）@4 著

702　#0@a 曹庸@4 译

说明： 题名页责任者"夏绿蒂·白朗特"为非规范名称，
200 字段照录。701 字段取其规范名称"勃朗特"著录。

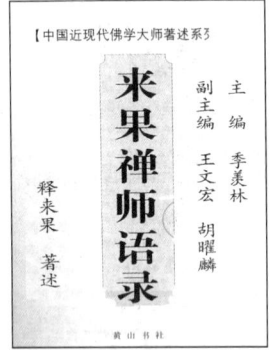

世界文學全集

谢　利

夏綠蒂·白朗特著　曹　庸譯

题名页

七、佛道人物名称

佛道人物除了有本名外，还有法名、法号、道名、道号、尊称等。通常取其法名、法号或惯
用称号为检索点。当本名或字号较法名、法号著称时，应以其为检索点。

例1：

【中国近现代佛学大师著述系列】

来果禅师语录

主编　季羡林

副主编　王文宏　胡曉麟

释来果　著述

黄山书社

题名页

机读目录格式：

701　#0@c（释）@a 来果@f（1881－1953）@4 著述

说明： "来果"为法名。以法名为责任者时，其前需冠"释"为附加成分，形式为："释"。

例2：

机读目录格式：

701　#0@c（南朝释）@a 宝唱@4 著

702　#0@a 王孺童@f（1977－）@4 校注

说明： 以法名为责任者时，其前需冠"释"附加成分，形式为："朝代＋释"。

比丘尼傳校註

中國佛教典籍選刊

（梁）釋寶唱　著

王孺童　校註

中華書局

题名页

例3：

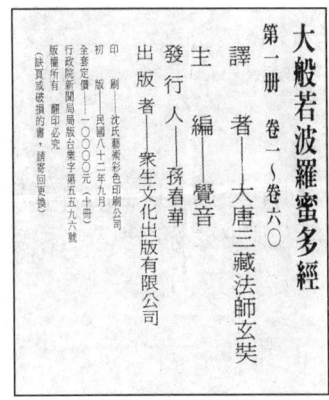

大般若波羅蜜多經

第一册　卷一～卷六〇

大般若波羅蜜多經

譯　者——大唐三藏法師玄奘

主　編——覺音

發行人——孫春華

出版者——索生文化出版有限公司

印　刷——沈氏藝術彩色印刷公司

初　版——民國八十二年九月

全套定價——一〇〇〇元（五十册）

行政院新聞局版台業字第五五九六號

版權所有　翻印必究

（缺頁或破損的書，請寄回更換）

题名页　　　　　版权页

机读目录格式：

701　#0@c（唐释）@a 玄奘@f（602－664）@4 译

702　#0@a 觉音@4 主编

说明： 用法号作为名称检索点一般不需要包含"大师""法师"等宗教称谓。

例4：

题名页

机读目录格式：

701　#0@a 李叔同@f（1880－1942）@4 著

说明：李叔同本名"文涛"，字"叔同"，出家后法号"弘一法师"，取他的字为检索点。《中国文献编目规则(第二版)》规定，以本名或字号为检索点时，省略"(释)"。

注意事项：

● "释"为佛门通称，可作为法名或法号的前冠附加成分。形式为："(释)"或"(朝代＋释)""(国别＋释)"等，但惯用法名本身含有"释"字样，可省略附加。如演员释小龙，俗名陈小龙，取其法名释小龙为检索点，省略佛称附加。

● 道教人物通常取其本名或字号为个人称呼。道名、道号或尊称较本名或字号著称，可取其为检索点。

例：

机读目录格式：

701　#0@c（唐）@a 吕岩@f（796－?）@4 著

702　#0@a 张超中@f（1965－）@4 注译

说明："吕洞宾"，名"岩"，字"洞宾"，号"纯阳子"，7--字段按照名称规范标目著录。

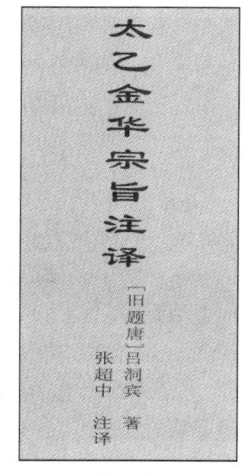

题名页

702　个人名称—次要责任者

字段定义

本字段所含有的名称，是以检索点形式出现的对文献负有次要知识责任的个人名称。该名称取自名称规范库，为规范的检索点形式，并附有选用的补充信息。

出现情况

选择使用,可重复。

指示符

指示符 1:未定义,填空格

指示符 2:名称形式指示符

表示名称著录方式是直序还是倒序。

0 = 直序方式(个人名称以名或姓名直序方式著录)

1 = 倒序方式(个人名称按姓氏或相当于姓的成分著录)

当指示符 2 填"0"时,个人名称填写在@a 子字段,无@b 子字段;指示符 2 填"1"时,个人名称倒序,姓填在@a 子字段,名填在@b 子字段。当外国责任者名称在 7--字段只有@a 子字段时,按直序方式著录,指示符 2 填"0"。

子字段

@a　款目要素

标目中用作款目要素的名称部分。如果使用本字段,本子字段必备。不可重复。

@b　名称的其余部分(款目要素除外)

以姓为款目要素时的名称的其余部分。它包含名字或教名等。如本子字段出现,指示符 2 置"1"。首字母缩写的展开形式记入@g 子字段。不可重复。

@c　名称附加(年代除外)

不构成名称本身不可分割部分的任何附加成分(年代除外),包括头衔、称号、职位、职业、籍贯、民族、性别、国别、朝代、外文名称以及其他为识别名称所需要的成分。如有第二个或连续出版的上述附加,本子字段可重复。

@d　罗马数字

与罗马主教、皇族和牧师等名称连在一起的罗马数字或世次。如果称号(或更多的名字)与罗马数字有关,也应包括在内。使用本子字段时,指示符 2 置"0"。不可重复。

@f　年代

附属于个人名称的年代,包括缩写或具有年代性质的其他说明。涉及个人名称的所有年代,如,创作高峰期、生年、卒年等,均应记入本子字段。不可重复。

@g　名字首字母的展开形式

当名字以首字母缩写形式记入@b 子字段,并且其首字母缩写形式及完整形式均需表示时,名字首字母的完整形式应记入本子字段。不可重复。

@p　任职机构/地址

作品创作时作者的任职机构。不可重复。

@3　规范记录号

标目的规范记录控制号。不可重复。

@4　责任说明

该个人名称对著作所负的责任方式说明。可直接使用《中国文献编目规则》中的责任方式的术语著录。可重复。本子字段常见的责任说明主要有:译、编译、改写、点校、插图、改编、校注、译注等。可重复。

字段内容说明

本字段记录的个人名称取自名称规范标目,因此@a、@b、@c、@d、@f、@g的内容应该和名称规范记录的200字段相一致,是规范的检索点形式。本字段的著录除责任说明是次要责任者外,其他和701字段相同。

著录实例

1. 多种责任方式的著录

(1)一部著作有两种责任方式,排列在后的为次要责任者,著录于本字段。

例1:

不用烤箱的幸福甜点
低卡生食甜点基础制作
[日]仲里园子 山口蝶子 著
程亮 译

题名页

机读目录格式:

701　#0@c(日)@a 仲里园子@4 著

701　#0@c(日)@a 山口蝶子@4 著

702　#0@a 程亮@4 译

说明:本书中"著"为主要责任方式,"译"为次要责任方式。

例2:

机读目录格式:

701　#0@c(宋)@a 邵雍@f(1011－1077)@4 原著

702　#0@a 阎修篆@4 辑说

说明:本书次要责任方式为"辑说"。

皇极經世書今说
HUANGJIJINGSHISHU JINSHUO
南怀瑾特别指导、推荐的一部易学著作
[宋] 邵康节◎原著
阎修篆◎辑说
上 册

题名页

例3:

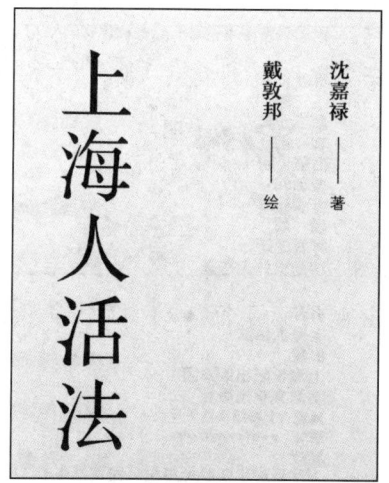

题名页

机读目录格式:

701　#0@a 沈嘉禄@f(1956－)@4 著

702　#0@a 戴敦邦@f(1938－)@4 绘

说明:本书次要责任方式为"绘"。

例 4：

机读目录格式：

701　　#0@a 彭燕郊@f（1920 – 2008）@4 口述

702　　#0@a 易彬@4 整理

说明：本书次要责任方式为"整理"。

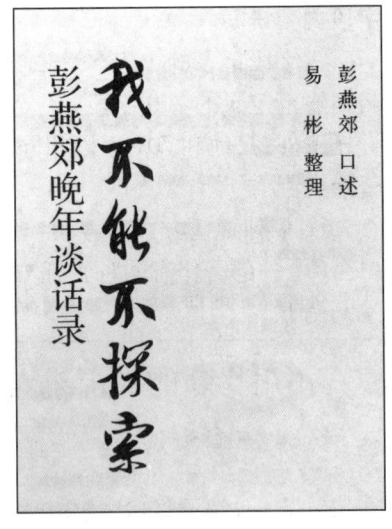

题名页

例 5：

题名页

机读目录格式：

701　　#0@a 郭兮恒@4 著

702　　#0@a 刘洪悦@c（女 ,@f 1983 – ）
　　　　@4 问

说明：本书次要责任方式为"问"。"悦悦"本名"刘洪悦"，按名称规范著录。

例 6：

机读目录格式：

200　　1#@a 屠格涅夫散文精选@b 专著@f 刘
　　　　文飞编选

701　　#0@c（俄）@a 屠格涅夫@c（Тургенев,
　　　　ИванСергеенч@f 1818 – 1883）@4 著

702　　#0@a 刘文飞@f（1959 – ）@4 编选

题名页

说明：著作书名前冠有责任者名称，是正题名的组成部分。题名页没有出现原责任者责任说明文字，7--字段著录时原责任者名称作为主要责任者著录，编者作为次要责任者著录。

例7：

普通高等教育"十一五"国家级规划教材
新世纪高等学校计算机系列规划教材
人工智能教程
（第2版）
王士同　主编

陈慧萍　赵跃华　钱旭　编著

题名页

机读目录格式：

701　#0@a 王士同@f（1964 - ）@4 主编

702　#0@a 陈慧萍@c（人工智能）@4 编著

702　#0@a 赵跃华@4 编著

702　#0@a 钱旭@f（1962.10 - ）@4 编著

说明：本书既有主编，又有编著者，先著录主编，后著录编著者，主编为主要责任方式，编著为次要责任方式。编著者为3人，702字段依题名页所题顺序著录。

例8：

机读目录格式：

701　#0@a 赵子贤@f（1908 - 1980）@4 搜集整理

702　#0@a 赵逵夫@f（1942 - ）@4 注

说明：本书主要责任方式是"搜集整理"，次要责任方式是"注"。

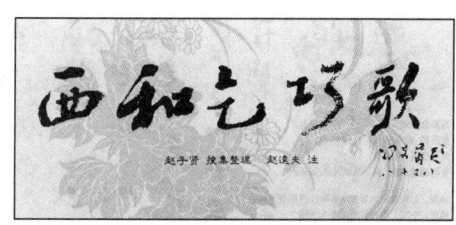

题名页

例9：

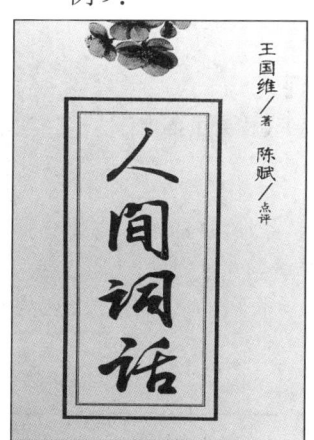

题名页

机读目录格式：

701　#0@a 王国维@f（1877 - 1927）@4 著

702　#0@a 陈赋@4 点评

说明：本书的次要责任方式为"点评"。

例10：

机读目录格式：

701　#0@a 侯永禄@f（1931 - 2005）@4 著

702　#0@a 侯胜天@f（1952 - ）@4 批注

说明：本书的次要责任方式为"批注"。

题名页

例 11：

机读目录格式：

304　##@a 译者还有：黄海华、程道同、李延华、
　　　　吕志锋、刘勇胜等

701　#0@c（美）@a 甘塔@c（Kantha，Lakshmi
　　　　H.）@4 著

701　#0@c（美）@a 克莱森@c（Clayson，Carol
　　　　Anne）@4 著

702　#0@a 乾爱国@4 译

海洋与其过程的数值模型
Numerical Models of Oceans and Oceanic Processes

［美］LAKSHMI H. KANTHA（甘塔）
［美］CAROL ANNE CLAYSON（克莱森）　著

乾爱国　黄海华　程道同
李延华　吕志锋　刘勇胜　等 译

题名页

说明：本书次要责任方式为"译"，译者为 6 人，各图书馆可根据本馆的实际情况选取 702 字段检索点。一种是 702 字段只著录第 1 人，另一种是 702 字段可依次选取 3 人做检索点（因为著录同一责任方式的责任者数量一般不超过 3 个）。全国图书馆联合编目中心采用第一种方式。

（2）一部著作有三种及三种以上责任方式时，按规定信息源所题顺序著录，原则上不超过四种。责任者的责任方式未载明可根据著作类型选定。

①三种责任方式

例 1：

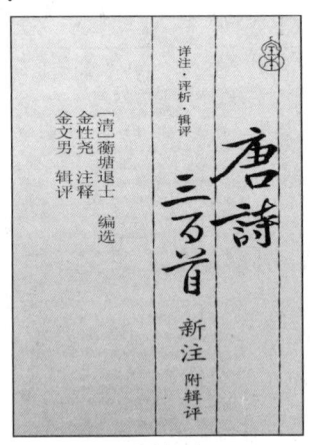

题名页

机读目录格式：

701　#0@c（清）@a 蘅塘退士@f（1711－1778）
　　　　@4 编选

702　#0@a 金性尧@4 注释

702　#0@a 金文男@4 辑评

说明：本书为三种责任方式，"编选"为主要责任方式，"注释""辑评"为次要责任方式。

例 2：

机读目录格式：

701　#0@c（意）@a 波特若@c（Botero，Giovanni@f 1544－1617）@4 著

702　#0@a 刘晨光@f（1981－）@4 译

702　#0@a 林国基@c（哲学）@4 补注

说明：本书为三种责任方式，分别是"著""译""补注"。"译""补注"为次要责任方式。

论城市伟大至尊之因由

［意］G.波特若 著　刘晨光 译　林国基 补注

题名页

②三种以上责任方式

例：

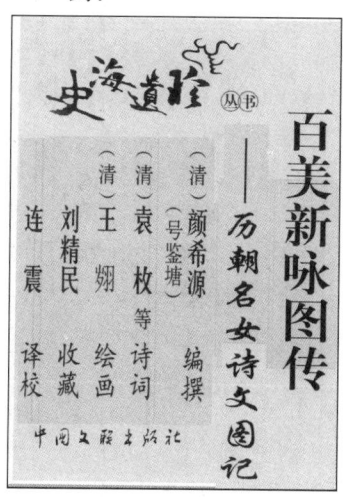

题名页

机读目录格式：

701　#0@c（清）@a 颜希源@4 编撰

702　#0@c（清）@a 袁枚@f（1716－1798）@4 诗词

702　#0@c（清）@a 王翙@f（1736－1795）@4 绘画

702　#0@a 连震@4 译校

说明：本书有五种责任方式，分别是"编撰""诗词""绘画""收藏"以及"译校"，只著录较为主要的四种责任方式。

2. 责任方式的取舍

例1：

机读目录格式：

304　##@a 编著者还有：华燕玲、梁静、杜经纬等

701　#0@a 郝文化@4 主编

702　#0@a 周成@c（财务软件）@4 编著

说明：本书责任方式为"主编""副主编""编著""审"，只著录"主编"及"编著"。副主编不予著录；"审"只是出版机构在图书出版之前对图书的排版、文字等方面的审查，并未对图书内容进行整理、创造，因此亦不予著录。

题名页

机读目录格式：

701　#0@c（美）@a 阿伦诺夫@c（Aronoff, Craig）@4 著

701　#0@c（美）@a 麦克卢尔@c（McClure, Stephen L.）@4 著

701　#0@c（美）@a 沃德@c（Ward, John L.）@4 著

702　#0@a 王骏铭@c（企业管理）@4 译

例2：

题名页

说明：本书责任方式有"著""译""审校"，次要责任方式只需著录译者。"审校"只是图书印刷出版之前对图书排版、文字等方面的审查、校对，并没有对图书内容进行整理、创造，所以不予著录。

例 3:

机读目录格式:

701 #0@c(宋)@a 王之道@f(1093 – 1169)@4 著

702 #0@a 沈怀玉@4 点校

702 #0@a 凌波@4 点校

说明:本书责任方式有"著""点校","点校"是现代人对古书内容进行解释说明,《中国文献编目规则(第二版)》规定 1912 年以前责任者所著的著作,如有点校者,予以著录。

题名页

例 4:

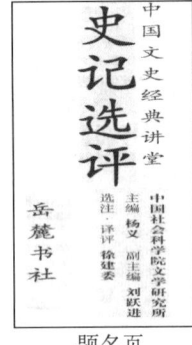

题名页

机读目录格式:

701 #0@a 杨义@f(1946 –)@4 主编

702 #0@a 徐建委@f(1976. 11 –)@4 选注@4 译评

说明:本书副主编不予著录,次要责任者同时担负两种责任方式。

例 5:

机读目录格式:

701 #0@c(日)@a 大谷勇@4 著

702 #0@c(日)@a 福住正兄@4 原著

702 #0@a 王秀文@4 译

702 #0@a 赵美玲@4 译

说明:本书选"著"为主要责任者,"原著"和"译"为次要责任者。

题名页

例 6:

机读目录格式:

304 ##@a 刘小枫编

701 #0@c(古希腊)@a 色诺芬@c(Xenophon@f 约公元前 430—约前 355/354)@4 著

702 #0@a 沈默@4 译笺

702 #0@a 维兰德@4 疏

702 #0@a 施特劳斯@4 疏

702 #0@a 朱雁冰@4 译

702 #0@a 莫光华@f(1972 –)@4 译

702 #0@a 田立年@4 译

题名页

说明: 本书五种责任方式,分别是"著""译笺""疏""译""编",著录时所选责任方式原则上不超过四种,其余责任说明可记入304字段。

例7:

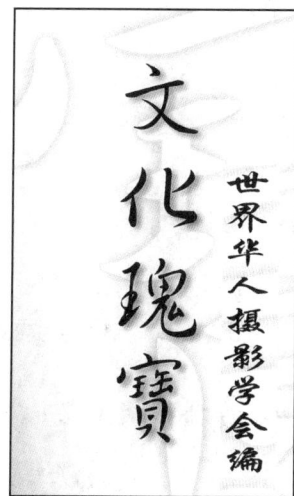

题名页　　　　　　　　　　　版权页

机读目录格式:

701　#0@a 杨绍明@4 主编

702　#0@a 印俊@4 英文翻译

702　#0@a 牛晓雪@4 英文翻译

702　#0@a 花馨@4 英文翻译

702　#0@a 喻慧娟@f(1946 -)@4 葡文翻译

712　02@a 世界华人摄影学会@4 编

说明: 本书为中英葡文对照,责任方式有"主编""编""责任编辑""编辑""前言撰文""英文翻译""英文编审""葡萄牙文翻译""葡萄牙文编审",著录时选"个人主编""集体编者""英文翻译""葡文翻译",其他不予著录。责任者"喻惠娟"的规范名称为"喻慧娟"。

3. 对于中国责任者702字段的选取:详见701字段

4. 对于外国责任者702字段的选取:详见701字段

5. 特殊情况下责任者的选取

(1)同一责任者担任不同责任方式的情况下,该责任者原则上只在7--字段做一个检索点,著录一次即可。

例1:

机读目录格式:

200　1#@a 制浆造纸节能新技术@b 专著@f 刘
　　　 秉钺主编@g 刘秉钺,平清伟编著

701　#0@a 刘秉钺@f(1948.6 -)@4 主编
　　　 @4 编著

702　#0@a 平清伟@f(1967 -)@4 编著

说明: 刘秉钺既是主编,又是编著者,702字段该责任者省略著录。

造纸科学与技术丛书

制浆造纸节能新技术

刘秉钺　主编

刘秉钺　平清伟　编著

题名页

例2:

机读目录格式:

200 1#@a 家庭按摩图解@b 专著@f 王海泉,隋广馨主编@g 王海泉[等]编著@g 张海峰摄影

304 ##@a 编著者还有:王道全、刘继明、隋广馨、孟迎春、张少飞、丁振英、李保颜、牛红彬

701 #0@a 王海泉@c(中医)@4 主编@4 编著

701 #0@a 隋广馨@4 主编

702 #0@a 张海峰@c(解剖学)@4 摄影

说明:本书编著者为九人,选取第一人"王海泉"著录于 200 字段@g 子字段,并在其后加"[等]"字,其余编著者在 304 字段说明。由于王海泉既是主编,又是编著者,故 702 字段省略。

(2)多卷书责任者的选取原则,以总主编为第一责任者,各分卷主编为其他责任者。

例:

题名页

机读目录格式:

200 1#@a 中国材料工程大典@h 9@i 无机非金属材料工程@h 下@b 专著@f 中国机械工程学会,中国材料研究学会,中国材料工程大典编委会[编]@g 江东亮[等卷]主编

304 ##@a 卷主编还有:李龙土、欧阳世翕、施剑林

702 #0@a 江东亮@f(1937.9 -)@4 卷主编

711 02@a 中国机械工程学会@4 主编

711 02@a 中国材料研究学会@4 主编

机读目录格式:

200 1#@a 中国材料工程大典@h 10@i 复合材料工程@b 专著@f 中国机械工程学会,中国材料研究学会,中国材料工程大典编委会[编]@g 益小苏,杜善义,张立同[卷]主编

702 #0@a 益小苏@f(1953.12 -)@4 卷主编

702 #0@a 杜善义@f(1938.8 -)@4 卷主编

702 #0@a 张立同@f(女,1938 -)@4 卷主编

711 02@a 中国机械工程学会@4 主编

711 02@a 中国材料研究学会@4 主编

题名页

说明:取集体责任者为多卷书总编者,各分卷主编为次要责任者。责任者的责任方式未载明可根据著作类型选定。

711　团体名称—主要责任者

字段定义

本字段记录在编图书的团体名称主要责任者。该名称取自名称规范表,为检索点形式,并附有选用的补充信息。

出现情况

选择使用,可重复。

指示符

指示符1:会议指示符

表示该名称是团体名称还是会议名称。

0 = 团体名称

1 = 会议名称

指示符2:名称著录方式指示符

0 = 倒序著录

团体或会议名称以首字母缩写形式或个人名称开头。

1 = 以地区或辖区名著录

以地名或辖区名开头的团体或会议名称。

2 = 直序著录

用于所有其他类型的团体名称,中文图书一律采用直序著录。

子字段

@a　标目基本元素

本子字段只记录团体名称的主要成分。如果使用本字段,则本子字段必备。不可重复。

@b　次级机构名称

若团体名称含层次,本子字段记录其下级机构名称;若以地名著录,则本子字段记录该团体名称。不含区分团体的其他附加成分。若该团体名称含多层次级机构,可重复。

@c　名称的附加成分

本子字段记录该团体名称的补充、修饰成分。可重复。

@d　会议届次

本子字段记录会议届次。不可重复。

@e　会议地点

本子字段记录会议召开地点。不可重复。

@f　会议日期

本子字段记录会议召开日期。不可重复。

@g　倒置部分

为便于检索,将团体名称的前面部分移置后面。本子字段记录该后置部分。不可重复。

@h　款目要素和倒置部分之外的名称部分

不可重复。

@p　机构/地址

不可重复。

@3　名称规范记录号

本子字段记录本名称标目的规范记录号。不可重复。

@4　责任说明

本子字段记录该名称对著作所负的责任形式说明。常见的责任说明主要有：撰、编写、著、编、编译等。可重复。

字段结构

711　02@a 团体名称@4 责任方式

711　02@a 团体名称款目要素@b 团体名称的次级部分@4 责任方式

711　02@a 团体名称款目要素@b 团体名称的次级部分@b 团体名称的次级部分@4 责任方式

711　12@a 会议名称@d（届次：@f 会议时间：@e 会议地址）

字段内容说明

本字段记录的团体名称取自名称规范表，因此@a、@b、@c、@d、@e、@f、@g 的内容必须和名称规范记录的 210 字段完全相同。如无法判断团体名称是否为规范记录时，需依原题著录。

著录实例

（1）团体名称——主要责任者是中央国家机构（含国务院下属部、委机构）

例1：

机读目录格式：

711　02@a 卫生部@4 编

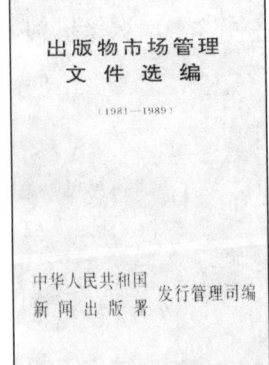

机读目录格式：

711　02@a 新闻出版署@b 发行管理司@4 编

机读目录格式：

711　02@a 全国人民代表大会@4 通过

说明：党的中央国家机构、下属部委机构，如全国人大、中央机关、国务院各部、委、局、行、署，团体名称前冠有"中华人民共和国"字样的，可省略"中华人民共和国"字样，以机构全称著录。但如可能产生疑义的应简称"中国"，如"中华人民共和国联合国教科文组织全国委员会主编"，711 字段可著录为："中国联合国教科文组织全国委员会主编"。

例2：

题名页

机读目录格式：

711　02@a 中国社会科学院@4 编

711　02@a 中央档案馆@4 编

说明：中央国家机构中没有"中华人民共和国"字样的，直接以机构的全称著录。如中国人民银行、中国科学院、中国社会科学院等。

例3：

机读目录格式：

711　02@a 外交部@b 政策研究室@4 编

711　02@a 全国人大常委会@b 法制工作委员会@b 行政法室@4 编著

机读目录格式：

711　02@a 全国人大常委会@b 内务司法委员会@b 内务室@4 编

711　02@a 民政部@b 基层政权和社区建设司@4 编

说明：中央国家机构和下属办事机构依据规范名称著录，如需分级著录的，重复@b 子字段。

例4：

奥运圣火　全球传递

Olympic Torch Relay

（Ⅰ）

第29届奥林匹克运动会

The Beijing 2008 Olympic Games

新华通讯社　编

Edited by Xinhua News Agency

别克轿车 400 问

国务院机关事务管理局编写

人民交通出版社

机读目录格式：

711　02@a 新华通讯社@4 编

机读目录格式：

711　02@a 国务院机关事务管理局
　　@4 编写

机读目录格式：

711　02@a 国务院法制局@4 编

行政复议条例释义

国务院法制局　　编

说明：中央国家机构的直属机构依据规范名称著录。

（2）团体名称—主要责任者为地方国家机构

例1：

北京市情讲座

北京市人民政府编著

中国工人出版社

题名页

机读目录格式：

711　02@a 北京市政府@4 编著

　　说明：省（自治区、直辖市）、市（地区、自治州、盟）、县（县级市、自治县、旗）等各级地方国家机构，取其本级惯用规范名称著录，不使用"人民政府""人民代表大会"等全称。如内蒙古自治区政府、黔南自治州政府、辽阳县政府等。

例2：

机读目录格式：

711　02@a 沈阳市政府@b 办公厅@4 编

激情沈阳

沈阳市人民政府办公厅 编

机读目录格式：

711　02@a 辽宁省人大@b 法制工作委员会@4 编

说明：地方国家机构的下属办事机构,需冠上级机构的规范简称著录。

例3：

沈阳财政管理与改革

沈阳市财政局编

沈阳气象志

沈阳市气象局　编

机读目录格式：

711　02@a 沈阳市财政局@4 编　　　711　02@a 沈阳市气象局@4 编

说明：地方国家机构的直属机构,依据规范名称著录。

(3)团体名称—主要责任者为政党组织与政治团体

例1：

十一届三中全会以来
党的宣传工作文献选编

中共中央宣传部编

在新的历史条件下
继承和发扬爱国主义传统

——十一届三中全会以来有关重要文献摘编

中共中央政策研究室　编

机读目录格式：

711　02@a 中共中央宣传部@4 编　　　711　02@a 中共中央政策研究室@4 编

机读目录格式：

711　02@a 中共中央文献研究室
　　　@b 邓小平研究组@4 编

711　02@a 解放军档案馆@4 编

回忆军事家邓小平

中共中央文献研究室邓小平研究组
中国人民解放军档案馆

说明：党中央的办事机构和直辖组织,采用规范名称著录,其前的"中国共产党中央委员会"简称为"中共中央";党中央办事机构和直辖组织的下属机构,需冠其上级机构的简称著录。但如果责任者为"中国共产党中央委员会"时,则应取其全称著录。

例2:

机读目录格式:

711　02@a 中共北京市委@b 党史研究室@4 编

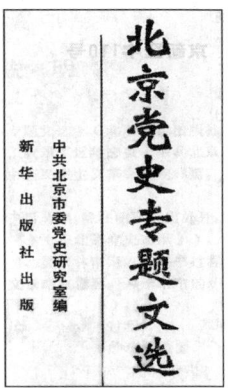

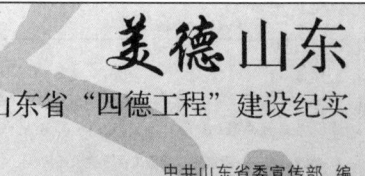

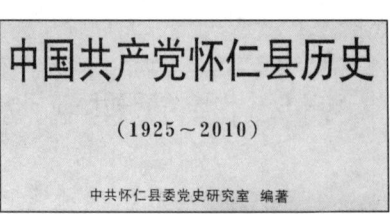

机读目录格式:

711　02@a 中共山东省委@b 宣传部
　　　　@4 编

711　02@a 中共怀仁县委@b 党史研究
　　　　室@4 编著

说明: 中国共产党各级组织的名称可将"中国共产党"简称"中共","委员会"简称"委"。各级基层党组织按不同级别(如党委、党总支、党支部)逐一冠列所属各层次机构规范简称。

例3:

机读目录格式:

711　02@a 民革中央@b 党史编委会
　　　　@4 编

711　02@a 民盟中央@b 经委@4 编

机读目录格式：

711	02@a 民革大连市委 @4 编	711	02@a 民进沈阳市委 @4 编	711	02@a 民盟广东省委 @4 编
				711	02@a 民盟佛山市委 @4 编

　　说明：民主党派中央机构的办事机构和直属单位,冠民主党派简称及"中央"字样,各级下属机构一律冠其上一级机构的简称。但民主党派的中央机构,依据规范名称,则著录为："民革中央委员会""民盟中央委员会""民进中央委员会""中国民主同盟""中国农工民主党"等。

　　例4：

机读目录格式：

711	02@a 共青团中央@b 青少年立法 办公室@4 编	711	02@a 中国共产主义青年团中央委 员会@4 编

　　说明：中国共产主义青年团中央机构的下属办事机构和直属单位,应前冠"共青团中央"著录,但中国共产主义青年团的中央机构,应取其全称："中国共产主义青年团中央委员会"。

例 5：

机读目录格式：

711　02@a 全国政协@b 文史和学习委
　　　员会@4 编

711　02@a 中国人民政治协商会议全国
　　　委员会@4 编

说明：政协全国委员会的办事机构和直属机构，应前冠"全国政协"予以著录，但中国人民政治协商会议的中央机构"全国委员会"应按全称"中国人民政治协商会议全国委员会"著录。

例 6：

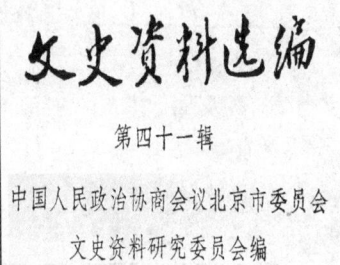
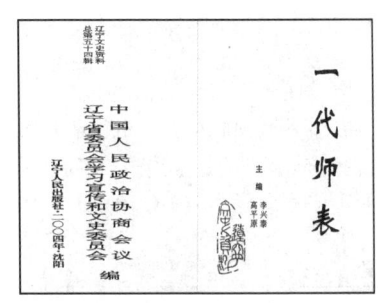

机读目录格式：

711　02@a 政协北京市委@b 文史资料
　　　研究委员会@4 编

711　02@a 政协辽宁省委@b 学习宣传
　　　和文史委员会@4 编

说明：各地政协机构以简称"政协"及各级委员会名称著录。

（4）团体名称—主要责任者为国家军事机构

例 1：

机读目录格式：

711　02@a 中共中央文献研究室@b 邓
　　　小平研究组@4 编

711　02@a 解放军档案馆@4 编

711　02@a 解放军总政治部@b 办公厅
　　　@b 编研室@4 编

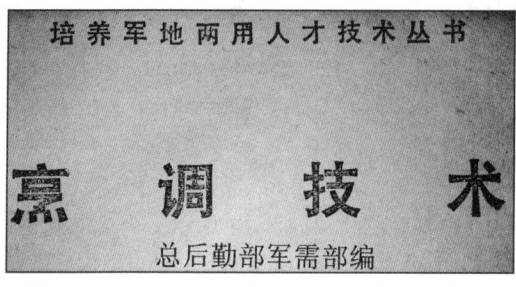

机读目录格式：

711　02@a 解放军北京军区@b 后勤部
@b 政治部@4 编

711　02@a 解放军干部转业工作办公室
@4 编

711　02@a 国务院军队转业干部安置工
作小组@b 办公室@4 编

说明：国家军事机构中的"中国人民解放军"字样，711 字段著录时一律简化为"解放军"著录，200 字段依原题著录。

例2：

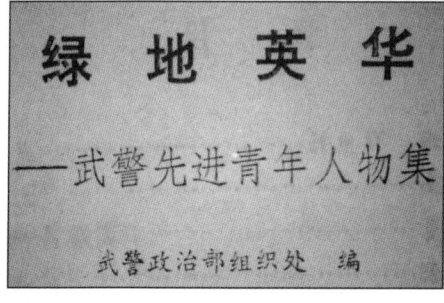

机读目录格式：

711　02@a 解放军总后@b 军需部@4 编

711　02@a 解放军总政治部@b 宣传部
@4 编

说明：解放军所属机构及下属办事机关，其名称凡省略"解放军"字样的，711 字段著录时需冠以"解放军"字样，200 字段依原题著录。

例3：

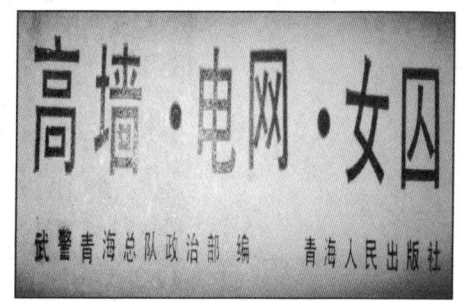

机读目录格式：

711　02@a 武警部队政治部@b 组织处
@4 编

711　02@a 武警部队青海总队@b 政治
部@4 编

说明：国家军事机构中的"中国人民武装警察部队"及其各级机构和直属部队，7--字段依据规范名称著录，一般采取简化名称"武警部队"的形式著录，200 字段则依原题著录。

（5）团体名称——主要责任者为群众团体、科教文卫机构及企事业单位
例1：

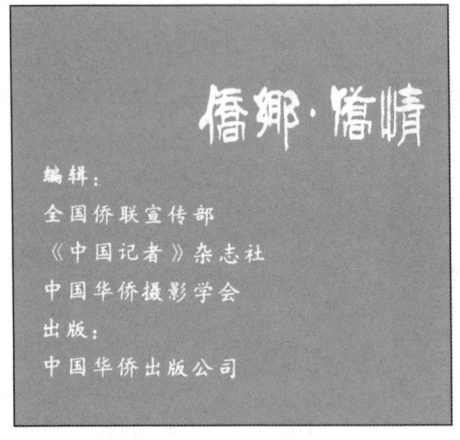

机读目录格式：

711　02@a 中华全国总工会@4 编

711　02@a 中华全国妇女联合会@b 妇女研究所@4 编

711　02@a 陕西省妇联@b 研究室@4 编

机读目录格式：

711　02@a 全国侨联@b 宣传部@4 编辑

711　02@a 中国记者杂志社@4 编辑

711　02@a 中国华侨摄影学会@4 编辑

711　02@a 中国作家协会@4 编

机读目录格式：

711　02@a 中国残疾人联合会@b 发展部@4 编

说明：全国性质的群众团体及企事业单位一般以其全称著录，若全称冗长，可选择简称著录，各地群众团体名称在不产生歧义的前提下，可对其全称做适当简化后进行著录。

例2：

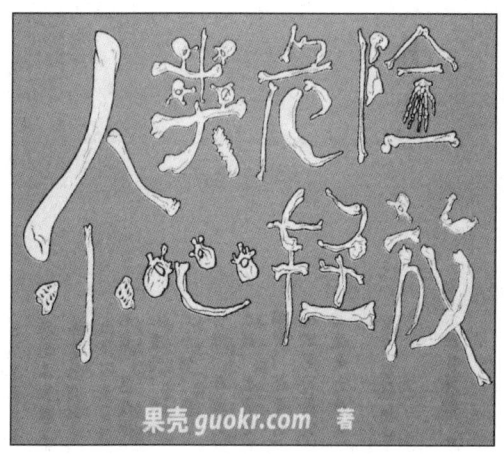

机读目录格式：

200　1#@a 人类危险,小心轻放@b 专著
　　　@f 果壳 guokr. com 著

711　02@a 果壳网@4 著

200　1#@a 爱洛公主@b 专著@e 惊喜派
　　　对@f 童趣出版有限公司编译

711　02@a 童趣出版公司@4 编译

　说明：本例中团体责任者为网络企业及有限公司,200 字段依题名页所题著录,7--字段则采用规范名称著录。

（6）团体名称—主要责任者为国际组织或外国团体

例1：

支持 Windows 98

（课程号：955）

〔美〕微软公司　著

希望图书创作室　译

题名页

中文版 Microsoft® Windows® 2000
培训教程

[美]　Microsoft Corporation　著

卓越　王红　译

题名页

机读目录格式：

200　1#@a 支持 Windows 98@b 专著
　　　@e 课程号:955@f（美）微软
　　　公司著@g 希望图书创作室译

711　02@a 微软公司@4 著

200　1#@a 中文版 Microsoft Windows 2000
　　　培训教程@b 专著@f（美）Mi-
　　　crosoft Corporation 著@g 卓越,王
　　　红译

711　02@a 微软公司@4 著

　说明：国际组织或外国团体名称7--字段依据名称规范著录,200 字段依原题著录。

例2：

IBM TCP/IP 2.1 for DOS
程序员参考手册
（美）IBM 公司著
韩建伟　韩　牧　译
清华大学出版社

题名页

TI DSP 系列中文手册

TMS320C6000 系列 DSP 编程
工具与指南

[美] Texas Instruments Incorporated 著

田黎育　何佩琨　朱梦宇　编译

题名页

机读目录格式：

200 　1#@a IBM TCP/IP 2.1 for DOS 程
序员参考手册@b 专著@f（美）
IBM 公司著@g 韩建伟，韩牧译

711 　02@c（美）@a IBM 公司@4 著

200 　1#@a TMS320C6000 系列 DSP 编
程工具与指南@b 专著@f（美）
Texas　Instruments　Incorporated
著@g 田黎育，何佩琨，朱梦宇
编译

711 　02@a 美国德州仪器公司@4 著

（7）对于团体名称—主要责任者原题为"本书编写组""本书编委会"或"书名＋编委会""书名＋课题组"的情况，除常设机构外，一般不做 711 字段；原题为"本社编"时，711 字段以出版社全称著录。

例1：

行胜于言
——清华大学改革与发展纪实
《行胜于言——清华大学改革与发展纪实》编写组

党的群众路线
教育实践活动读本
本书编写组

机读目录格式：

200 　1#@a 行胜于言@b 专著@e 清华大
学改革与发展纪实@f《行胜于
言—清华大学改革与发展纪实》
编写组［编］

200 　1#@a 党的群众路线教育实践活动
读本@b 专著@f 本书编写组［编］

说明：本例中，团体名称—主要责任者 200 字段依题名页原题著录，711 字段省略著录。

例2：

机读目录格式：

200 1#@a 共青团选举工作常识@b 专
　　著@f 本社编

711 02@a 中国青年出版社@4 编

200 1#@a 可爱女孩子的画法@b 专著@f 日
　　本成美堂出版编著@g 王丹枫译

711 02 @a 日本成美堂出版编辑部@4 编著

说明：题名页所题团体名称—主要责任者为常设机构，200 字段照录，711 字段按照规范名称著录。

（8）团体名称—主要责任者为国际性、全国性、地区性的各种性质或专业的会议名称，会议名称一般选用长期稳定的名称，字段结构无责任方式。

例：

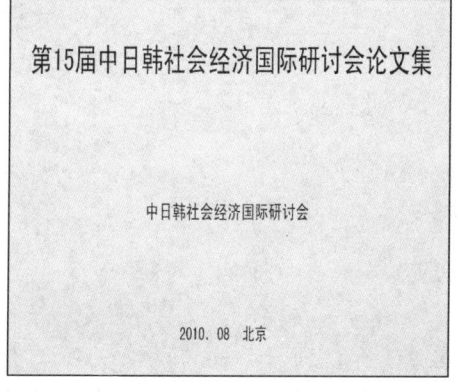

机读目录格式：

711 12 @a 中日韩社会经济国际研讨会
　　@d（15:@f 2010.8:@e 北京）

711 12@a 中日比较文化研讨会
　　@f（1987:@e 北京大学）

说明：会议名称指示符取"12"。在@e 子字段填写会议召开的地点，如果会议名称中已经包含了会议地点，可以省略；会议日期（@f），采用公元纪年，用阿拉伯数字著录。

712　团体名称—次要责任者

字段定义

本字段记录著作的团体名称次要责任者。该名称取自名称规范表，为检索点形式，并附有选用的补充信息。

出现情况

选择使用，可重复。

指示符

指示符 1：会议指示符

表示该名称是团体名称还是会议名称。

0 = 团体名称

1 = 会议名称

指示符 2：名称著录方式指示符

0 = 倒序著录：团体或会议名称以个人名称的首字母缩写或名开头。

1 = 地名著录：以地名开头的团体或机构名称。

2 = 直序著录：中文图书一律采用直序著录。

子字段

@a　标目基本元素

本子字段只记录团体名称的主要成分。如果使用本字段,则本子字段必备。不可重复。

@b　次级机构名称

若团体名称含层次,本子字段记录其下级机构名称;若以地名著录,则本子字段记录该团体名称。不含区分团体的其他附加成分。若该团体名称含多层次级机构,可重复。

@c　名称的附加成分

本字段记录该团体名称的补充、修饰成分。可重复。

@d　会议届次

本字段记录会议届次。不可重复。

@e　会议地点

本子字段记录会议召开地点。不可重复。

@f　会议日期

本子字段记录会议召开日期。不可重复。

@g　倒置部分

为便于检索,将团体名称的前面部分移置后面。本子字段记录该后置部分。不可重复。

@h　款目要素和倒置部分之外的名称部分。不可重复。

@p　机构/地址。不可重复。

@3　名称规范记录号

本子字段记录本名称标目的规范记录号。不可重复。

@4　责任说明

本子字段记录该名称对著作所负的责任形式说明。本字段常见的责任说明主要有译、改写、点校、插图、改编、校注、译注等。可重复。

字段结构

712　02@a 团体名称@4 责任方式

712　02@a 团体名称款目要素@b 团体名称的次级部分@4 责任方式

712　02@a 团体名称款目要素@b 团体名称的次级部分@b 团体名称的次级部分@4 责

　　　　任方式

字段内容说明

　　本字段记录的团体名称取自名称规范表,因此@a、@b、@c、@d、@e、@f、@g 的内容必须和名称规范记录的 210 字段完全相同。

著录实例

　　(1)题名页上既题有个人责任者又题有团体责任者,一般情况下,个人责任者作为主要责任者著录于 701 字段,团体责任者作为次要责任者著录于 712 字段。多卷书应具体情况具体分析。

　　例:

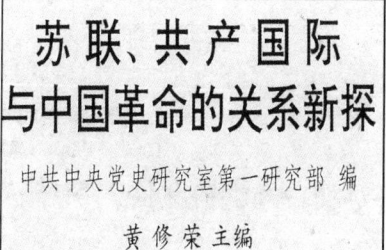

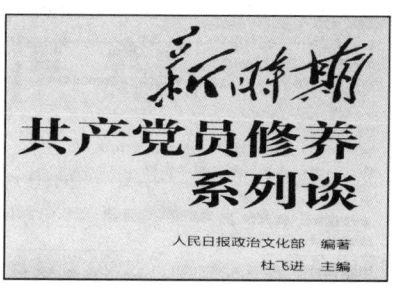

　　　　　　　题名页　　　　　　　　　　　　　　　　　题名页

机读目录格式:

701　　#0@a 黄修荣@f (1943 -)@4 主编　　　　701　　#0@a 杜飞进@f (1960 -)@4 主编

712　　02@a 中共中央党史研究室@b 第　　　　　712　　02@a 人民日报@b 政治文化部

　　　　　一研究部@4 编　　　　　　　　　　　　　　　　　　@4 编著

　　(2)题名页上仅题有团体责任者,未题个人责任者,在题名页前或后的编委会名单中题有个人责任者,200 字段依题名页著录,7--字段则将个人责任者记入 701 字段,团体责任者记入 712 字段。

　　例1:

　　　　　中国环境科学学会
　　　　　学术年会优秀论文集
　　　　　　　（2006）
　　　　　　　　上卷
　　　　　中国环境科学学会　　编

　　　　　　　　　　　　　　　　　　编　委　员

　　　　　　　　　　　　　　　　主 审　任宜平　鲍强
　　　　　　　　　　　　　　　　副主审　刘志全　杨经纬　周志中　姜艳萍
　　　　　　　　　　　　　　　　主 编　王国清
　　　　　　　　　　　　　　　　编 委　朱琳瑛　任彩霞　颜凌

　　　　　　　题名页　　　　　　　　　　　　　　　　　题名页前

机读目录格式:

701　　#0@a 王国清@c (环境科学)@4 主编

712　　02@a 中国环境科学学会@4 编

例2:

中国宪法精释

全国人大常委会办公厅

研究室政治组编著

题名页

主　编：蔡定剑
撰稿人：蔡定剑
　　　　汪铁民
　　　　高国政
　　　　胡维翊

题名页后

机读目录格式:

701 #0@a 蔡定剑@f (1956–2010)@4 主编

712 02@a 全国人大常委会@b 办公厅@b 研究室@b 政治组@4 编著

(3)团体名称—次主要责任者超过 3 个(不含 3 个),200 字段只选取第一个责任者著录,其余责任者在 304 字段说明,同时可在 7--字段做检索点,但 7--字段著录同一责任方式的责任者数量一般不超过 3 个。

例:

中国近代国货运动

全国政协文史办
中华全国工商联文史办
上海市工商联文史办
上海社会科学院经济研究所 编 合编

主　编：潘君祥
副主编：张今华
编　委：(以姓氏笔画为序):
　　　　马炳荣　方宪堂　杨承祈　张今华
　　　　黄　忆　樊卫国　翻君祥

国家中医药管理局
民族医药文献整理丛书

土 家 族 医 药

朱国豪 杜 江 张景梅 主编

贵阳中医学院、贵州省中医药研究院
贵州省民族宗教事务委员会文教处
贵州省卫生厅中医药管理局 编
贵 州 省 科 学 技 术 厅
贵 州 省 土 家 学 研 究 会

中医古籍出版社

机读目录格式:

701 #0@a 潘君祥@4 主编

712 02@a 全国政协@b 文史资料研究
　　　委员会@b 办公室@4 编

712 02@a 全国工商联@b 文史办公室
　　　@4 编

712 02@a 上海市工商联@b 文史办公
　　　室@4 编

701 #0@a 朱国豪@4 主编

701 #0@a 杜江@4 主编

701 #0@a 张景梅@4 主编

712 02@a 贵阳中医学院@4 编

712 02@a 贵州省中医药研究院@4 编

712 02@a 贵州省民委@b 文教处@4 编

（4）团体名称—次要责任者为中央国家机构（含国务院下属部、委机构）中冠有"中华人民共和国"字样的,7--字段可省略"中华人民共和国"字样,以机构全称著录。

例：

机读目录格式：

712　02@a 文化部@b 艺术司@4 编　　　　712　02@a 最高法院@b 政治部@4 编

说明：团体名称—次要责任者为地方国家机构、政党组织与政治团体、国家军事机构、群众团体、科教文卫机构及企事业单位、国际组织或外国团体等,参见711字段进行著录。

（5）团体名称—次要责任者中带有"《》"等标识符号的,200字段照录,7--字段省略其符号。

例：

机读目录格式：

712　02@a 中国青年杂志社@b 编辑部　　712　02@a 中央电视台@b 今日说法栏
　　　　@4 编　　　　　　　　　　　　　　　　目组@4 编

(6)团体名称—次要责任者无责任方式,需自拟责任方式予以著录。

例:

机读目录格式:

200　1#@a 中国煤层气盆地@b 专著@f 孙万禄主编@g 中国石化新星石油公司华北石油局[编]

701　#0@a 孙万禄@4 主编

712　02 @a 中国石化集团@b 新星石油公司@b 华北石油局@4 编

说明:本书团体名称——次要责任者责任方式为自拟,200 字段自拟责任方式需用方括号括起,而 7--字段无需加方括号。7--字段责任者均取自名称规范记录标目。

730　名称—非规范责任者

字段定义

本字段记录非规范形式的著作责任者名称。该名称不遵循编目规则。

出现情况

本字段只有当其他 7--字段都不适用时,才使用,可重复。

指示符

指示符 1:名称形式指示符

表示该名称的类型。

0 = 类型不确定。

1 = 个人名称

2 = 非个人名称

指示符 2:未定义,填空格。

子字段

@a　款目要素

记录标目基本元素的名称。不可重复。

@4　关系词代码(责任方式)

记录本名称对著作所负的责任说明。可重复。

@9　款目要素汉语拼音。不可重复。

字段内容说明

(1)本字段记录的名称取自文献本身未经规范的名称,不遵循关于 701、702、711、712 字段的严格规定。

（2）接收的源数据中的责任者不区分主要和次要、个人和团体时，使用本字段。如源数据为"DC 元数据"，对责任者的区分，所以记入 730 字段。

示例

例 1：

机读目录格式：

200　1#@a 平绥沿线旅行纪@b 专著@f 谢冰心著

730　1#@a 谢冰心@4 著

例 2：

机读目录格式：

730　0#@a 雪米莉@4 著

8--　国际使用块

国际使用块是用来定义国际上要使用的字段,即国际上一致约定的不适合于在0--至7--功能块处理的字段。

使用字段

国际使用块选用下列几个字段:

801　　　记录来源

830　　　编目员一般附注

856　　　电子资源地址与检索

886　　　无法被包含的源格式数据

801　记录来源

字段定义

本字段记录图书书目记录的来源。包括编制该条记录的机构、记录转换机构、修改记录和分析记录的机构。

出现情况

必备,可重复。

指示符

指示符1:空(未定义)

指示符2:职能指示符

0 = 原始编目机构

1 = 转换机构

2 = 修改机构

3 = 发行机构

常用子字段

@a　国家代码

本子字段记录发行机构国家代码标识,采用 GB/T 2659(ISO 3166)的两位大写字母代码。不可重复。如中国的代码为 CN、美国的代码为 US、日本的代码为 JP。

@b　机构名称代码

本子字段记录机构名称代码或机构全称。一般采用机构名称的英文缩写形式表示,也可以采用机构的中文全称或国家规定的代码。如国家图书馆的代码为 NLC,沈阳市图书馆的代码为 SYT。本字段不可重复。

@c　处理日期

本子字段记录该书目记录建立、修改或发行的日期。以 GB/T 7408(ISO 8601)的标准形式:YYYYMMDD(Y 表示年,M 表示月,D 表示日)。例如:20150125,不可重复。

字段内容说明

本字段记录该记录编制或处理的机构和日期。字段内容由计算机系统自动生成。

示例

例1:

机读目录格式:

200 1#@a 珠山八友@b 专著@f 吴昊,凌云著

801 #0@a CN@b A310000SHL@c 20140815

说明:原始编目机构:上海图书馆

例2:

机读目录格式:

200 1#@a 临床药学高级教程@b 专著@f 阚全程主编

801 #0@a CN@b SYT@c 20140904

说明:原始编目机构:沈阳市图书馆

例3:

机读目录格式:

200 1#@a 360°探索兵器百科@b 专著@f 权锗云主编

801 #0@a CN@b 110017@c 20071106

801 #2@a CN@b OLCC@c 20100923

说明:根据指示符的不同可看出,原始编目机构:辽宁省图书馆;修改机构:全国图书馆联合编目中心

830　编目员一般附注

字段定义

本字段包含编目员补充说明的与本记录有关的附加信息。

使用情况

选择使用,可重复。

指示符

指示符1:空(未定义)

指示符2:空(未定义)

子字段

@a　附注内容

记载记录的变动情况、历史及其他方面的信息。不可重复。

字段内容说明

本字段是编目员的工作附注,内容涉及对有关信息源的选取、对有疑问的数据的说明、对特殊规则的应用以及对特殊数据选择合法性等方面的说明。

示例

例1:

机读目录格式:

200　1#@a 当代大陆新儒家文丛

830　##@a 本套丛书尚未出齐,以后还需补充数据。

例2:

机读目录格式:

830　##@a 该记录参考征订书目著录,到书后再修改。

856　电子资源地址与检索

字段定义

本字段包含记录所描述的电子文献的获取信息,包括可获取文献的电子地址和通过指示符 1 的值所定义的文献的检索方法。本字段所提供的信息可满足文件的电子传输、电子期刊的订阅或电子资源登录。本字段可用于生成与检索方法相关的 ISBD(ER)电子资源附注。

使用情况

选择使用,可重复。

指示符

指示符 1:检索方法指示符。

　　　　# = 未提供信息

　　　　0 = 电子邮件(E-mail)

　　　　1 = 文件传输协议(FTP)

　　　　2 = 远程登录(Telnet)

　　　　3 = 拨号入网(Dial-up)

　　　　4 = 超文本传输协议(HTTP)

　　　　7 = 在@y 子字段说明检索方法

指示符 2:未定义,填空格

常用子字段

@a　主机名称

　　　电子资源地址的合法域名。

@c　压缩信息

　　　包含文件的压缩信息,说明是否需要一个特定的程序对文件进行解压。

@f　电子文件名称

　　　指定路径下的电子文件名称。文件名可以包含通配符(如"＊"或"?")。

@h　请求处理者名

　　　包含用户名或请求处理者名,通常指主机地址"@"之前的数据。

@i　指令

　　　向远程主机请求处理信息所需要的指令或命令。

@j 位/秒

与主机连接时每秒传输的最小和最大的比特数(二进制)。

@k 口令

包含检索时使用的一般口令,不包含那些要求安全保密的口令。

@s 文件大小

说明子字段@f 中指定的电子文件的大小,通常用 8 位字节数表示。@s 子字段紧跟在相应的@f 子字段文件名之后,可重复。

@u 统一资源标识

包含统一资源标识(URI),提供利用现有的 Internet 协议对目标进行自动检索的标准句法。不可重复。

@y 检索方法

当指示符 1 的值为"7"时,用@y 子字段说明其检索方法。这一子字段包括除第 1 指示符定义的 TCP/IP 协议以外的其他检索方法。

@z 公共附注

包含与 856 字段标识的电子资源地址相关的附注。附注的形式完整或用于公共显示。可重复。

字段内容说明

(1)在编文献是电子资源时,用本字段记录其检索方法等。

(2)在编文献是非电子资源,但是有相应的电子版或网络版,将电子版或网络版的检索方法等记入本字段。

示例

例 1:

机读目录格式:

010 ##@a 978-7-219-07326-1@d CNY18. 00

200 1#@a 文字的奥秘@i 从我说起@b 专著@f 杨一铎著

856 4#@u http://202. 106. 125. 14/Usp/apabi_usp/pub. mvc? pid = book. detail&metaid = m%2e20111109%2dYPT%2d889%2d0009zapabi

例 2:

机读目录格式:

010 ##@a 978-7-5066-7774-5@d CNY15. 00

200 1#@a 针灸标准化工作手册@b 专著@f 刘保延,于文明主编

856 4#@u http://www. zxhsd. com/kgsm/ts/2015/01/05/3081407. shtml

说明:当印刷型中文图书有相应的电子版本或相关电子资源时,可以启用此字段。

886　无法被包含的源格式数据

字段定义

本字段包含的数据在 CNMARC 格式中无专指的字段。如果要保留源格式记录中的数据元素，但又没有对应字段时，可记录在本字段。

出现情况

选择使用，可重复。

指示符

指示符 1：字段类型指示符

　　　　0 = 记录头标

　　　　1 = 变长控制字段（0--无指示符或子字段的字段）

　　　　2 变长数据字段（010—999 字段）

指示符 2：未定义，填空格。

子字段

@a　源格式字段标识符

　　当指示符 1 置"0"时，无本子字段。只有在源格式有字段标识符时才会使用本子字段。本字段所有其他@a 子字段均为源格式字段分配的字段标识符的值。可重复。

@b　源格式字段指示符和子字段

　　包含源格式中按照顺序排列的该字段的指示符、子字段标识符和子字段。只有在源格式字段中有指示符的值和子字段时才会使用本子字段。所有其他@b 子字段均为源格式字段分配的值。可重复。

@2　系统代码

　　机读记录格式的名称。@2 子字段出现在本字段所有子字段之首。不可重复。

示例

例：

机读目录格式：

886　　2#@2 ukmarc@a 083@b 00@a Russia. Education@b-Biographies-Collections

说明：在 CNMARC 中，没有与 UKMARC 083 字段（Verbal Feature Heading）等同的字段，若使用机构欲保留源格式的该字段的信息，可将其记录在 886 字段。源格式 083 字段的全部信息为：08300@a Russia. Education@b-Biographies-Collections。

9-- 国内使用块

国内使用块是保留给国家机读格式用来定义本国特殊需要使用的字段。如果国家之间没有相互协商,记录交换时不应有本块的字段。

国内使用块定义下列一个字段:

905　　索取号

905　索取号

字段定义

本字段记录全国图书馆联合编目中心各成员馆有关图书的馆藏索取号。

出现情况

必备,可重复。

指示符

指示符1:空(未定义)

指示符2:空(未定义)

子字段介绍

@a 藏书单位代码:不可重复

@c 排架区分号:不可重复。

@d 分类号:不可重复。

@e 书次号/种次号:不可重复。

@v 卷册号:不可重复。

@y 年代范围:不可重复。

字段内容说明

本字段记录该记录的本馆藏书索取号。

示例

例1:

机读目录格式:

905　　##@a 001011@c 96@d F740.4@e 40

例2:

机读目录格式:

905　　##@a SY@f I247.57/26

说明:①由于各图书馆使用的编目系统不同,故905字段的著录内容也有所不同,因馆而异。

②沈阳市图书馆905字段著录格式:@a SY:表示沈阳市图书馆代码,@f子字段为分类号/种次号。

参考文献

1. 全国图书馆联合编目中心,国家图书馆中文采编部. 中文书目数据制作[M]. 北京:国家图书馆出版社,2013.

2. 全国图书馆联合编目中心,国家图书馆图书采选编目部. 中文图书机读目录格式使用手册[M]. 北京:华艺出版社,2000.

3. 国家图书馆. 新版中国机读目录格式使用手册[M]. 北京:北京图书馆出版社(今国家图书馆出版社),2004.

4. 国家图书馆《中国文献编目规则》修订组. 中国文献编目规则(第二版)[M]. 北京:北京图书馆出版社(今国家图书馆出版社),2005.

5. 万爱雯. 中文图书机读编目规则与实践[M]. 北京:知识出版社,2012.

附录一　常用货币代码表

货币名称	代码	货币名称	代码
阿根廷比索	ARP	日元	JPY
澳大利亚元	AUD	韩国元	KRW
白俄罗斯卢布	BYR	澳门元	MOP
加拿大元	CAD	新西兰元	NZD
瑞士法郎	CHF	新加坡元	SGD
人民币元	CNY	卢布	RUR
埃及磅	EGP	新台湾元	TWD
欧元	EUR	朝鲜圆	KPW
英镑	GBP	越南盾	VND
香港元	HKD	泰国铢	THB
印度卢比	INR	美元	USD

附录二　常用语种代码表

语言名称	代码	语言名称	代码	语言名称	代码
阿尔巴尼亚语	alb	汉语	chi	斯洛伐克语	slo
阿拉伯语	ara	荷兰语	dut	世界语	esp
埃及语	egy	哈萨克语	kaz	泰国语	tha
保加利亚语	bul	捷克语	cze	土耳其语	tur
冰岛语	ice	吉尔吉斯语	kir	维吾尔语	uig
波兰语	pol	拉丁语	lat	希腊语	gre
波斯语	per	老挝语	lao	希伯来语	heb
朝鲜语	kor	罗马尼亚语	rum	西班牙语	spa
丹麦语	dan	缅甸语	bur	匈牙利语	hun
德语	ger	孟加拉语	ben	叙利亚语	syr
多种语	mul	蒙古语	mon	印度语	inc
俄语	rus	挪威语	nor	印尼语	ind
法语	fre	尼泊尔语	nep	英语	eng
梵语	san	葡萄牙语	por	瑶族语	yao
刚果语	kon	日语	jpn	越南语	vie
柬埔寨语	cam	瑞典语	swe	意大利语	ita

附录三　中国历史朝代规范简称

上古（含夏以前有文字记载的历史时期）	南朝陈
夏	北魏
商	东魏
西周	西魏
春秋	北齐
战国	北周
秦	隋
汉（含西汉、新、东汉）	唐（含武周）
三国魏	宋（含北宋、南宋）
三国蜀	五代（含十国）
三国吴	辽
晋（含西晋、东晋）	西夏
十六国	金
南朝宋	元（含蒙古）
南朝齐	明（含南明）
南朝梁	清（含后金）

附录四　我国主要少数民族语言代码

语言名称	代码	语言名称	代码	语言名称	代码
白语	bay	柯尔克孜语	kir	普米语	pum
布依语	buy	朝鲜语	kor	藏语	tib
傣语	dai	拉祜语	lah	维吾尔语	uig
侗语	don	傈僳语	lis	佤语	way
哈尼语	han	满语	man	锡伯语	xib
京语	jin	苗语	mia	瑶语	yao
景颇语	jip	蒙语	mon	彝语	yiz
哈萨克语	kaz	纳西语	nax	壮语	zhu

附录五　中华人民共和国省、自治区、直辖市及地区代码表

名称	代码	名称	代码
北京市	110000	湖南省	430000
天津市	120000	广东省	440000
河北省	130000	广西壮族自治区	450000
山西省	140000	海南省	460000
内蒙古自治区	150000	重庆市	500000
辽宁省	210000	四川省	510000
吉林省	220000	贵州省	520000
黑龙江省	230000	云南省	530000
上海市	310000	西藏自治区	540000
江苏省	320000	陕西省	610000
浙江省	330000	甘肃省	620000
安徽省	340000	青海省	630000
福建省	350000	宁夏回族自治区	640000
江西省	360000	新疆维吾尔自治区	650000
山东省	370000	台湾省	710000
河南省	410000	香港特别行政区	810000
湖北省	420000	澳门特别行政区	820000

附录六　常见语种使用的冠词

语种	冠词
英语(English)	the,a,an
荷兰语(Dutch)	de,het,'t,een,enne
法语(French)	l',le,la,les,un,une
德语(German)	der die das ein eine
匈牙利语(Hungarian)	a,az,egy
意大利语(Italian)	il,lo i,gl',gli la,le l'un',uno una,un
挪威语(Norwegian)	det,den,de,dei,en,ein,et(ei,e;eit)
葡萄牙语(Portuguese)	o,a,os,as,um,uma
罗马尼亚语(Romanian)	l,leun,o
西班牙语(Spanish)	el,los,la,las,un,uno,una,unas

附录七　常用符号区位码简表

符号	区位码	符号	区位码	符号	区位码
、	0102	〕	0131	♀	0166
。	0103	±	0132	´	0168
·	0104	×	0133	〞	0169
‐	0105	÷	0134	$	0171
ˇ	0106	:	0135	£	0174
‥	0107	∧	0136	‰	0175
〃	0108	∨	0137	§	0176
—	0110	∑	0138	No	0177
~	0111	∏	0139	※	0189
‖	0112	∪	0140	→	0190
…	0113	∩	0141	←	0191
"	0114	∈	0142	↑	0192
,	0115	∷	0143	↓	0193
"	0116	√	0144	＝	0194
"	0117	∥	0146	Ⅰ	0281
〔	0118	⌒	0148	Ⅱ	0282
〕	0119	∫	0150	Ⅲ	0283
〈	0120	∮	0151	Ⅳ	0284
〉	0121	≌	0153	Ⅴ	0285
《	0122	≈	0154	Ⅵ	0286
》	0123	∽	0155	Ⅶ	0287
「	0124	≠	0157	Ⅷ	0288
」	0125	≮	0158	Ⅸ	0289
『	0126	≯	0159	Ⅹ	0290
』	0127	≤	0160	Ⅺ	0291
〖	0128	≥	0161	Ⅻ	0292
〗	0129	∞	0162	---	0908
〘	0130	♂	0165	---	0909

附录八 常用汉字偏旁部首区位码简表

偏旁部首	区位码	偏旁部首	区位码
宀	6918	纟	7089
讠	5805	殳	7615
艹	6019	衤	8134
丆	5601	刂	5654
亠	5779	冖	5802
阝	5866	厶	5944
扌	6248	口	6477
犭	6575	忄	6627
丬	6761	幺	7159
孑	7061	灬	7665
攵	7522	虍	8214
疒	8058	冂	5671
匚	5646	彳	6560
冫	5791	忄	6664
廴	5940	辶	6933
弋	6314	巛	7161
夊	6626	礻	7674
氵	6763	豖	8525
亻	5673	卩	5864
廾	6235	彡	6574
爿	6760	彐	6970
攴	7423	钅	7836
豸	8584		

附录九　国家和地区名称的简称表

（以汉语首字拼音为序）

	国家或地区全称	汉语简称	外文简称
A	阿尔巴尼亚共和国	阿尔巴	AL
	阿尔及利亚民主人民共和国	阿尔及	DZ
	阿富汗伊斯兰国	阿富汗	AF
	阿根廷共和国	阿根廷	AR
	阿拉伯埃及共和国	埃及	EG
	阿拉伯联合酋长国	阿联酋	AE
	阿拉伯叙利亚共和国	叙利亚	SY
	阿鲁巴	阿鲁巴	AW
	阿曼苏丹国	阿曼	OM
	阿塞拜疆共和国	阿塞	AZ
	埃塞俄比亚	埃塞	ET
	爱尔兰	爱尔兰	IE
	爱沙尼亚共和国	爱沙	EE
	安道尔公国	安道尔	AD
	安哥拉共和国	安哥拉	AO
	安圭拉	安圭拉	AI
	安提瓜和巴布达	安巴	AG
	奥地利共和国	奥	AT
	澳大利亚	澳	AU
	澳门	澳门	MO
B	巴巴多斯	巴巴	BB
	巴布亚新几内亚独立国	巴布	PG
	巴哈马联邦	巴哈马	BS
	巴基斯坦伊斯兰共和国	巴基	PK
	巴拉圭共和国	巴拉圭	PY
	巴勒斯坦国	巴勒	PS
	巴林国	巴林	BH
	巴拿马共和国	巴拿马	PA
	巴西联邦共和国	巴西	BR

	白俄罗斯共和国	白俄	BY
	百慕大群岛	百慕大	BM
	保加利亚共和国	保	BG
	贝劳共和国(帕劳)	贝劳	PW
	贝宁共和国	贝宁	BJ
	比利时王国	比	BE
	秘鲁共和国	秘	PE
	冰岛共和国	冰	IS
	玻利维亚共和国	玻	BO
	波多黎各自由联邦	波多	PR
	波兰人民共和国	波	PL
	波斯尼亚和黑塞哥维那	波黑	BA
	伯利兹	伯利兹	BZ
	博茨瓦纳共和国	博茨	BW
	不丹王国	不丹	BT
	布基纳法索	布基	BF
	布隆迪共和国	布隆迪	BI
	布维岛	布维	BV
C	朝鲜民主主义人民共和国	朝	KP
	赤道几内亚共和国	赤几	GQ
D	大韩民国	韩	KR
	丹麦王国	丹	DK
	德意志联邦共和国	德	DE
	东帝汶	东帝汶	TP
	多哥共和国	多哥	TG
	多米尼加共和国	多米尼	DO
	多米尼克联邦	多米克	DM
E	俄罗斯联邦	俄罗斯	RU
	厄瓜多尔共和国	厄瓜	EC
	厄立特里亚国	厄立	ER
F	法兰西共和国	法	FR
	法罗群岛(丹)	法罗	FO

	法属波利尼西亚	法波	PF
	法属圭亚那	法圭	GF
	梵蒂冈城国	梵蒂冈	VA
	菲律宾共和国	菲	PH
	斐济共和国	斐济	FI
	芬兰共和国	芬	FL
	佛得角共和国	佛得角	CV
G	冈比亚共和国	冈比亚	GM
	刚果共和国	刚布	CG
	刚果民主共和国	刚金	CD
	哥伦比亚共和国	哥伦	CO
	哥斯达黎加共和国	哥斯	CR
	格林纳达	格林	GD
	格陵兰	格陵兰	GL
	格鲁吉亚共和国	格鲁	GE
	古巴共和国	古	CU
	瓜德罗普	瓜德	GP
	关岛	关岛	GU
	圭亚那合作共和国	圭亚那	GY
H	哈萨克斯坦共和国	哈	KZ
	海地共和国	海地	HT
	荷兰王国	荷	NL
	荷属安的列斯	荷安	AN
	洪都拉斯共和国	洪	HN
J	基里巴斯共和国	基里	KI
	吉布提共和国	吉布提	DJ
	吉尔吉斯共和国	吉尔	KG
	几内亚比绍共和国	几比	GW
	几内亚共和国	几	GN
	加拿大	加	CA
	加纳共和国	加纳	GH
	加蓬共和国	加蓬	GA
	柬埔寨王国	柬	KH

	捷克共和国	捷克	CS
	捷克斯洛伐克社会主义共和国	捷	CZ
	津巴布韦共和国	津巴	ZW
K	喀麦隆联合共和国	喀麦隆	CM
	卡塔尔国	卡塔尔	QA
	科摩罗伊斯兰联邦共和国	科摩罗	KM
	科特迪瓦共和国	科特	CI
	科威特国	科威特	KW
	克罗地亚共和国	克罗	HR
	肯尼亚共和国	肯尼亚	KE
L	拉脱维亚共和国	拉脱	LV
	莱索托王国	莱索托	LS
	老挝人民民主共和国	老	LA
	黎巴嫩共和国	黎巴嫩	LB
	立陶宛共和国	立陶宛	LT
	利比里亚共和国	利比	LR
	利比亚国	利比亚	LY
	列支敦士登公国	列支	LI
	留尼汪	留尼汪	RE
	卢森堡大公国	卢森堡	LU
	卢旺达共和国	卢旺达	RW
	罗马尼亚	罗	RO
M	马达加斯加共和国	马达	MG
	马尔代夫共和国	马尔	MV
	马耳他共和国	马耳他	MT
	马拉维共和国	马拉维	FK
	马来西亚	马来	MY
	马里共和国	马里	ML
	马其顿共和国	马其顿	MK
	马绍尔群岛共和国	马绍尔	MH
	马提尼克	马提	MG
	马约特	马约特	YT
	毛里求斯共和国	毛里	MU

	毛里塔尼亚伊斯兰共和国	毛里塔	MR
	美利坚合众国	美	US
	美属萨摩亚	美萨	AS
	蒙古国	蒙	MN
	蒙特塞拉特	蒙特	MS
	孟加拉人民共和国	孟加拉	BD
	密克罗尼西亚联邦	密克	FM
	缅甸联邦	缅	MM
	摩尔多瓦共和国	摩尔	MD
	摩洛哥王国	摩洛哥	MA
	摩纳哥公国	摩纳哥	MC
	莫桑比克共和国	莫桑	MZ
	墨西哥合众国	墨	MX
N	纳米比亚共和国	纳米	NA
	南斯拉夫联盟共和国	南	YU
	南非共和国	南非	ZA
	瑙鲁共和国	瑙鲁	NR
	尼泊尔王国	尼泊尔	NP
	尼加拉瓜共和国	尼加	NI
	尼日尔共和国	尼日尔	NE
	尼日利亚联邦共和国	尼日利	NG
	纽埃	纽埃	NU
	挪威王国	挪	NO
P	皮特凯斯	皮特	PN
	葡萄牙共和国	葡	PT
R	日本国	日	JP
	瑞典王国	瑞典	SE
	瑞士联邦	瑞士	CH
S	萨尔瓦多共和国	萨	SV
	萨摩亚独立国	西萨	WS
	塞拉利昂共和国	塞拉	SL
	塞内加尔共和国	塞内	SN

	塞浦路斯共和国	塞浦	CY
	塞舌尔共和国	塞舌尔	SC
	沙特阿拉伯王国	沙特	SA
	圣多美和普林西比民主共和国	圣普	ST
	圣赫勒拿	圣赫	SH
	圣基茨和尼维斯联邦	圣基	KN
	圣卢西亚	圣卢	LC
	圣马力诺共和国	圣马	SM
	圣皮埃尔和密克隆	圣密	PM
	圣文森特和格林纳丁斯	圣格	VC
	斯里兰卡民主社会主义共和国	斯里	LK
	斯洛伐克共和国	斯洛伐	SK
	斯洛文尼亚共和国	斯洛文	SI
	斯威士兰王国	斯威	SZ
	苏丹共和国	苏丹	SD
	苏里南共和国	苏里南	SK
	苏维埃社会主义共和国联盟	苏	SU
	索马里共和国	索马里	SO
T	塔吉克斯坦共和国	塔	TJ
	台湾	台	TW
	泰王国	泰	TH
	坦桑尼亚联合共和国	坦桑	TZ
	汤加王国	汤加	TO
	特立尼达和多巴哥共和国	特多	TT
	突尼斯共和国	突尼斯	TN
	图瓦卢	图瓦卢	TV
	土耳其共和国	土	TR
	土库曼斯坦	土库曼	TM
	托克劳	托克劳	TK
W	瓦利斯和富图纳	瓦富	WF
	瓦努阿图共和国	瓦努	VU
	危地马拉共和国	危	GT
	委内瑞拉共和国	委	VE
	文莱达鲁萨兰国	文莱	BN

	乌干达共和国	乌干达	UG
	乌克兰	乌克兰	UA
	乌拉圭东岸共和国	乌拉圭	UY
	乌兹别克斯坦共和国	乌兹	UZ
X	西班牙	西	ES
	西撒哈拉	西撒	EH
	希腊共和国	希	GR
	香港	香港	HK
	新加坡共和国	新加坡	SG
	新喀里多尼亚	新喀	NC
	新西兰	新西兰	NZ
	匈牙利共和国	匈	HU
Y	牙买加	牙买加	JM
	亚美尼亚共和国	亚美	AM
	也门共和国	也门	YE
	伊拉克共和国	伊拉克	IQ
	伊朗伊斯兰共和国	伊朗	IR
	以色列国	以	IL
	意大利共和国	意	IT
	印度共和国	印	IN
	印度尼西亚共和国	印尼	ID
	大不列颠及北爱尔兰联合王国	英	GB
	约旦哈希姆王国	约旦	JO
	越南社会主义共和国	越	VN
Z	赞比亚共和国	赞比亚	ZM
	扎伊尔共和国	扎伊尔	ZR
	乍得共和国	乍得	TD
	直布罗陀	直	GI
	智利共和国	智	CL
	中华人民共和国	中	CN
	中非共和国	中非	CF